Contratos de Prestação de Serviços por Adesão

Contratos de Prestação de Serviços por Adesão

UMA ANÁLISE DO ART. 424 DO CÓDIGO CIVIL

2021

Deborah Cristina dos Santos Nery

ALMEDINA

CONTRATOS DE PRESTAÇÃO DE SERVIÇOS POR ADESÃO
UMA ANÁLISE DO ART. 424 DO CÓDIGO CIVIL
© Almedina, 2021
AUTOR: Deborah Cristina dos Santos Nery

DIRETOR ALMEDINA BRASIL: Rodrigo Mentz
EDITORA JURÍDICA: Manuella Santos de Castro
EDITOR DE DESENVOLVIMENTO: Aurélio Cesar Nogueira
ASSISTENTES EDITORIAIS: Isabela Leite e Larissa Nogueira

DIAGRAMAÇÃO: Almedina
DESIGN DE CAPA: FBA

ISBN: 9786556273198
Setembro, 2021

Dados Internacionais de Catalogação na Publicação (CIP)
(Câmara Brasileira do Livro, SP, Brasil)

Nery, Deborah Cristina dos Santos
Contratos de prestação de serviços por adesão : uma análise do art. 424 do código civil / Deborah Cristina dos Santos Nery. -- 1. ed. -- São Paulo : Almedina, 2021.

Bibliografia
ISBN 978-65-5627-319-8

1. Contratos de adesão 2. Contratos de adesão - Brasil 3. Direito civil 4. Direito civil - Brasil 5. Prestação de serviços I. Título.

21-71465 CDU-347.44

Índices para catálogo sistemático:

1. Contratos de adesão : Direito civil 347.44

Maria Alice Ferreira - Bibliotecária - CRB-8/7964

Este livro segue as regras do novo Acordo Ortográfico da Língua Portuguesa (1990).

EDITORA: Almedina Brasil
Rua José Maria Lisboa, 860, Conj.131 e 132, Jardim Paulista | 01423-001 São Paulo | Brasil
editora@almedina.com.br
www.almedina.com.br

A meus pais, exemplos de dedicação que inspiraram meus estudos

AGRADECIMENTOS

Agradeço, antes de tudo, e antes de todos, ao Professor Francisco Paulo De Crescenzo Marino pelo voto de confiança que me foi dado quando aceitou ser meu orientador e pelos conhecimentos e conselhos que me foram generosamente cedidos ao longo dos três anos de mestrado e cinco anos de graduação. Suas aulas fizeram nascer em mim o interesse e a vontade de aprofundar meus estudos em direito civil.

Aos professores José Fernando Simão, André Rodrigues Corrêa, Paulo Doron Rehder de Araujo e Marco Fábio Morsello, pelas lições oferecidas nas bancas de conclusão e de qualificação, essenciais para a evolução do trabalho.

À minha família, fonte de motivação e apoio para que eu pudesse concluir esse trabalho, representados aqui na figura da minha mãe Denise Cristina Martins dos Santos Nery, meu pai Ismar Nery Neto, meu irmão Victor Hugo dos Santos Nery, e minhas avós Marlene de Jesus Martins dos Santos e Silvia Lúcia Godoy Nery.

Àqueles que mais do que me inspirar e incentivar a concluir esse trabalho, compreenderam e referendaram meus períodos de ausência: Julio Gonzaga Andrade Neves, Fernando Eduardo Serec, Luiz Virgílio Pimenta Penteado Manente, Patrícia Helena Marta Martins. Bem como àqueles que mais que suportar as dificuldades decorrentes dessa ausência, sacrificaram parte do próprio tempo para que esse trabalho pudesse ser concluído: Mariana Alves de Pereira de Assumpção, Eva Letícia Ricciardi de Paula, Camila Franco de Moraes Bariani, Caio Hunnicutt Fleury Moraes, Ana Luiza de Camargo Bittencourt Rito, Luciene Souza Leão, Francisco Pereira Mendes Holzheim e Vitoria Nisikawa Simões.

Àqueles que, acima de companheiros de trabalho, são parceiros de estudos e da vida acadêmica: Sofia Gavião Kilmar e Guilherme Carneiro Monteiro Nitschke. E aos companheiros de vida acadêmica com quem dividi as angústias, mas também as alegrias dessa trajetória: Renato Duarte Franco de Moraes, Ana Paula Barbosa Mageste e Marina Ramires Masson.

Por fim, mas não menos importante, agradeço aos amigos que levo da São Francisco para a vida: Monica Naomi Murayama, Isabela Rodrigues Copola, Amanda Gomes Sborgi, Fábio Murta Rocha Cavalcante e Vinicius Antonialli de Paula; além da amizade que levei da vida para a São Francisco: Fernanda Duarte Eberhardt.

PREFÁCIO

O direito contratual é estruturado, em grande medida, por meio do recurso a modelos. Como quaisquer simplificações da realidade, os modelos contratuais permitem apreender, de forma aproximada, a inesgotável riqueza das operações econômicas. Dentre eles situam-se, sobretudo, os tipos contratuais e as classes ou categorias contratuais (também denominadas tipos contratuais gerais), cuja principal função é permitir o estabelecimento de um juízo de conformidade entre modelo e contrato *in concreto*, de modo a atrair a incidência de um dado regime jurídico predefinido.

A boa compreensão do direito positivo, assim como a solução de diversos problemas práticos, demanda o aprofundamento do estudo das categorias contratuais, tanto no que diz respeito a seus contornos e limites, como no que tange à respectiva disciplina. Esta tarefa, ainda em curso na literatura jurídica nacional, foi desempenhada com brilho por Deborah Nery, em uma seara de alto relevo operativo – os contratos de prestação de serviços, civis e empresariais, firmados por adesão.

Além de contribuir para o avanço da dogmática contratual, a obra que o leitor tem em mãos ostenta outra particularidade digna de nota. Ao se debruçar sobre o art. 424 do Código Civil, insere-se em mais vasto campo de estudo, dedicado às limitações legais à autonomia privada. Suscita, assim, importantes reflexões que permitem delimitar de modo mais adequado aquele que, a contragosto de alguns, permanece a pedra de toque do direito dos contratos: o princípio da liberdade contratual.

O itinerário seguido pela autora vem disposto em três capítulos. O primeiro empreende uma bem recortada exposição de diversas classes contratuais. Com efeito, é no entrecruzar da dicotomia formada por contratos de adesão (ou, mais precisamente, contratos formados pela adesão a cláusulas contratuais predispostas) e contratos paritários, de um lado, com a tricotomia composta por contratos de consumo, contratos civis e contratos empresariais, de outro, que se pode delimitar o objeto do seu estudo.

O segundo capítulo disseca, de forma segura e crítica, as diversas questões levantadas pelo art. 424 do Código Civil, principiando pelo exame do sentido (não técnico) da "renúncia" nele referida e prosseguindo pela natureza da sanção nele prevista. Destaque-se, nesse ponto, interessante incursão sobre tema de grande atualidade, consistente na "bilateralização" de cláusulas tidas como abusivas nos termos do art. 51 do CDC ou do art. 424 do Código Civil, de que serve de exemplo a cláusula penal contida em contratos de promessa de compra e venda de imóveis.

Ainda no segundo capítulo, a pretexto de examinar os "direitos resultantes da natureza" do contrato de prestação de serviços, Deborah Nery expõe, de forma muito proveitosa, os elementos deste tipo contratual. Naquele que me parece ser um dos pontos altos do livro, o derradeiro item do segundo capítulo destina-se à análise da validade, à luz do art. 424 do Código Civil, de diversas cláusulas comumente inseridas em tais contratos. São os casos, dentre outros, de dispositivos prevendo prazo de vigência superior a quatro anos, afastando a indenização prevista no art. 603 do Código Civil e estipulando prorrogação automática.

Encerra o trabalho um capítulo voltado ao exame do fundamento do art. 424 do Código Civil. Após examinar o direito estrangeiro, e ainda que se possa discordar da assertiva quanto à inexistência de cláusulas abusivas em contratos negociados, a autora conclui afirmando, a nosso ver com razão, que o dispositivo legal em comento corresponde a um "um mecanismo de proteção do aderente contra cláusulas abusivas nos contratos civis e empresariais".

Fruto de dissertação de mestrado competentemente defendida na Faculdade de Direito da Universidade de São Paulo em junho de 2020, perante banca composta pelos Professores José Fernando Simão, André Rodrigues Corrêa e Paulo Dóron Rehder de Araújo, que a aprovou por unanimidade, a obra ora dada ao público contribui para o aperfeiçoamento da literatura jurídica contratual nacional.

Tive o privilégio de lecionar para Deborah Nery no curso de graduação e de orientá-la durante o mestrado. Nesse período acompanhei, com grande satisfação, o nascimento e a consolidação de sua dissertação, assim como o seu decisivo amadurecimento como pesquisadora e escritora. Recomendo vivamente a leitura de sua obra, na expectativa do prosseguimento de uma já frutífera caminhada.

São Paulo, 13 de julho de 2021

Francisco Paulo De Crescenzo Marino
Professor Associado da Faculdade de Direito da Universidade de São Paulo

SUMÁRIO

INTRODUÇÃO

O objetivo desse trabalho é estudar as limitações à autonomia privada impostas pelo art. 424 do Código Civil (a ser mencionado adiante também como CC)[1] aos contratos firmados por adesão. Para tanto, o plano de trabalho se divide em três capítulos distintos.

O estudo se iniciará com a definição do campo de aplicação do art. 424 do CC.

Para isso, em um primeiro momento, este trabalho se ocupa em definir o que são os contratos por adesão e seus elementos característicos. Para tanto, explica-se a denominação adotada neste trabalho em contraposição àquela do Código Civil (contratos "de adesão" e "por adesão"), realiza-se a diferenciação entre contratos por adesão e figuras afins, bem como analisa-se criticamente as características comumente listadas pela doutrina para essa modalidade de contratação.

Em um segundo momento, o capítulo se ocupa da delimitação do campo de aplicação art. 424 do CC. São definidos os contratos de consumo através do conceito de consumidor, é analisada a proteção conferida pelo Código de Defesa do Consumidor (a ser mencionado adiante também como CDC) aos contratos por adesão, bem como se a proteção conferida pelo Código Civil se aplica de forma subsidiária aos contratos de consumo. Após essa etapa, o primeiro capítulo se encerra com a apuração dos contratos sujeitos ao regime do Código Civil através de estudo sobre a pertinência, para fins de

[1] Art. 424. Nos contratos de adesão, são nulas as cláusulas que estipulem a renúncia antecipada do aderente a direito resultante da natureza do negócio.

incidência normativa, da distinção proposta pela doutrina entre contratos civis e empresariais.

Definido o campo de aplicação do art. 424 do CC, o segundo capítulo desse trabalho se ocupará a analisar de que forma se opera a limitação à autonomia privada prevista por esse dispositivo aos contratos firmados por adesão. Assim, é realizada uma análise pormenorizada das expressões que compõem o artigo ("*renúncia antecipada*", "*são nulas*", e "*direito decorrente da natureza do negócio*"), a fim de apurar seu real significado e consequências.

Na sequência, e ainda no escopo do segundo capítulo, procede-se a um estudo dos contratos de prestação de serviços, a fim de apurar as limitações à autonomia privada decorrentes do art. 424 do CC que se verificam nesse tipo contratual.

O terceiro capítulo, sucedido apenas pelas conclusões da pesquisa, ocupa-se da investigação dos fundamentos para a limitação à autonomia privada imposta pelo art. 424 do CC, passando por uma análise dos fundamentos de semelhante limitação no direito estrangeiro, verificando a possibilidade de importação de tais fundamentos, bem como pela apuração se este artigo pode ser considerado como um mecanismo de combate a cláusulas abusivas em nosso ordenamento.

Ao final, espera-se que esse trabalho possa contribuir para a discussão dos contratos por adesão fora da ótica dos contratos de consumo, sob a qual acabaram encontrando fértil campo de desenvolvimento doutrinário. Não sendo contrato por adesão e contrato de consumo sinônimos, espera-se, ainda, que a análise proposta por este trabalho fomente o debate e possa resolver de forma satisfatória os problemas enfrentados.

1.
Delimitação do Objeto de Estudo

1.1. Contratos por adesão e figuras afins

Para delinear com precisão o objeto do presente estudo, começaremos pela análise do conceito de contrato por adesão, e como ele será entendido e aplicado nesse trabalho.

A primeira observação conceitual que merece atenção é a nomenclatura adotada no presente trabalho no que diz respeito aos contratos por adesão.

O Código Civil, em seus artigos 423[2] e 424[3] – sendo o segundo artigo objeto desse trabalho – faz uso da terminologia "contrato de adesão", a doutrina, por sua vez, emprega tanto das expressões como "de adesão" e "por adesão". O uso das diferentes expressões e as razões que o justificam, contudo, são variadas.

Orlando GOMES, por exemplo, diferencia as denominações "contrato de adesão" e "contrato por adesão" em função da generalidade das cláusulas e do seu destinatário:

[2] Art. 423. Quando houver no contrato de adesão cláusulas ambíguas ou contraditórias, dever-se-á adotar a interpretação mais favorável ao aderente.

[3] Art. 424. Nos contratos de adesão, são nulas as cláusulas que estipulem a renúncia antecipada do aderente a direito resultante da natureza do negócio.

> "A particularidade de serem cláusulas gerais e uniformes (...) autoriza a importante distinção entre contrato de adesão e o contrato por adesão. Neste, o consentimento também se manifesta pela aceitação em bloco das cláusulas redigidas pela outra parte, mas são ditadas unicamente para aquele contrato determinado, nele se exaurindo em razão de sua própria causa, enquanto, nos contratos de adesão, se destinam à série ilimitada de relações jurídicas estruturáveis pelo mesmo processo, não raro se repetindo com o mesmo participante, como acontece no serviço de transportes coletivos"[4]

Em síntese, os contratos precedidos por cláusulas contratuais gerais (ou condições gerais dos contratos) são denominados pelo autor como "*de adesão*". Os contratos elaborados unilateralmente para regular uma relação contratual específica, por sua vez, seriam "*por adesão*".

Cristiano ZANETTI, por sua vez, reconhece a duplicidade de nomenclatura, sem, contudo, atribuir às expressões "de adesão" e "por adesão" um significado distinto. O autor defende o uso da expressão "por adesão" por entender que a terminologia "contrato de adesão", adotada pelo Código, traria consigo a ideia de que essa forma de contratar seria, na verdade, um tipo contratual, o que não reflete a realidade. Nas palavras do autor: "*[t]rata-se de um modo de pactuar e não de um tipo contratual. A categoria 'contrato por adesão' contrapõe-se à do contrato concluído 'por mútuo acordo', na qual as partes definem em conjunto o conteúdo do negócio pactuado*"[5].

Neste trabalho adotaremos a nomenclatura sugerida por Cristiano ZANETTI, a saber: contratos "por adesão". Seu uso, contudo, não excluirá da análise a ser realizada nos capítulos subsequentes os contratos denominados "de adesão" por Orlando GOMES. Dessa forma, independentemente de ser precedido de cláusulas contratuais gerais ou elaborado para uma transação específica, se firmado por adesão, o contrato estará dentro do escopo deste estudo.

[4] GOMES, ORLANDO, **Contratos de adesão: condições gerais dos contratos**, São Paulo: Revista dos Tribunais, 1972, p. 20.

[5] ZANETTI, Cristiano de Souza, **Direito contratual contemporâneo – A liberdade contratual a sua fragmentação**, Rio de Janeiro: Forense, 2008, p. 224.

Em razão disso, outra potencial distinção que merece atenção seria aquela entre os "contratos por adesão" e "condições gerais dos contratos" ou "cláusulas contratuais gerais". Isso porque, enquanto o diploma legal nacional se vale do termo "adesão", em outros ordenamentos a nomenclatura utilizada é de "condições gerais" como se vê na Itália (*condizioni generali dei contratti*), na Espanha (*condiciones generales de los contratos*) e na Alemanha (*allgemeine Geschäftsbedingungen*) ou "cláusulas contratuais gerais", como em Portugal.

Atribui-se a SALEILLES[6] a primeira análise dos contratos com cláusulas uniformes elaboradas por uma das partes e aceitas pela parte contrária, em estudo realizado sobre a declaração de vontade relativo à parte geral do Código Civil Alemão. A essa forma de contratação o autor deu o nome de "contrato de adesão", repetida nos trabalhos que o seguiram. Com o aumento de trabalhos que se ocuparam do estudo da disciplina, passou-se a utilizar também a expressão "condições gerais dos contratos".

Orlando GOMES[7] critica a expressão "condições gerais dos contratos" por entender que ela padece de duas impropriedades técnicas ao empregar os termos "condições" e "gerais" que comprometeriam sua utilização. O termo "condições" é utilizado, na expressão analisada, como sinônimo de cláusula, contudo, na terminologia jurídica, tem significado próprio, trazendo consigo a ideia de subordinação do efeito do negócio jurídico a evento futuro e incerto, e não de um fenômeno de pré-constituição unilateral das cláusulas contratuais. A qualificação "gerais" também não seria a mais apropriada, pois não é a generalidade que distingue esse tipo de contratação, mas sim a sua uniformidade. A disciplina legal portuguesa, visando evitar as potenciais confusões decorrentes do termo "condições", cunhou a expressão "cláusulas contratuais gerais". Ambas as expressões, contudo, são utilizadas como sinônimas seja pela doutrina (nacional e internacional), seja pela legislação (estrangeira).

[6] O autor define os contratos por adesão como contratos nos quais "há a predominância exclusiva de uma vontade, agindo como vontade unilateral, que dita sua lei, não apenas a um indivíduo, mas a uma coletividade indeterminada" (tradução livre), SALEILLES, Raymond, **De la déclaration de volonté**, Paris, 1929, pp. 229-230.

[7] GOMES, Orlando, **Contratos de adesão: condições gerais dos contratos**, São Paulo: Revista dos Tribunais, 1972, pp. 4-9.

É importante pontuar que as condições gerais do contrato (ou cláusulas contratuais gerais) e os contratos por adesão são conceitos distintos, pois, apesar de as condições gerais serem sucedidas por contratos por adesão, a recíproca não é verdadeira. "[*A*] *verdade é que, em rigor, a fórmula contratos de adesão é mais ampla, podendo não coincidir com a expressão cláusulas contratuais gerais*"[8]. Não se nega que o contrato por adesão possa ser precedido por cláusulas contratuais gerais, contudo, também pode suceder conjunto de regras estipuladas pelo proponente para um número determinado de contratos ou até mesmo tendo em vista um contratante específico – descaracterizando a aplicação a um número indeterminado de avenças que é essencial às cláusulas contratuais gerais (ou condições gerais dos contratos).

Terceira distinção que merece nossa atenção é aquela entre contrato por adesão e contrato normativo. Apesar de bastante semelhantes, em razão de ambos possuírem como características a forma predeterminada do conteúdo contratual e a necessidade de aceitá-lo como um todo, os conceitos são permeados por relevante diferença: a discussão precedente à aceitação do conteúdo[9]. O contrato normativo[10] – que normalmente se apresenta sob a forma de regulamento – é aquele que não predetermina integralmente o conteúdo dos futuros contratos a serem celebrados, mas prevê as disposições gerais e de maior importância, sem impedir que as partes possam estipular cláusulas secundárias.

Por fim, quarta distinção a ser feita é aquela entre "contratos por adesão" e "contratos tipo". Nos contratos tipo, apesar de haver um modelo predisposto de cláusulas contratuais, estas não são impostas por um contratante a outro,

[8] PINTO MONTEIRO, António, Contratos de adesão e cláusulas contratuais gerais: problemas e soluções, **Estudos em homenagem ao Professor Doutor Rogério Soares**, Coimbra Editora, 2002, pp. 1103-1131, p. 1108.

[9] BITTAR, Carlos Alberto; GARCIA JÚNIOR, Ary Barbosa; FERNANDES NETO, Guilherme, **Os contratos de adesão e o controle de cláusulas abusivas**, São Paulo: Saraiva, 1991, p. 67.

[10] "Enquanto no contrato normal o conteúdo é patrimonial, dispositivo, no normativo é estatuir as normas a serem observadas pelas partes, nos futuros contratos. (...) O exemplo mais difundido e conhecido de contrato normativo é da convenção coletiva de trabalho a qual, gera, desde que homologada devidamente, a obrigatoriedade de serem seguidas suas normas nos contratos individuais de trabalho", BULGARELLI, Waldirio, **Contratos Mercantis**, 9. ed., São Paulo: Atlas, 1997, p. 117.

mas apenas pré-redigidas[11]. Assim, o contrato tipo institui um *pactum de modo contrahendo*, isto é, cria prestação de como fazer o contrato definitivo se e quando ele for celebrado. Nos contratos por adesão, por sua vez, há a redação prévia das cláusulas contratuais apenas por um dos contratantes, cabendo ao outro a simples aceitação do contrato como lhe é apresentado, sem que possa influenciar no seu conteúdo[12]. Assim, ainda que possa haver certos pontos de similitude entre ambas as figuras, as expressões não podem ser tratadas como sinônimas, pois não endereçam o mesmo fenômeno.

Superados os esclarecimentos iniciais acerca da nomenclatura adotada, podemos passar à definição do que deve ser entendido como contrato por adesão para fins deste estudo.

1.2. Elementos essenciais e definição

Antes de adentrarmos às características do contrato por adesão, cabe breve observação acerca de sua natureza contratual. Quando dos primeiros trabalhos elaborados sobre essa modalidade de contratação, chegou-se a defender que o contrato por adesão não teria natureza contratual, ausente efetiva

[11] "Fala-se, portanto, que no contrato de adesão há a imposição de cláusulas pela parte que as redigiu, e no contrato-tipo há a apresentação das cláusulas pré-redigidas por uma das partes, mas podendo ser alteradas mediante discussão entre as partes", BULGARELLI, Waldirio, **Contratos Mercantis**, 9. ed., São Paulo: Atlas, 1997, p. 99.

[12] Nesse sentido: "Contrato tipo e contrato de adesão possuem certos pontos de contato. Contudo, em relação a diversos aspectos, ainda que no mesmo negócio, é possível que sejam utilizadas ambas formas de contratação. Contudo, sempre haverá entre eles uma inconfundível autonomia conceitual. No contrato tipo, de fato, o que chama a atenção é o elemento, que escolhemos chamar de "padronização da forma e do conteúdo do contrato" em vista de contratos futuros. Enquanto no contrato de adesão, o que se considera é o modo como se cruzam as vontades das partes contratantes, colocando em relevo (do ponto de vista econômico) a vontade do proponente e em menor evidência (sob o mesmo ponto de vista) a vontade daquele que aceita. Este último, precisamente porque seus meios econômicos de resistência não lhe permitem qualquer influência sobre a vontade do proponente, mas de refutá-la integralmente ou de aceitá-la como posta, fazendo-a corresponder, ponto a ponto, sua própria vontade, é denominado aderente" (tradução livre), BARBERO, Domenico, **Il contratto-tipo nel diritto italiano**, Milano, 1935, pp. 3-4.

manifestação de vontade da parte aderente, ante não equivalência entre consentimento e adesão[13].

RIPERT, analisando os contratos por adesão, listou os argumentos utilizados por aqueles que negavam sua natureza contratual. A adesão, sob esse ponto de vista, não seria consentimento, pois "[*c*]*onsentir num contrato é debater suas cláusulas com a outra parte depois duma luta mais ou menos dura cuja convenção traduzirá as alternativas*". Em razão disso, nos contratos por adesão haveria "*sempre uma espécie de vício permanente do consentimento, revelado pela própria natureza do contrato (...). Enquanto pratica aquele ato de vontade, o aderente é levado a isso pela imperiosa necessidade de contratar*"[14].

Por sua vez, o próprio autor criticava a tentativa de negar-se a natureza contratual dos contratos por adesão e combatia a ideia de que a distinção entre contratos negociados e por adesão deveria se pautar na análise da vontade. Mais importante para diferenciar essas duas formas de contratação, segundo RIPERT, seria análise do modo como se manifesta o consentimento[15].

Atualmente, prevalece o entendimento que os contratos por adesão, precedidos ou não de cláusulas contratuais gerais, têm natureza contratual[16].

[13] "O mero caráter voluntário de um ato não garante que este tenha ocorrido livremente, pois – como já se disse graficamente – todas as extorsões se perpetuam com o aparente consentimento das vítimas" (tradução livre), AGUILA-REAL, Jesus Alfaro, **Las condiciones generales de la contratacíon**, Madrid: Civitas S/A, 1991, p. 55.

[14] RIPERT, Georges, **Regra moral nas obrigações civis**, São Paulo: Saraiva, 1937, pp. 104-105.

[15] "Vê-se que ainda aqui se enveredou por caminho errado porque se partiu do princípio da autonomia da vontade. O contrato parecia uma ideia de tal modo respeitável que para se atacar um ato queria-se começar por demonstrar que este não constituía um contrato. Daí estes estudos e estas teses sobre os contratos de adesão que tendem a fazer desaparecer o caráter voluntário da adesão e evidenciar a vontade sujeita, o consentimento perpetuamente viciado. Esta análise teve sem dúvidas consequências pouco satisfatórias. À força de declarar esses contratos suspeitos, chegou-se a uma regulamentação unicamente inspirada pelo desejo de socorrer uma fraqueza que se ignorava. Não se diz, por exemplo, que a lei de 17 de Março de 1905 que interdiz as cláusulas de não responsabilidade no transporte terrestre, sob pretexto de que o expedidor é obrigado a aceitá-las, seja uma lei feliz sob o ponto de vista econômico. Também se não diz que a regulamentação excessiva do trabalho, sob pretexto de que o operário é algumas vezes obrigado a sujeitar-se à lei do patrão, não se tenha voltado muitas vezes contra o próprio operário. (...) O que é necessário unicamente impedir, é a exploração da miséria e da fraqueza através do contrato", RIPERT, Georges, **Regra moral nas obrigações civis**, São Paulo: Saraiva, 1937, pp. 109-110.

[16] MIRANDA, Custodio da Piedade Ubaldino, **Contratos de adesão**, São Paulo: Atlas, 2002, p. 125; GENOVESE, Anteo, **Le condizioni generali di contrato**, Padova, 1954, pp; 30 e ss;

O conteúdo elaborado pelo proponente configura verdadeira proposta negocial – que pode ser destinada a uma coletividade de destinatários ou a uma contraparte específica –, apta a gerar efeitos jurídicos mediante a aceitação do aderente[17].

Também o ordenamento brasileiro reconhece a contratualidade dos contratos por adesão. No Código de Defesa do Consumidor, a definição e o regramento do "*contrato de adesão*" encontram-se inseridos no Capítulo VI, que contém as normas daquele diploma sobre proteção contratual. No Código Civil, por sua vez, os artigos 423 e 424 estão inseridos no Capítulo V, que regula os "*Contratos em Geral*".

É possível, contudo, defender a existência de uma exceção à natureza contratual dessa modalidade de contratação[18]: os contratos definidos pela jurisprudência como de adesão obrigatória, quais sejam, aqueles que têm por objeto produto ou serviço fornecido com exclusividade por determinada empresa[19]. Nas palavras de Antônio JUNQUEIRA DE AZEVEDO, nesses casos:

> "o que se tem são relações jurídicas inteiramente semelhantes às que surgem de um contrato – e contrato sinalagmático de trato sucessivo – mas sem que haja contrato. Não há, *in casu*, declaração negocial e, portanto, não há negócio jurídico. O que há são as chamadas 'relações paracontratuais', ou 'paranegociais', às vezes ditas, em fórmula contraditória, 'relações contratuais fáticas' (se são relações de fato, não podem ser contratuais)" [20].

ROPPO, Enzo, **Contratti standard: autonomia e controlli nella disciplina delle attività negoziali di impresa**, Milano: Giuffrè Editore, 1989, pp. 85 e 99.

[17] "Pela aceitação, expressa ou tácita, por uma assinatura, ou por fatos donde se deduza inequivocamente a intenção de contratar (fatos concludentes), de aceitar uma proposta contratual, o aderente manifesta sua intenção de submeter-se ao regramento contratual e essa manifestação de vontade é suficiente para que se forme o contrato", MIRANDA, Custodio da Piedade Ubaldino, **Contratos de adesão**, São Paulo: Atlas, 2002, p. 72.

[18] MIRANDA, Custodio da Piedade Ubaldino, **Contratos de adesão**, São Paulo: Atlas, 2002, pp. 122-123.

[19] Nesse sentido: STJ, REsp nº 47081/SP, Quarta Turma, Rel. Min. Sálvio de Figueiredo Teixeira, julgado em 17/05/1994; REsp nº 379.949/PR, Quarta Turma, Rel. Min. Sálvio de Figueiredo Teixeira, julgado em 26/02/2002.

[20] JUNQUEIRA DE AZEVEDO, Antônio, **Negócio Jurídico e Declaração Negocial: noções gerais e formação de declaração negocial**, Tese para o concurso de professor titular

Essa modalidade de contratação, por sua vez, ainda que admitida, não será objeto deste estudo. Seja em razão da discussão sobre a própria natureza contratual desse tipo de negócio[21], seja porque em grande parte estão sujeitos ao regime do Código de Defesa do Consumidor, ou porque implicam a redução ainda maior à liberdade de contratar do aderente, pois ou este aceita os termos de contratação preestabelecidos pela contraparte, ou jamais terá o produto ou serviço específico por ela fornecido.

Feita essa observação inicial acerca da natureza contratual dos contratos por adesão, passemos a analisar as principais características que lhe são atribuídas pela doutrina para, posteriormente, propor uma definição do que se entende por contratos por adesão.

O Código Civil não conceitua os contratos por adesão. Sua definição ficou a cargo do Código de Defesa do Consumidor, nos termos do qual: "*Contrato de adesão é aquele cujas cláusulas tenham sido aprovadas pela autoridade competente ou estabelecidas unilateralmente pelo fornecedor de produtos ou serviços, sem que o consumidor possa discutir ou modificar substancialmente seu conteúdo (...) A inserção de cláusula no formulário não desfigura a natureza de adesão do contrato*" (art. 51, caput, e §1º).

Sendo o Código de Defesa do Consumidor aplicável apenas aos contratos de consumo, necessário investigar se a definição por ele cunhada se estende aos contratos civis e empresariais. Para tanto, serão analisadas as principais características atribuídas pela doutrina aos contratos por adesão, para, na

de Direito Civil da Faculdade de Direito da Universidade de São Paulo, São Paulo, (s.c.p.), 1986, p. 45.

21 Werner FLUME, por exemplo, defende a natureza contratual de tais pactos: "Quem sobe em um bonde sabe, igual a quem toma um taxi, que não será transportado gratuitamente. Ao subir no bonde faz-se o uso de um serviço de transporte que é oferecido em troca de uma quantia. Para a formação de um contrato não é necessário mais do que isso. (...) Quem utiliza um serviço oneroso posto à sua disposição, com toda segurança não emite uma declaração no sentido do uso linguístico, de que vai pagar a prestação. O cliente que come os pãezinhos [oferecidos em um restaurante] não declara que quer pagar. Contudo, aceita uma prestação que – de forma socialmente típica – se oferece como onerosa. Por isso, pela utilização aceita-se um negócio jurídico oneroso, de maneira semelhante àqueles que conforme os §§612 e 632 [presunção de onerosidade se, pelas circunstâncias, seria esperado que o serviço fosse prestado onerosamente] – de forma socialmente típica – pactuam ou recebem a prestação onerosa de um serviço ou de uma obra" (tradução livre), FLUME, Werner, **El Negocio Juridico**: Parte general del Derecho civil, t. II, 4ª ed., Madrid: Fundación Cultural del Notariado, 1998, pp. 131-133.

sequência, e por consequência, elaborar a definição dos "contratos por adesão" objeto deste estudo.

Em estudo que é referência sobre o tema, e anterior à positivação dos contratos por adesão no direito brasileiro, Orlando GOMES enumera três traços distintivos do contrato que ele denomina "de adesão", e que, neste trabalho, chamamos de "por adesão": (i) a contratualidade meramente formal; (ii) determinação uniforme do conteúdo das relações constituídas com a parte que preestabelece as cláusulas; e (iii) aplicabilidade do modelo contratual a uma série infinita de contratos[22].

Diz-se que a contratualidade é meramente formal, pois o contrato por adesão configura-se como o negócio jurídico bilateral, em que o consentimento de uma das partes é manifestado mediante aceitação global de um conteúdo contratual uniforme, previamente estabelecido pela outra parte, e a ser aceito por todos aqueles que com ela desejam contratar o mesmo produto/serviço[23]; não admitindo, assim, negociações preliminares nem modificações das cláusulas preestabelecidas[24].

Em outras palavras, seu conteúdo é pré-fixado pelo proponente, cabendo ao oblato a alternativa de aceitar ou rejeitar o contrato, manifestando seu consentimento ao aderir ao conteúdo previamente estabelecido. Assim, "*o traço distintivo dominante* [do contrato por adesão] *é, em suma, o preestabelecimento, por uma das partes, das cláusulas dos contratos a serem estipulados em série*"[25].

[22] GOMES, Orlando, **Contratos de adesão: condições gerais dos contratos**, São Paulo: Revista dos Tribunais, 1972, p. 12.

[23] "Vê-se que não só pelo conteúdo que eles se distinguem dos contratos tradicionais, mas pela forma de contratar, sendo adequado falar-se, para identificar o conteúdo do contrato, no tipo do contrato que é objeto do "contrato de adesão", acrescentando-se a esta expressão o *nomem iuris* do contrato", MIRANDA, Custodio da Piedade Ubaldino, **Contratos de adesão**, São Paulo: Atlas, 2002, p. 30.

[24] "Assim, a liberdade de contratação que conforme assevera Karl Larenz, compreende a faculdade do indivíduo decidir livremente se vai contratar e com quem vai fazê-lo, se faz presente no contrato de adesão; existindo, todavia, a liberdade de configuração interna, ou seja, a possibilidade de ambos os contraentes estabelecerem o conteúdo do contrato", BITTAR, Carlos Alberto; GARCIA JÚNIOR, Ary Barbosa; FERNANDES NETO, Guilherme, **Os contratos de adesão e o controle de cláusulas abusivas**, São Paulo: Saraiva, 1991, p. 60.

[25] GOMES, Orlando, **Contratos de adesão: condições gerais dos contratos**, São Paulo: Revista dos Tribunais, 1972, p. 10.

O autor afirma que a predeterminação uniforme do conteúdo caracteriza o contrato por adesão por ser o modo objetivamente idôneo para atingir sua finalidade. Isso porque, com contratos de conteúdo uniforme atinge-se um número indeterminado de potenciais contratantes, padronizando as relações contratuais do proponente, o que lhe garante a racionalização das atividades econômicas a serem desenvolvidas por intermédio dos contratos firmados.

Apesar de ser uma característica relevante, pois "*o fenômeno de contratação em massa não se compadeceria com a discussão de cláusulas com cada interessado*"[26], ela ignora a possibilidade de a contratação por adesão não ser precedida de cláusulas contratuais gerais, e não objetivar, assim, uma multiplicidade de relações.

Na visão de Orlando GOMES, da predeterminação uniforme do conteúdo decorre a rigidez das condições contratuais, pois a permissão de alteração do conteúdo desnaturaria por completo a forma de contratação por adesão, que passaria a ser consensuada. Assim, a rigidez garantiria a uniformidade e protegeria a predeterminação dos termos dos contratos. Em outras palavras, nos contratos por adesão, observa-se a "*pré-formulação de cláusulas que caracterizam certo tipo contratual e disciplinam de modo uniforme e de forma mais ou menos exaustiva a relação jurídica que, com base nesse tipo, irá estabelecer-se entre os contratantes*"[27].

Por outro lado, a negociação de questões pontuais ou inclusão de cláusula a pedido do aderente – apesar de interferirem na uniformidade das contratações realizadas pelo proponente – não descaracterizam, *per se*, a contratação por adesão. Assim, a redução ou aumento de algum prazo, ou mesmo do preço

[26] MIRANDA, Custodio da Piedade Ubaldino, **Contratos de adesão**, São Paulo: Atlas, 2002, p. 26.

[27] GOMES, Orlando, **Contratos de adesão: condições gerais dos contratos**, São Paulo: Revista dos Tribunais, 1972, pp. 18-19. O autor completa seu raciocínio com a seguinte ressalva: "Referiu-se anteriormente a um tipo contratual, mas nada obsta a que se trate de uma mistura de tipos contratuais, e abrangendo contratos legal e socialmente típicos, isolada ou simultaneamente. Por outro lado, a referência ao tipo contratual não restringe a regulamentação disposta no conteúdo contratual apenas aos efeitos jurídicos essenciais, ou àqueles elementos mínimos que caracterizam o tipo, como, por exemplo, o preço e a coisa na compra e venda. O que se quis significar é que, dada a própria razão de ser do processo tipológico e do tipo como categoria jurídica (distinta do conceito), do seu modo de formação e características, o tipo contratual, com a disciplina jurídica que lhe é própria, formando um modelo de contrato, permite uma rápida identificação do contrato concreto ao tipo que se trata, para o efeito de determinação dos seus efeitos jurídicos, isto é, do contrato em causa", pp. 21-22.

cobrado não desnaturam a contratação por adesão, desde que prevaleça o regime contratual como entabulado pelo proponente.

Ainda, a elaboração por uma das partes contratantes ou a disposição no instrumento em que é aposto o consentimento do oblato não são essenciais para que se esteja diante de um contrato por adesão. Nesse sentido, é possível que as cláusulas sejam elaboradas por uma das partes – cenário mais comum – por um terceiro, estranho à relação contratual, ou mesmo por normas impostas pelo poder público (pela lei ou por regulamento administrativo)[28]. No que diz respeito ao conteúdo, pode haver regramento contratual previsto em instrumento diverso daquele assinado pelas partes, mas colocado à disposição do contraente antes, durante, e após a contratação[29].

A terceira característica listada por Orlando GOMES decorre da predeterminação do conteúdo contratual, pois através dela o predisponente objetiva a aceitação passiva do contrato como por ele entabulado por um número indeterminado de aderentes, tornando invariável o conteúdo de todas as suas relações contratuais:

> "O propósito de uniformidade não se alcançaria se as cláusulas do esquema se exaurissem com a sua aplicação. As condições têm de ser formuladas de modo abstrato, no sentido de que, ao elaborá-las, quem as redige não pensa no caso concreto, nem nos possíveis contratantes singulares. O requisito de abstratividade possui, portanto, dupla significação, a de inesgotabilidade e de abstração propriamente dita no sentido de indeterminação e desconhecimento dos destinatários"[30].

Esses dois últimos traços distintivos – predeterminação uniforme e aplicabilidade do modelo contratual a um número indefinido de contratos e

[28] MARQUES, Cláudia Lima, **Contratos no Código de Defesa do Consumidor**, 3 ed., São Paulo: Revista dos Tribunais, 1998, p. 55.

[29] BITTAR, Carlos Alberto; GARCIA JÚNIOR, Ary Barbosa; FERNANDES NETO, Guilherme, **Os contratos de adesão e o controle de cláusulas abusivas**, São Paulo: Saraiva, 1991, pp. 62-63.

[30] GOMES, Orlando, **Contratos de adesão: condições gerais dos contratos**, São Paulo: Revista dos Tribunais, 1972, pp. 10-11.

contratantes – são entendidos por parte da doutrina como elementos decisivos para configuração de um contrato por adesão[31].

Discordamos desse posicionamento. A aplicabilidade do modelo contratual a número indefinido de contratos é característica das cláusulas contratuais gerais, que, por sua vez, dão origem a contratos por adesão. Ocorre que, não sendo todos os contratos por adesão precedidos de cláusulas contratuais gerais, ou replicados em uma série indeterminada de contratos, esse não pode ser considerado um traço distintivo dessa modalidade de contratação.

Orlando GOMES vai além da definição dos elementos distintivos, e enumera o que entende por princípios comuns para caracterização dos contratos por adesão: (i) unidade e invariabilidade do conteúdo; (ii) superioridade econômica; (iii) estado de necessidade do contratante; (iv) complexidade/tecnicismo; e (v) permanência da oferta[32].

A respeito dos elementos distintivos listados pelo autor, cabe importante ressalva: a obra de Orlando GOMES que analisa os contratos por adesão data de 1972. Ou seja, seu trabalho precedeu não apenas os autuais Código de Defesa do Consumidor e Código Civil, como também os projetos que os originaram e parte dos debates sobre essa modalidade de contratação ocorridos após a edição do Código Civil italiano de 1942. Assim, é possível supor que os elementos distintivos listados pelo autor visassem não apenas aos contratos por adesão civis e empresariais, mas também – e especialmente – aqueles firmados por consumidores.

Feita esta observação, passemos à análise dos elementos distintivos enumerados, bem como aos motivos pelos quais discordamos, em grande parte, de sua aplicação aos contratos por adesão civis e empresariais.

[31] Nesse sentido: "Parece-nos que o que é decisivo no contrato de adesão é, por um lado, a especificidade da posição do predisponente que formula as cláusulas contratuais gerais, tornando-se obrigatória para todos os que queiram contratar a aceitação dessas cláusulas, unilateral e soberanamente predispostas, como um poder idêntico ao *ius imperii* do legislador e com um grau de generalidade e de abstração até certo ponto paralelo ao das normas jurídicas, e, por outro, a indeterminação dos interessados a quem a proposta contratual se dirige, ao contrário do contrato negociado, em que é endereçada a um destinatário determinado", MIRANDA, Custodio da Piedade Ubaldino, **Contratos de adesão**, São Paulo: Atlas, 2002, p. 24.

[32] GOMES, Orlando, **Contratos de adesão: condições gerais dos contratos**, São Paulo: Revista dos Tribunais, 1972, p. 151.

A unidade e invariabilidade do conteúdo, como explicado nos parágrafos acima, apesar de importantes características dos contratos por adesão, são passíveis de mitigação sem que isso altere o caráter adesivo do contrato.

Ademais, no âmbito das contratações civis e empresariais – ainda que por adesão – é comum que ambos contratantes tenham conhecimento técnico semelhante, ou possibilidade de acesso a esse conhecimento. Dessa forma, a superioridade econômica do proponente ou o estado de necessidade do contratante não podem ser considerados como elementos caracterizadores dos contratos por adesão. Outrossim, defender que o aderente se encontra em "estado de necessidade", levaria à conclusão de que a lesão[33] é uma característica do contrato por adesão, que estaria sempre permeado por invalidade decorrente de vício do consentimento.

Adicionalmente, como explica GENOVESE, as equiparações entre predisponente e sujeito com maior poder econômico, e entre aderente e sujeito economicamente mais fraco não são um critério jurídico, e ainda se fossem, seriam eivadas de grande imprecisão, considerando as incertezas e variações que circundam tais conceitos. Nas palavras do autor:

> "Não é verdade esse [predisposição das cláusulas pelo proponente] seja sempre um indício seguro de prevalência econômica do proponente e de uma opressão deste em relação à grande massa de contratantes (mesmo que isto seja frequente) quando estudada em relação à economia, como um todo, do negócio concluído: muitas vezes, as vantagens que o contrato atribui ao predisponente são compensadas pelas vantagens das quais se beneficiam as contrapartes[34].

É possível manter o mesmo raciocínio para criticar a característica de "complexidade/tecnicismo" dos contratos por adesão, formulada sob a premissa de que a parte proponente possui mais conhecimento técnico acerca da matéria contratada que o aderente. Em muitos casos é o cliente quem estipula as regras do contrato a seus fornecedores e prestadores de serviços – estes,

[33] Art. 157. Ocorre a lesão quando uma pessoa, sob premente necessidade, ou por inexperiência, se obriga a prestação manifestamente desproporcional ao valor da prestação oposta.

[34] Tradução livre, GENOVESE, Anteo, **Le condizioni generali di contratto**, Padova, 1954, p. 143.

detentores dos bens e do conhecimento técnico necessário para a execução do serviço objeto da contratação –, indo de encontro à noção de prevalência do conhecimento técnico do estipulante do contrato por adesão[35].

No que diz respeito à permanência da oferta, entendemos não ser característica essencial aos contratos por adesão. Isso porque, de fato, os termos do contrato por adesão podem ser elaborados pelo proponente a fim de reger uma série de relações jurídicas semelhantes, com a finalidade de reduzir os custos de transação, mas o fato de serem destinados a pessoas ou situações específicas não altera a natureza de contratação por adesão se, à contraparte, restar apenas a possibilidade de acolher o recusar o conteúdo do contrato que lhe é oferecido[36].

Outrossim, ainda que o contrato seja elaborado para um número indeterminado de contratantes, isso não significa que um proponente esteja obrigado a vincular-se a quaisquer potenciais contratantes, aos quais não tenha formulado diretamente uma oferta, pois a contratação por adesão não é sinônimo de oferta ao público. Assim, o fato de um sujeito realizar diversas contratações através de contratos por adesão por si redigidos, não implica a impossibilidade de escolher os contratantes aos quais direcionará especificamente suas ofertas[37].

[35] Nas lições de ROPPO, a prevalência do entendimento de que o proponente é a parte mais forte, seja tecnicamente, seja economicamente, não é correta, podendo acarretar implicações inadequadas, inclusive no campo das normas que regulam os contratos por adesão: "Ao meu ver, contudo, uma análise do fenômeno das condições gerais do contrato que enfatize a desigualdade do poder de barganha (*inequality of bargaining power*) em função da abordagem dominante (se não exclusiva) de conhecimento deste poder (e a elaboração das ferramentas necessárias para o seu controle) acaba por encontrar uma imagem perigosamente deformada, criando o risco de expor os contratos a, por um lado, modelos de interpretação que não correspondem à realidade, e, por outro, privilegiar uma estratégia de política judicial fadada ao fracasso" (tradução livre), ROPPO, Enzo, **Contratti standard: autonomia e controlli nella disciplina delle attività negoziali di impresa**, Milano: Giuffrè Editore, 1989, p. 99.

[36] BERLIOZ, Georges, **Le contrat d'adhesion,** Paris: Libreirie Generale de Droit et de Jurisprudence, 1976, p. 29.

[37] Tomemos como exemplo o contrato de franquia. O fato de os contratos se franquia se caracterizarem, normalmente, como contratos por adesão, não impede que as franqueadoras escolham quem serão seus franqueados, não sendo adequado falar em permanência da oferta – em especial no contexto externo às relações de consumo – equiparando-a a uma oferta ao público, que obrigaria a contratação com qualquer parte que se mostrasse interessada.

Considerando a análise realizada neste capítulo, o presente trabalho propõe como conceito de contrato por adesão, que será adotado como premissa para desenvolvimento dos próximos capítulos: contrato cujas cláusulas – aqui entendidas como aquelas constantes do instrumento assinado pelas partes ou documento nele referido – são previamente elaboradas – por uma das partes ou por terceiro – sem que haja possibilidade de debate ou negociação de seu conteúdo pelo(s) aderente(s). Não desnatura o contrato por adesão a negociação de questões pontuais ou inclusão de cláusula a pedido do aderente, desde que prevaleça o contrato como entabulado pelo proponente.

1.3. Contratos por adesão no Código Civil

Os contratos por adesão não eram regulados pelo Código Civil de 1916, que, no contexto de Estado Liberal em que estava inserido – como as demais codificações do século XIX – fundava-se sobre os princípios da autonomia privada, força obrigatória e relatividade dos efeitos dos contratos, "*cuja ideologia era de preservar um espaço de não interferência ou intervenção no desenvolvimento das relações negociais entre os indivíduos, ao pressuposto de que dotados de igual liberdade – posto que formal*"[38].

Contudo, com o passar do tempo se verificou "*que tal pretensa igualdade entre os contratantes constituía-se numa interpretação muito mais formal do que material*"[39]. Diante disso, o pressuposto de igual liberdade dos contratantes se alterou ao longo do tempo, encontrando essa alteração relevante positivação com a entrada em vigor do Código Civil de 2002 e a principiologia que o inspirou.

[38] GODOY, Cláudio Luiz Bueno de, Código Civil e Código de Defesa do Consumidor: convergência de princípios e distinção de sua modulação. Um paralelo entre os deveres que criam, **O Direito das Obrigações na Contemporaneidade: Estudos em Homenagem ao Ministro Ruy Rosado de Aguiar Júnior**, coord. MELGARÉ, Plínio, Livraria do Advogado Editora, 2018, p. 121.

[39] SCAFF, Fernando Campos, As novas figuras contratuais e a autonomia da vontade, **Revista da Faculdade de Direito**, Universidade de São Paulo, v. 91, 1996, p. 141-159, p. 143.

Com isso, ao lado dos princípios "tradicionais" ou "liberais" passaram a coexistir os chamados "novos" princípios ou "sociais". Estes são aqueles da função social do contrato (art. 421[40]), boa-fé objetiva (art. 422[41]) e o equilíbrio contratual – que recebeu regramento mais detalhado com as figuras da lesão (art. 157[42]) e da onerosidade excessiva (arts. 478-480[43]).

No que concerne aos contratos por adesão, consta da exposição de motivos do Código Civil de 2002 que se objetivou "*incluir normas sobre contratos de adesão, visando a garantir o aderente perante o ofertante, dotado de vantagens que sua posição superior lhe propicia*". Nas palavras de REALE, as principais alterações referentes a essa modalidade de contratação podem ser assim resumidas:

> "[O] projeto acompanha a tendência já assente, tanto na jurisprudência quanto no Código de Defesa do Consumidor, de restringir os efeitos do contrato de adesão, considerando nulas as cláusulas em que o aderente antecipadamente renuncia a direitos resultantes da natureza do negócio, bem como determinando que as cláusulas ambíguas ou contraditórias sejam interpretadas em seu favor"[44].

A relevância da contratação por adesão, assim, se insere em um contexto de delimitação da autonomia privada mais severo que aquele incidente nos contratos negociados, mas não tão rígido quanto aquele dos contratos de

[40] Art. 421. A liberdade contratual será exercida nos limites da função social do contrato.

[41] Art. 422. Os contratantes são obrigados a guardar, assim na conclusão do contrato, como em sua execução, os princípios de probidade e boa-fé.

[42] Art. 157. Ocorre a lesão quando uma pessoa, sob premente necessidade, ou por inexperiência, se obriga a prestação manifestamente desproporcional ao valor da prestação oposta.

[43] Art. 478. Nos contratos de execução continuada ou diferida, se a prestação de uma das partes se tornar excessivamente onerosa, com extrema vantagem para a outra, em virtude de acontecimentos extraordinários e imprevisíveis, poderá o devedor pedir a resolução do contrato. Os efeitos da sentença que a decretar retroagirão à data da citação.
Art. 479. A resolução poderá ser evitada, oferecendo-se o réu a modificar eqüitativamente as condições do contrato.
Art. 480. Se no contrato as obrigações couberem a apenas uma das partes, poderá ela pleitear que a sua prestação seja reduzida, ou alterado o modo de executá-la, a fim de evitar a onerosidade excessiva.

[44] REALE, Miguel, **História do Novo Código Civil**, São Paulo: Revista dos Tribunais, 2005, pp. 165-166.

consumo. Assim, nos contratos por adesão a limitação à autonomia da privada visa à tutela do aderente, mesmo que não se trate de um consumidor[45].

Diante da nova disciplina legal, ZANETTI sugere que a liberdade contratual passou a ser dividida em três grupos. No primeiro grupo estaria o contrato clássico, subordinado aos limites que já constavam do Código Civil de 1916, bem como à boa-fé objetiva e à função social. No segundo grupo estariam inseridos os contratos submetidos ao regime legal consumerista, subordinados às mesmas restrições dos contratos clássicos, bem como a outras diversas proibições previstas, em especial, no art. 51 do CDC[46], que enumera cláusulas

[45] "A figura do consumidor em sentido estrito não exaure o panorama de sujeitos que operam e contratam no mercado em posição de inferioridade em relação a uma contraparte mais forte. (...) Nesses contratos a parte mais fraca a ser protegida é o cliente – qualquer cliente, seja ou não consumidor. Várias disciplinas contratuais visam a proteção dos clientes como tais, sejam ou não consumidores" (tradução livre), ROPPO, Vincenzo, **Il Contratto**, Milano: Giuffrè Editore, 2011, p. 867.

[46] Art. 51. São nulas de pleno direito, entre outras, as cláusulas contratuais relativas ao fornecimento de produtos e serviços que:
I – impossibilitem, exonerem ou atenuem a responsabilidade do fornecedor por vícios de qualquer natureza dos produtos e serviços ou impliquem renúncia ou disposição de direitos. Nas relações de consumo entre o fornecedor e o consumidor pessoa jurídica, a indenização poderá ser limitada, em situações justificáveis;
II – subtraiam ao consumidor a opção de reembolso da quantia já paga, nos casos previstos neste código;
III – transfiram responsabilidades a terceiros;
IV – estabeleçam obrigações consideradas iníquas, abusivas, que coloquem o consumidor em desvantagem exagerada, ou sejam incompatíveis com a boa-fé ou a equidade;
V – (Vetado);
VI – estabeleçam inversão do ônus da prova em prejuízo do consumidor;
VII – determinem a utilização compulsória de arbitragem;
VIII – imponham representante para concluir ou realizar outro negócio jurídico pelo consumidor;
IX – deixem ao fornecedor a opção de concluir ou não o contrato, embora obrigando o consumidor;
X – permitam ao fornecedor, direta ou indiretamente, variação do preço de maneira unilateral;
XI – autorizem o fornecedor a cancelar o contrato unilateralmente, sem que igual direito seja conferido ao consumidor;
XII – obriguem o consumidor a ressarcir os custos de cobrança de sua obrigação, sem que igual direito lhe seja conferido contra o fornecedor;
XIII – autorizem o fornecedor a modificar unilateralmente o conteúdo ou a qualidade do contrato, após sua celebração;
XIV – infrinjam ou possibilitem a violação de normas ambientais;

consideradas nulas, pois abusivas, presentes em contratos de consumo. Por fim, em um terceiro grupo, intermediário aos dois primeiros, estariam os contratos por adesão regulados pelo Código Civil, cujo conteúdo encontra limites previstos pelo art. 424[47], que vão além daqueles impostos aos contratos clássicos, mas não se estendem ao diploma consumerista[48]. Este terceiro grupo é o objeto da análise deste trabalho, cujos contornos serão traçados nos itens subsequentes.

Assim, nas próximas linhas, este trabalho se ocupará em analisar se existe alguma intersecção entre o segundo e terceiro grupos acima listados nos casos dos contratos de consumo firmados por adesão, verificando como o Código Civil e o Código de Defesa do Consumidor convivem, e se – e como – o art. 424 do CC se aplica aos contratos de consumo firmados por adesão. No que diz respeito ao terceiro grupo – ou seja, contratos por adesão sujeitos apenas às regras Código Civil – cumpre analisar se a limitação prevista no art. 424 do referido diploma se aplica de maneira uniforme a todos os contratos firmados por adesão, sejam eles civis ou empresariais.

1.3.1. Contratos de consumo por adesão

Contrato por adesão e contrato de consumo não são sinônimos. Ainda que a contratação por adesão possa encontrar um terreno fértil nos contratos de consumo, ela também está presente nos contratos civis e empresariais. Por exemplo, as partes podem não ser empresárias, em especial o predisponente; como um locador que oferece para adesão do locatário um texto padrão elaborado por si ou por terceiros. Ainda, ambas as partes podem ser empresárias, como contratos bancários, ou aqueles firmados objetivando a aquisição de

XV – estejam em desacordo com o sistema de proteção ao consumidor;
XVI – possibilitem a renúncia do direito de indenização por benfeitorias necessárias.

[47] Os limites ao conteúdo dos contratos por adesão sujeitos ao regime do Código Civil são impostos pelo art. 424, que determina que "*nos contratos de adesão, são nulas as cláusulas que estipulem a renúncia antecipada do aderente a direito resultante da natureza do negócio*". Não se nega que o art. 423 do CC também regule os contratos por adesão, contudo, o dispositivo enuncia regra de interpretação, e não de limitação de conteúdo – estando, assim, fora do escopo desta pesquisa.

[48] ZANETTI, Cristiano de Souza, **Direito contratual contemporâneo – A liberdade contratual a sua fragmentação**, Rio de Janeiro: Forense, 2008, p. 230.

insumos, concluídos com base em cláusulas predispostas pelo banco ou pelo produtor/fornecedor/prestador[49].

Sendo o objetivo deste trabalho analisar a limitação à autonomia privada definida pelo art. 424 do CC aos contratos firmados por adesão, faz-se necessário averiguar se referido dispositivo legal é aplicável aos contratos de consumo, bem como qual é, nos contratos de consumo, a relevância da contratação por adesão para fins da incidência das normas que limitem o conteúdo do contrato.

Para responder ambas as questões, procederemos a uma análise dividida em três etapas: (i) definição do que se entende por contratos de consumo; (ii) aplicabilidade do art. 424 do CC aos contratos de consumo; e (iii) relevância da definição de um contrato de consumo como contrato por adesão para o controle de seu conteúdo.

1.3.1.1. Definição de contrato de consumo

Contratos de consumo são definidos como todas as relações contratuais ligando um consumidor a um profissional, fornecedor de produtos ou serviços[50]. Assim, para identificar o campo de aplicação do conceito, necessário definir quem deve ser considerado consumidor e quem são os fornecedores.

O Código de Defesa do Consumidor define o fornecedor como "*toda pessoa física ou jurídica, pública ou privada, nacional ou estrangeira, bem como os entes despersonalizados, que desenvolvem atividade de produção, montagem, criação, construção, transformação, importação, exportação, distribuição ou comercialização de produtos ou prestação de serviços*" (art. 3º). Além disso, exige-se que o fornecimento de produtos ou serviços se dê mediante remuneração – direta ou indireta. Ainda que o conceito legal de fornecedor seja bastante amplo, o verdadeiro desafio encontra-se na definição do quem deve ser considerado *consumidor*. Passemos a ela.

O *consumidor* é objeto de quatro conceitos conferidos pelo Código de Defesa do Consumidor: "*o standard (art. 2º) que o identifica como destinatário final; a coletividade de pessoas (art. 2º, par. único) que possibilita o emprego das denominadas class actions; as vítimas de acidente de consumo (art. 17) e aqueles expostos às práticas*

[49] ROPPO, Vincenzo, **Il Contratto**, Milano: Giuffrè Editore, 2011, p. 849-850.

[50] MARQUES, Cláudia Lima, **Contratos no Código de Defesa do Consumidor**, 3 ed., São Paulo: Revista dos Tribunais, 1998, p. 139.

comerciais abusivas (art. 29)"[51]. Sendo o objeto deste trabalho relações contratuais, nos ocuparemos da definição do art. 2º da lei, que entende consumidor como "*toda pessoa física ou jurídica que adquire ou utiliza produto ou serviço como destinatário final*", fazendo com que a discussão relativa ao conceito de consumidor resida na definição e alcance da expressão "*destinatário final*" do produto ou serviço. Essa definição divide a doutrina em duas teorias: finalista e maximalista.

Para a teoria finalista, como o consumidor recebe tutela diferenciada em razão de ser considerado parte vulnerável na relação jurídica, o destinatário final não é apenas o destinatário fático do produto ou serviço, mas também o destinatário econômico – ou seja, o bem não pode ser adquirido para revenda ou uso profissional, pois "*seria novamente um instrumento de produção cujo preço será incluído no preço final do profissional que o adquiriu*"[52], não havendo a "*destinação final*" do produto ou serviço. A figura do consumidor estaria restrita àqueles de feição não profissional, ou seja, que efetivam o consumo com o escopo teleológico próprio ou de seus familiares[53].

A teoria maximalista, por sua vez, vê nas normas do Código de Defesa do Consumidor um novo regulamento do mercado de consumo, e não apenas normas orientadas a salvaguardar o consumidor não profissional. Em razão disso, defende que o termo "*destinatário final*" não deve tomar em conta se o potencial consumidor tem ou não benefícios econômicos com a aquisição do produto ou utilização do serviço, pois esse critério não consta do diploma legal aplicável. Assim, segundo a teoria maximalista, o Código de Defesa do Consumidor tutela os destinatários finais fáticos dos produtos/serviços[54].

[51] FACHIN, Luiz Edson, Codificação e consumo: dos elementos aos fundamentos, Breves apontamentos, **O Direito das Obrigações na Contemporaneidade: Estudos em Homenagem ao Ministro Ruy Rosado de Aguiar Júnior**, coord. MELGARÉ, Plínio, Livraria do Advogado Editora, 2018, pp. 315-330, p. 319.

[52] MARQUES, Cláudia Lima, **Contratos no Código de Defesa do Consumidor**, 3 ed., São Paulo: Revista dos Tribunais, 1998, p. 142.

[53] FACHIN, Luiz Edson, Codificação e consumo: dos elementos aos fundamentos, Breves apontamentos, **O Direito das Obrigações na Contemporaneidade: Estudos em Homenagem ao Ministro Ruy Rosado de Aguiar Júnior**, coord. MELGARÉ, Plínio, Livraria do Advogado Editora, 2018, pp. 315-330, p. 319.

[54] "Segundo esta corrente (a maximalista) a definição do art. 2º deve ser interpretada o mais extensivamente possível, para que as normas do CDC possam ser aplicadas a um número cada vez maior de relações no mercado. Consideram que a definição do art. 2º é puramente

Com isso, a teoria "*provoca uma abertura epistêmica da posição jurídica do consumidor, ampliando-a para decair sobre o maior número possível de situações jurídicas*"[55].

Ainda com relação à definição de consumidor, destaca FACHIN que

> "Frente a esta multiplicidade conceitual, erigem-se critérios para a observância de consumidores em determinadas relações jurídicas, a saber: os bens adquiridos devem ser de consumo, e não de capital; que haja entre fornecedor e consumidor um descompasso que beneficie o primeiro; vulnerabilidade econômica e uso não profissional dos produtos e serviços"[56].

Quando o potencial consumidor é pessoa jurídica, também é necessário analisar se contratação realizada ocorreu para satisfazer uma necessidade ou imposição legal; bem como se essa pessoa jurídica é afetada por alguma vulnerabilidade econômica. FILOMENO explica referidos conceitos com alguns exemplos: (i) aquisição, por uma empresa, de alimentos para fornecimento aos operários de uma fábrica; (ii) aquisição de maquinário para fabricação de produtos ou equipamentos para o escritório de referida empresa; e (iii) aquisição de produtos por associação beneficente/sem fins lucrativos. No primeiro exemplo, a aquisição de alimentos seria uma relação de consumo, pois os alimentos não se inserem na cadeia produtiva; no segundo exemplo, ambas aquisições não seriam relações de consumo, pois "*referidos bens certamente entraram na cadeia produtiva, e nada têm a ver com o conceito de destinação*

objetiva, não importando se a pessoa física ou jurídica tem ou não fim de lucro quando adquire um produto ou utiliza um serviço. Destinatário final seria o 'destinatário fático' do produto, aquele que o retira do mercado e o utiliza, o consome", EFING, Antônio Carlos, **Contratos e Procedimentos bancários à luz do Código de Defesa do Consumidor**, São Paulo: Revista dos Tribunais, 2000, p. 46-47.

[55] FACHIN, Luiz Edson, Codificação e consumo: dos elementos aos fundamentos, Breves apontamentos, **O Direito das Obrigações na Contemporaneidade: Estudos em Homenagem ao Ministro Ruy Rosado de Aguiar Júnior**, coord. MELGARÉ, Plínio, Livraria do Advogado Editora, 2018, pp. 315-330, p. 319.

[56] FACHIN, Luiz Edson, Codificação e consumo: dos elementos aos fundamentos, Breves apontamentos, **O Direito das Obrigações na Contemporaneidade: Estudos em Homenagem ao Ministro Ruy Rosado de Aguiar Júnior**, coord. MELGARÉ, Plínio, Livraria do Advogado Editora, 2018, pp. 315-330, p. 319.

final"[57]; no terceiro, não havendo cadeia produtiva, as aquisições de produtos e contratações de serviços seriam tuteladas pelo diploma consumerista[58].

Inicialmente, os tribunais privilegiaram a corrente maximalista, alargando sobremaneira o campo de aplicação do Código de Defesa do Consumidor; posteriormente, e, após alguns anos de aplicação do diploma, passou a prevalecer a teoria finalista. Com o tempo, e gradualmente, a teoria finalista foi sendo mitigada, tendo seus defensores evoluído para uma versão mais branda, *"aceitando a possibilidade do Judiciário, reconhecendo a vulnerabilidade de uma pequena empresa ou profissional, que adquiriu, por exemplo, um produto fora de seu campo de especialidade, interpretar o art. 2º de acordo com o fim da norma, isto é, proteção do mais fraco na relação de consumo*"[59]. Adicionalmente, tendo em vista a equiparação a consumidor daqueles sujeitos às práticas comerciais abusivas (art. 29[60])[61],

[57] BENJAMIN, Antônio Herman de Vasconcellos e; DENARI, Zelmo; FILOMENO, José Geraldo de Brito; GRINOVER, Ada Pellegrini; NERY JUNIOR, Nelson; FINK, Daniel Roberto, **Código de Defesa do Consumidor comentado pelos autores do anteprojeto**, vol. I, 10 Ed, Rio de Janeiro: Forense, 2011, p. 31.

[58] BENJAMIN, Antônio Herman de Vasconcellos e; DENARI, Zelmo; FILOMENO, José Geraldo de Brito; GRINOVER, Ada Pellegrini; NERY JUNIOR, Nelson; FINK, Daniel Roberto, **Código de Defesa do Consumidor comentado pelos autores do anteprojeto**, vol. I, 10 Ed, Rio de Janeiro: Forense, 2011, p. 31.

[59] MARQUES, Cláudia Lima, **Contratos no Código de Defesa do Consumidor**, 3 ed., São Paulo: Revista dos Tribunais, 1998, p. 142.

[60] Art. 29. Para os fins deste Capítulo e do seguinte, equiparam-se aos consumidores todas as pessoas determináveis ou não, expostas às práticas nele previstas.

[61] Equiparação esta pensada, pelos autores do projeto do Código, para fins de proteção de consumidores potenciais, a fim de autorizar o controle de práticas de potenciais fornecedores antes da existência concreta de uma relação de consumo, mas desde que fossem de consumo as relações em potencial. Nesse sentido: "Consumidor é, então, não apenas aquele que 'adquire ou utiliza produto ou serviço' (art. 2º), mas igualmente as pessoas 'expostas às práticas' previstas no Código (art. 29). Vale dizer: pode ser visto concretamente (art. 2º), ou abstratamente (art. 29). No primeiro caso, impõe-se que haja ou que esteja por haver aquisição ou utilização. Diversamente, no segundo, o que se exige é a simples exposição à prática, mesmo que não consiga apontar, concretamente, um consumidor que esteja em vias de adquirir ou utilizar um produto ou serviço", BENJAMIN, Antônio Herman de Vasconcellos e; DENARI, Zelmo; FILOMENO, José Geraldo de Brito; GRINOVER, Ada Pellegrini; NERY JUNIOR, Nelson; FINK, Daniel Roberto, **Código de Defesa do Consumidor comentado pelos autores do anteprojeto**, vol. I, 10 Ed, Rio de Janeiro: Forense, 2011, p. 253. De todo modo, a teoria finalista mitigada não defende a aplicação do Código de Defesa do Consumidor a relações civis ou empresariais, mas sim um alargamento do conceito de consumidor, que permite a incidência das regras consumeristas.

passou-se a entender pela possibilidade de aplicação do regime consumerista a pessoas jurídicas, mesmo que estas não tenham adquirido o produto ou serviço como destinatárias finais, ante o conceito de vulnerabilidade[62].

Essa versão da teoria finalista, denominada mitigada ou aprofundada, é a que ora prevalece nos tribunais[63], e "*a pedra de toque para que se considere que uma*

[62] A vulnerabilidade pode ser técnica, jurídica ou fática. A vulnerabilidade técnica se caracteriza pela falta de conhecimentos do comprador sobre o objeto que está adquirindo – é presumida para o consumidor não profissional. A vulnerabilidade jurídica ou cientifica é a falta de conhecimentos específicos e técnicos – sendo presumida a favor do consumidor pessoa física e/ou não profissional, e em sentido contrário aos profissionais, a quem se presume a possibilidade de obtenção dos conhecimentos necessários (seja pois decorrentes do exercício de sua profissão, seja porque podem ser obtidos mediante consulta a profissionais especializados). A vulnerabilidade fática ou socioeconômica, medida com relação ao parceiro contratual, por seu grande poder econômico ou essencialidade do produto ou serviço – é presumida para o consumidor não profissional, mas não para o consumidor profissional ou pessoa jurídica, MARQUES, Cláudia Lima, **Contratos no Código de Defesa do Consumidor**, 3 ed., São Paulo: Revista dos Tribunais, 1998, pp. 147-149.

[63] RECURSO ESPECIAL. CIVIL E CONSUMIDOR. CONTRATO DE LOCAÇÃO DE MÁQUINA FOTOCOPIADORA COM SERVIÇO DE MANUTENÇÃO. INADIMPLEMENTO DA LOCATÁRIA PESSOA JURÍDICA. AÇÃO DE COBRANÇA DE ALUGUERES EM ATRASO. RELAÇÃO DE CONSUMO. INEXISTÊNCIA. INAPLICABILIDADE DO CÓDIGO DE DEFESA DO CONSUMIDOR (ARTS. 2º E 4º, I). BEM E SERVIÇO QUE INTEGRAM CADEIA PRODUTIVA. TEORIA FINALISTA. MITIGAÇÃO (CDC, ART. 29). EQUIPARAÇÃO A CONSUMIDOR. PRÁTICA ABUSIVA OU SITUAÇÃO DE VULNERABILIDADE. NÃO RECONHECIMENTO PELA INSTÂNCIA ORDINÁRIA. REVISÃO. INVIABILIDADE (SÚMULA 7/STJ). RECURSO DESPROVIDO. 1. "A jurisprudência desta Corte é no sentido de que o Código de Defesa do Consumidor não se aplica no caso em que o produto ou serviço é contratado para implementação de atividade econômica, já que não estaria configurado o destinatário final da relação de consumo, podendo no entanto ser mitigada a aplicação da teoria finalista quando ficar comprovada a condição de hipossuficiência técnica, jurídica ou econômica da pessoa jurídica. O Tribunal de origem asseverou não ser a insurgente destinatária final do serviço, tampouco hipossuficiente. Inviabilidade de reenfrentamento do acervo fático-probatório para concluir em sentido diverso, aplicando-se o óbice da súmula 7/STJ." (EDcl no AREsp 265.845/SP, Rel. Ministro MARCO BUZZI, DJe de 1º/8/2013) 2. Em situações excepcionais, esta Corte tem mitigado os rigores da teoria finalista para autorizar a incidência do CDC nas hipóteses em que a parte (pessoa física ou jurídica), embora não seja propriamente a destinatária final do produto ou serviço, se apresenta em situação de vulnerabilidade ou submetida a prática abusiva. 3. Na espécie, dada a desproporção entre as contratantes, é incontestável a natural posição de inferioridade da ré frente à autora e de supremacia desta ante aquela, o que, entretanto, por si só, não possibilita o reconhecimento de situação de vulnerabilidade provocada, a atrair a incidência da referida equiparação tratada no art. 29 do CDC. É que tal norma não prescinde da indicação de que, na hipótese sob exame, tenha sido constatada violação a um dos dispositivos previstos nos

dada relação jurídica é ou não de consumo é a destinação final (de caráter prevalecente) e a vulnerabilidade (de caráter secundário)"[64].

Ainda que se reconheça as críticas da doutrina à teoria finalista mitigada – como o uso do conceito de *vulnerabilidade*, que não encontra amparo legal, na definição de consumidor –, sua análise fugiria ao escopo desde trabalho, de modo que como esse é o conceito que prevalece nos tribunais, para fins de recorte de tema, será a definição aqui empregada.

Assim, partindo da definição de consumidor trazida pela teoria finalista mitigada, é possível que uma relação contratual entre duas pessoas jurídicas e, mais especificamente, entre dois empresários, esteja sujeita ao regime do Código de Defesa do Consumidor. O que parece ser uma contradição, empresários-consumidores, é explicado pelo fato de que uma pessoa jurídica não cumula, na mesma relação, o *status* de empresário e de consumidor. Nas palavras de ZANCHIM:

> "Estamos certos, portanto, de que alguém **está** *empresário quando celebra contratos empresariais*, e **está** *consumidor quando adquire ou utiliza produto ou serviço como destinatário final*". Assim, "o *status* de consumidor decorre do fato da aquisição ou utilização do bem ou serviço como destinatário final, e o *status* de fornecedor decorre do fato da produção, montagem, criação, construção, transformação, importação, exportação, distribuição ou comercialização de produtos ou prestação de serviços, *para um consumidor*"[65].

arts. 30 a 54 dos Capítulos V e VI do CDC. A norma do art. 29 não se aplica isoladamente. 4. As instâncias ordinárias, no presente caso, recusaram a incidência do Código do Consumidor, por não haverem constatado a ocorrência de prática abusiva ou situação de vulnerabilidade na relação contratual examinada, mostrando-se inviável o reexame do acervo fático-probatório para eventualmente chegar-se a conclusão inversa, ante a incidência do óbice da Súmula 7/STJ. 5. Recurso especial desprovido. REsp: 567192 SP 2003/0126611-7, Quarta Turma, Rel. Min. Raul Araújo, julgado em 05/09/2013.

[64] BENJAMIN, Antônio Herman de Vasconcellos e; DENARI, Zelmo; FILOMENO, José Geraldo de Brito; GRINOVER, Ada Pellegrini; NERY JUNIOR, Nelson; FINK, Daniel Roberto, **Código de Defesa do Consumidor comentado pelos autores do anteprojeto**, vol. I, 10 Ed, Rio de Janeiro: Forense, 2011, p. 37.

[65] ZANCHIM, Kleber Luiz, **Contratos empresariais: categoria – interface com contratos de consumo e paritários – revisão judicial**, São Paulo: Quartier Latin, 2012, p. 108.

Portanto, se, em uma relação contratual, uma das partes – seja pessoa física ou jurídica; seja empresário, ou não, em outras relações contratuais – se amoldar ao conceito de consumidor definido pela teoria finalista mitigada, e a outra parte – pessoa de direito público ou privado – se caracterizar como fornecedor, estará caracterizada relação de consumo.

1.3.1.2. Regime consumerista e o Código Civil

Definidos os contratos de consumo, mostra-se necessário verificar se os contratos de consumo firmados por adesão estão sujeitos, de alguma forma, ao regime do Código Civil, em especial do art. 424, ou se a existência de um diploma especial afastaria as regras gerais.

A Constituição Federal, em seu art. 5º, XXXII, prevê que o "*Estado promoverá, na forma da lei, a defesa do consumidor*", consagrando a proteção do consumidor como garantia constitucional. Diante disso, discute-se se a concretização adequada do princípio se daria pela aplicação concorrente do Código Civil e do Código de Defesa do Consumidor, com a incidência, no caso concreto, da norma mais favorável ao consumidor, independentemente de seu diploma legal de origem, pois não haveria sentido oferecer aos consumidores proteção menos extensa do que aquela contida nas relações civis/empresariais[66].

Contudo, na tentativa de proteger o consumidor, a aplicação discricionária do direito obstaria a segurança jurídica e a criação de um padrão seguro de interpretação, o que faria com que sequer o consumidor soubesse as regras aplicáveis aos contratos que executasse[67].

[66] "Observando-se o texto do art. 7.º do CDC conclui-se que representa uma cláusula de abertura uma *interface* com o sistema maior: os direitos dos consumidores podem estar em outras leis e não só no Código de Defesa do Consumidor. Funcionalmente, ou pela teleologia do próprio Código de Defesa do Consumidor e da Constituição Federal há que se utilizar a norma mais favorável aos direitos do consumidor (...) Assim, neste diálogo de complementaridade e subsidiariedade em antinomias aparentes ou reais entre o Código de Defesa do Consumidor e o Novo Código Civil de 2002, as cláusulas gerais do Novo Código Civil de 2002 podem encontrar uso subsidiário ou complementar em caso regulado pelo Código de Defesa do Consumidor, se mais favoráveis ao consumidor", MARQUES, Cláudia Lima, Diálogo entre o Código de Defesa do Consumidor e o novo Código Civil: do "diálogo das fontes" no combate às cláusulas abusivas, **Revista de Direito do Consumidor**, v. 45, 2003, pp. 71-99.

[67] GODOY, Cláudio Luiz Bueno de, Código Civil e Código de Defesa do Consumidor: convergência de princípios e distinção de sua modulação. Um paralelo entre os deveres que

Diante disso, defendemos que seja realizada a aplicação primária do CDC quando se trate de relação de consumo autorizando-se eventual remessa ao Código Civil em caso de lacunas no sistema consumerista desde que preenchidos os requisitos próprios da analogia – no caso, *legis*, tendo em vista ser a analogia *iuris* uma dedução do sistema jurídico[68] – o que é corroborado pelo art. 4º da Lei de Introdução às Normas do Direito Brasileiro[69].

Necessário, assim, verificar se há lacuna no Código de Defesa do Consumidor no regramento dos contratos por adesão a ser preenchida pelo Código Civil.

Tanto o Código Civil quanto o Código de Defesa do Consumidor possuem regras específicas sobre os contratos por adesão. No Código Civil, estas regras estão previstas nos artigos 423 – que regula a interpretação – e 424 – que limita a autonomia privada, e é objeto do presente estudo. No Código de Defesa do Consumidor, a matéria é regulada pelo art. 54.

Se realizada uma leitura parcial do diploma consumerista, haveria uma aparente lacuna. Isso porque seu art. 54 não prevê a proteção do consumidor aderente quanto às questões reguladas pelos artigos 423 e 424 do CC:

> Art. 54. Contrato de adesão é aquele cujas cláusulas tenham sido aprovadas pela autoridade competente ou estabelecidas unilateralmente pelo fornecedor de produtos ou serviços, sem que o consumidor possa discutir ou modificar substancialmente seu conteúdo.
> § 1° A inserção de cláusula no formulário não desfigura a natureza de adesão do contrato.

criam, **O Direito das Obrigações na Contemporaneidade: Estudos em Homenagem ao Ministro Ruy Rosado de Aguiar Júnior**, coord. MELGARÉ, Plínio, Livraria do Advogado Editora, 2018, pp. 109-134, p. 114.

[68] "Costuma-se distinguir entre analogia legis e analogia juris (analogia da lei e analogia do direito). A distinção tem a ver com um segundo procedimento quase lógico, a indução amplificadora. Em geral, a doutrina entende que a analogia legis parte de um único preceito legal e aplica-o a casos semelhantes. Já a analogia iuris parte de vários preceitos, obtendo, por indução, princípios que lhe são comuns, os quais, então, são aplicados aos casos não direta e expressamente previstos pelos dispositivos legais", FERRAZ JR., Tércio Sampaio, **Introdução ao estudo do direito**, 10 ed., São Paulo, Atlas, 2018, p. 329.

[69] "Art. 4º Quando a lei for omissa, o juiz decidirá o caso de acordo com a analogia, os costumes e os princípios gerais de direito".

> § 2° Nos contratos de adesão admite-se cláusula resolutória, desde que a alternativa, cabendo a escolha ao consumidor, ressalvando-se o disposto no § 2° do artigo anterior.
> § 3o Os contratos de adesão escritos serão redigidos em termos claros e com caracteres ostensivos e legíveis, cujo tamanho da fonte não será inferior ao corpo doze, de modo a facilitar sua compreensão pelo consumidor.
> § 4° As cláusulas que implicarem limitação de direito do consumidor deverão ser redigidas com destaque, permitindo sua imediata e fácil compreensão.

Essa aparente lacuna é superada pela constatação de que o art. 54 do CDC está inserido no Capítulo VI, denominado "Da Proteção Contratual", cujas demais regras se aplicam a todos os contratos de consumo.

O art. 47 do CDC, em redação semelhante àquela do art. 423 do CC, prevê que "*as cláusulas contratuais serão interpretadas de maneira mais favorável ao consumidor*", sendo o contrato negociado ou por adesão. Assim, além de não existir lacuna a ser preenchida, o regime consumerista garante proteção ainda mais abrangente que aquela prevista pelo art. 423 do CC[70]. O mesmo pode ser dito quanto ao disposto no art. 113, §1º, IV[71] do CC, tendo em vista que a interpretação mais benéfica ao consumidor, prevista no art. 47 do CDC, prescinde da verificação de qual das partes elaborou o texto a ser interpretado.

[70] Havia discussão doutrinária acerca do significado da regra interpretativa prevista no art. 423 do CC. Isso porque, a regra de interpretação favorável ao aderente prevista pelo artigo, não se repetia no que diz respeito à interpretação dos contratos negociados, silenciando sobre questão regulada pelo ora revogado Código Comercial – a interpretação mais favorável ao devedor. A lei 13.874/2019 "Lei da Liberdade Econômica" colocou fim a esta discussão, ao incluir no art. 113 do Código Civil a seguinte previsão: "*§ 1º A interpretação do negócio jurídico deve lhe atribuir o sentido que: (...) IV – for mais benéfico à parte que não redigiu o dispositivo, se identificável*". A alteração legislativa, decorrente da Medida Provisória 881/19, inicialmente implicaria modificação ao art. 423 do CC. Contudo, como o objetivo era regular a interpretação dos contratos em geral, a previsão foi incluída nos incisos no parágrafo primeiro do art. 113 do CC, LEONARDO, Rodrigo Xavier; RODRIGUES JR., Otavio Luiz (coord), **Comentários à Lei da Liberdade Econômica,** São Paulo: Revista dos Tribunais, 2019, pp. 347-348.

[71] Art. 113 (...) § 1º A interpretação do negócio jurídico deve lhe atribuir o sentido que: IV – for mais benéfico à parte que não redigiu o dispositivo, se identificável.

Conforme esclarece a doutrina, a proteção do art. 47 do Código de Defesa do Consumidor é considerada mais abrangente tendo em vista não distinguir sua aplicação em caso de cláusulas ambíguas/contraditórias ou cláusulas claras:

> "Nestes casos, a jurisprudência brasileira geralmente lança mão não só do recurso de interpretação mais favorável ao consumidor, com base no art. 47 do CDC, mas também da ideia de interpretação do contrato teoricamente, com cláusulas claras, conforme sua função econômica. Logo, as cláusulas claras serão interpretadas conforme as expectativas que aquele tipo contratual e aquele tipo de cláusula desperta nos consumidores, conforme as novas imposições da boa-fé" [72]

O art. 424 do CC, por sua vez, prevê que "*nos contratos de adesão, são nulas as cláusulas que estipulem a renúncia antecipada do aderente a direito resultante da natureza do negócio*". Não constando mesma proibição do art. 54 do CDC, necessário expandir a análise às demais normas de referido diploma.

O art. 51 do CDC enumerou uma série de cláusulas consideradas abusivas, dando-lhes o regime de nulidade[73]. O rol do art. 51 é meramente exemplificativo

[72] MARQUES, Cláudia Lima, BENJAMIN, Antonio Herman V., MIRAGEM, Bruno, **Comentários ao Código de Defesa do Consumidor**, São Paulo: Revista dos Tribunais, 3ª ed. em e-book baseada na 6ª ed. impressa, 2019.

[73] Art. 51. São nulas de pleno direito, entre outras, as cláusulas contratuais relativas ao fornecimento de produtos e serviços que:
I – impossibilitem, exonerem ou atenuem a responsabilidade do fornecedor por vícios de qualquer natureza dos produtos e serviços ou impliquem renúncia ou disposição de direitos. Nas relações de consumo entre o fornecedor e o consumidor pessoa jurídica, a indenização poderá ser limitada, em situações justificáveis;
II – subtraiam ao consumidor a opção de reembolso da quantia já paga, nos casos previstos neste código;
III – transfiram responsabilidades a terceiros;
IV – estabeleçam obrigações consideradas iníquas, abusivas, que coloquem o consumidor em desvantagem exagerada, ou sejam incompatíveis com a boa-fé ou a equidade;
V – (Vetado);
VI – estabeleçam inversão do ônus da prova em prejuízo do consumidor;
VII – determinem a utilização compulsória de arbitragem;
VIII – imponham representante para concluir ou realizar outro negócio jurídico pelo consumidor;
IX – deixem ao fornecedor a opção de concluir ou não o contrato, embora obrigando o consumidor;

– como é possível depreender da expressão "*entre outras*" contida no *caput* do artigo, ou pela previsão do inciso XV que entende como abusivas as cláusulas "*que estejam em desacordo com o sistema de proteção ao consumidor –, podendo o juiz, diante das circunstâncias do caso concreto, entender ser abusiva e, portanto, nula, determinada cláusula contratual*"[74].

Dessa forma, caso houvesse alguma lacuna no Código de Defesa do Consumidor quanto à nulidade de cláusulas que estipulem a renúncia antecipada do aderente a direito resultante da natureza do negócio, e, entendendo-se uma cláusula dessa natureza como contrária ao sistema de proteção do consumidor, seria possível, mediante aplicação do art. 51 da lei consumerista, declarar nula a cláusula nesse sentido, sem que seja necessária menção ao texto do art. 424 do CC.

Para além disso, a nulidade de cláusulas com esse tipo de previsão encontra-se expressamente regulada no inciso I do art. 51 do CDC – que define como nulas de pleno direito cláusulas que "*impliquem renúncia ou disposição de direitos*".

Referido trecho não se aplica de forma indistinta a direitos disponíveis e indisponíveis, servindo apenas como reforço à impossibilidade de excluir do contrato os direitos considerados indisponíveis pelo Código de Defesa

X – permitam ao fornecedor, direta ou indiretamente, variação do preço de maneira unilateral;
XI – autorizem o fornecedor a cancelar o contrato unilateralmente, sem que igual direito seja conferido ao consumidor;
XII – obriguem o consumidor a ressarcir os custos de cobrança de sua obrigação, sem que igual direito lhe seja conferido contra o fornecedor;
XIII – autorizem o fornecedor a modificar unilateralmente o conteúdo ou a qualidade do contrato, após sua celebração;
XIV – infrinjam ou possibilitem a violação de normas ambientais;
XV – estejam em desacordo com o sistema de proteção ao consumidor;
XVI – possibilitem a renúncia do direito de indenização por benfeitorias necessárias.

[74] GODOY, Cláudio Luiz Bueno de, Código Civil e Código de Defesa do Consumidor: convergência de princípios e distinção de sua modulação. Um paralelo entre os deveres que criam, **O Direito das Obrigações na Contemporaneidade: Estudos em Homenagem ao Ministro Ruy Rosado de Aguiar Júnior**, coord. MELGARÉ, Plínio, Livraria do Advogado Editora, 2018, pp. 109-134, p. 114; e BENJAMIN, Antônio Herman de Vasconcellos e; DENARI, Zelmo; FILOMENO, José Geraldo de Brito; GRINOVER, Ada Pellegrini; NERY JUNIOR, Nelson; FINK, Daniel Roberto, **Código de Defesa do Consumidor comentado pelos autores do anteprojeto**, vol. I, 10 Ed, Rio de Janeiro: Forense, 2011, pp. 533-534.

do Consumidor[75]. Por outro lado, tendo em vista impedir a exclusão, pelo fornecedor – que pode ou não ser proponente –, de direitos do consumidor, independente de serem estes decorrentes da natureza do negócio, o art. 51, I do CDC é mais (ou ao menos igualmente) protetivo que o art. 424 do CC.

Diante dessas constatações, apenas uma conclusão é possível: não havendo lacuna a ser preenchida no Código de Defesa do Consumidor quanto à matéria regulada pelos arts. 423 e 424 do CC, estes dispositivos não se aplicam aos contratos de consumo firmados por adesão, que, consequentemente, não farão parte do estudo ora conduzido.

1.3.1.3. Contratação por adesão e proteção do consumidor

A não aplicabilidade do art. 424 (e do art. 423) do CC aos contratos de consumo, conforme demonstrada no item precedente, configura razão suficiente para a exclusão de tais contratos da análise deste trabalho. Contudo, esta exclusão decorre de um segundo motivo: a irrelevância da forma de contratação – nos contratos de consumo – para o controle de conteúdo das cláusulas contratuais.

A proteção do consumidor contra cláusulas abusivas é um dos direitos básicos do consumidor, garantido pelo art. 6º, IV[76], do CDC, sendo um dos mais importantes instrumentos de sua defesa. A modalidade de contratação (por adesão ou negociada), contudo, não influi na proteção conferida pela legislação consumerista. Nas palavras de NERY JUNIOR:

> "O fato de as cláusulas abusivas serem mais frequentes nos contratos de adesão não significa que a proteção do consumidor deva dar-se somente nessa forma de conclusão de contrato. Havendo cláusula considerada abusiva pelo CDC, é irrelevante tratar-se de contrato de adesão

[75] MARQUES, Cláudia Lima, BENJAMIN, Antonio Herman V., MIRAGEM, Bruno, **Comentários ao Código de Defesa do Consumidor**, São Paulo: Revista dos Tribunais, 3ª ed. em e-book baseada na 6ª ed. impressa, 2019.

[76] Art. 6º São direitos básicos do consumidor: IV – a proteção contra a publicidade enganosa e abusiva, métodos comerciais coercitivos ou desleais, bem como contra práticas e cláusulas abusivas ou impostas no fornecimento de produtos e serviços.

ou 'contrato de comum acordo' (*contrat de gré à gré*): é suficiente que seja relação jurídica de consumo para que o negócio jurídico receba proteção contra as cláusulas abusivas"[77].

Diante desse cenário, seja pela irrelevância da modalidade de contratação para a tutela do consumidor, seja pela inaplicabilidade do art. 424 do CC aos contratos de consumo – ante não apenas a ausência de lacuna, mas existência de proteção legal ainda mais abrangente pelo Código de Defesa do Consumidor –, os contratos de consumo não serão objeto deste trabalho.

Tendo em vista que os contratos de consumo incluem aqueles firmados com o as pessoas jurídicas de direito público, quer como "*prestadoras dos serviços públicos a elas pertinentes, quer pelo regime da concessão, quer pelo da permissão*"[78] – em contratos como de iluminação, de abastecimento de água, de fornecimento de eletricidade, de transporte (público) – também estes contratos estão excluídos do escopo desta pesquisa.

1.3.2. Contratos civis e empresariais

Com a exclusão dos contratos de consumo do campo de aplicação do art. 424 do CC, podemos nos voltar à análise dos contratos sujeitos a este diploma legal: os contratos civis e empresariais. Contudo, considerando que, a partir do Código Civil de 2002 houve a unificação parcial das normas de direito privado – em especial do direito das obrigações e dos contratos – sob um único diploma legal, cumpre verificar se subsiste a diferenciação entre contratos civis e empresariais, e, em caso positivo, quais as consequências dessa diferenciação para fins de incidência normativa.

[77] MELGARÉ, Plínio, Livraria do Advogado Editora, 2018, p. 114; e BENJAMIN, Antônio Herman de Vasconcellos e; DENARI, Zelmo; FILOMENO, José Geraldo de Brito; GRINOVER, Ada Pellegrini; NERY JUNIOR, Nelson; FINK, Daniel Roberto, **Código de Defesa do Consumidor comentado pelos autores do anteprojeto**, vol. I, 10 Ed, Rio de Janeiro: Forense, 2011, p. 535; No mesmo sentido: "A lista do art. 51 aplica-se tanto para contratos de adesão, como para contratos negociados". MARQUES, Cláudia Lima, **Contratos no Código de Defesa do Consumidor**, 3 ed., São Paulo: Revista dos Tribunais, 1998, p. 410.

[78] DE LUCCA, Newton, **Direito do consumidor: teoria geral da relação jurídica de consumo**, 2. ed., São Paulo: Quartier Latin, 2008, p. 215.

1.3.2.1. Autonomia do direito empresarial

Para que seja possível verificar se os contratos civis e empresariais subsistem como categorias distintas e autônomas, necessário apurar se ainda subsiste distinção outrora havida entre Direito Civil e Direito Empresarial, particularmente após a parcial unificação legal promovida pelo Código Civil de 2002. Para isso, imprescindível analisar a evolução do Direito Comercial, que – adotando a evolução proposta por REQUIÃO[79] e reforçada por ZANCHIM[80] – dividiremos em três fases: (i) do comerciante (subjetiva); (ii) dos atos de comércio (objetiva); e (iii) da empresa (subjetiva moderna).

A fase subjetiva é marcada pelo surgimento do direito comercial – como ramo autônomo do direito –, ocorrido na baixa idade média, mais especificamente, no período renascentista, em especial nas cidades italianas[81],

[79] REQUIÃO, Rubens, **Curso de Direito Comercial**, vol. 1, 32. ed. São Paulo: Saraiva, 2013, pp. 32-39.

[80] ZANCHIM, Kleber Luiz, **Contratos empresariais: categoria – interface com contratos de consumo e paritários – revisão judicial**, São Paulo: Quartier Latin, 2012, pp. 25-26.

[81] Período e local semelhantes àqueles indicados por parte da doutrina como de surgimento dos contratos por adesão: "Ao questionar a origem do fenômeno, a análise mais refinada estabelece um vínculo ideal entre a atual prática de negociação por *standards* e a atividade da jurisprudência preventiva, que vinha ocorrendo – na baixa Idade Média – em especial nas cidades italianas do norte, entre notários e outros especialistas em direito, aos quais os particulares recorriam para assessoria jurídica na condução de seus negócios, que que costumavam elaborar – para cada tipo de operação econômica – formas e esquemas de contratos destinados, com o tempo, a adquirir a mais ampla difusão nos ambientes mercantis e a realizar, mediante tal via progressiva, a progressiva tipificação do conteúdo dos contratos de emprego mais comum na vida e nos negócios" (tradução livre). ROPPO, Enzo, **Contratti standard: autonomia e controlli nella disciplina delle attività negoziali di impresa**, Milano: Giuffrè Editore, 1989, pp. 2-3. Ver também: CALASSO, Francesco, **Medio evo del diritto, I. Le fonti**, Milano: Giuffrè Editore, 1954, pp. 588 e seguintes. Há quem afirme que o surgimento dessa modalidade de contratação tenha se dado especificamente na cidade italiana de Bologna, nos séculos XII e XIII, tendo a compilação de modelos contratais sido elaborada por juristas com formação universitária, cujos modelos contratais se difundiram pela Europa. HONDIUS, Ewoud, La directive sur les clauses abusives et les États membres de l'Union Européenne (aperçu de droit communautaire), **La protection de la partie faible dans les rapports contractuels: comparaisons franco-belges**, Paris: LGDJ, 1996. P. 406. A maioria da doutrina, contudo, aponta o Século XIX como época do surgimento e difusão dos contratos por adesão, tendo como pano de fundo a Revolução Industrial iniciada na Inglaterra ainda no Século XVIII: "Na realidade, a gênese e difusão da técnica da contratação uniforme (à qual hoje estamos habituados) reconduz, seguramente, às profundas transformações que

"com o assentar-se, dentro dos muros das novas cidades, de uma civilização urbana e burguesa, fundada no trabalho livre e na renovada operosidade do tráfico mercantil"[82].

Seu surgimento se deu, especialmente, em contraposição ao direito romano-canônico[83], sendo o produto do desenvolvimento consuetudinário no meio corporativo, em função de sua peculiar jurisdição[84]. O direito comercial surge, assim, como direito consuetudinário criado pelo meio corporativo e aplicado pelas corporações de ofício. Ou seja, normas especiais aplicadas por jurisdição distinta às relações jurídicas que envolvem aqueles considerados comerciantes[85]. O critério para classificação de determinada relação como

algumas economias do ocidente conheceram no curso do século dezenove. Deflagrada na Inglaterra entre o final do século XVIII e o início do século XIX, propagada no continente com algumas décadas de atraso, a (primeira) revolução industrial consistia em estabelecer os fundamentos dos fenômenos que determinariam o nascimento e o sucesso dos métodos de conclusão de negócios baseados no uso uniforme de estruturas de negociação preparadas unilateralmente" (tradução livre), ROPPO, Enzo, **Contratti standard: autonomia e controlli nella disciplina delle attività negoziali di impresa**, Milano: Giuffrè Editore, 1989, pp. 3-4. Ver também: GARCIA-AMIGO, Manuel, **Condiciones generales de los contratos**, Madrid: Revista de Derecho Privado, 1969, pp. 13 e seguintes, BIANCA, C. Massimo, **Diritto Civile: Il Contratto**, Milano: Giuffrè Editore, 2000, p. 423 e seguintes, LÓPEZ, Javier Pagador, **Condiciones generales y cláusulas contractuales predispuestas**, Madri: Marcial Pons, 1999, pp. 13 e seguintes.

82 ASCARELLI, Tullio, O desenvolvimento histórico do direito comercial e o significado da unificação do direito privado, **Revista de direito mercantil. industrial, econômico e financeiro**, v. 114, n. abr-jun/1999, p. 237–252, p. 238.

83 "Diante da precariedade do direito comum para assegurar e garantir as relações comerciais, fora do formalismo que o direito romano remanescente impunha, foi necessário, de fato, que os comerciantes organizados criassem entre si um *direito costumeiro*, aplicado internamente na corporação por juízes eleitos pelas suas assembleias: era o *juízo consular*, ao qual tanto se deve a sistematização das regras do mercado", REQUIÃO, Rubens, **Curso de Direito Comercial**, vol. 1, 32. ed. São Paulo: Saraiva, 2013, pp. 34-35.

84 "Cada corporação formava como que um pequeno Estado, dotado de um Poder Legislativo e de um Poder Judiciário. (...) Eis como, pelos *usos e costumes*, adotados para disciplinarem as transações comerciais desconhecidas do direito escrito, então existente, pelas *leis* inspiradas por influência daquelas corporações (estatutos) e pela *jurisprudência* dos seus tribunais, se constitui um complexo de normas reguladoras tão-somente de pessoas de determinada classe e dos institutos especiais que as interessavam, e por isso direito profissional, os *statuta mercatorum*, o *jus mercatorum*, CARVALHO DE MENDONÇA, J. X., **Tratado de Direito Comercial Brasileiro**, vol. 1, 1. ed. Campinas: Bookseller, 2000, pp. 68-69.

85 "[A]o lado da minuciosa regulamentação corporativa referente a filiação à corporação, a disciplina destas, e das mercadorias e dos serviços dos seus membros, desenvolvem-se normas, sempre aplicadas por critérios subjetivos, que dizem respeito à troca de mercadorias e

civil ou comercial, portanto, repousava na qualidade dos agentes envolvidos[86]. Sendo celebrado entre comerciantes, o contrato era entendido como comercial, aplicando-se a ele as normas de direito comercial, e sujeitando-se eventual conflito dele decorrente à competência da jurisdição consular. Nas palavras de REQUIÃO: "[t]*emos, nessa fase, o período estritamente subjetivista do direito comercial a serviço do comerciante, isto é, um direito corporativo, profissional, especial, autônomo, em relação ao direito territorial e civil, e consuetudinário*"[87].

Na primeira metade da fase subjetiva, que perdurou entre os séculos XII e XVI, foram elaboradas normas que diziam respeito ao mercado e ao câmbio, "*construindo assim aquele direito que ainda hoje chamamos mercantil*"[88]. Ainda nesse período, "*formam-se regras sobre a conclusão dos contratos, sobre representação, sobre auxiliares do comerciante, sobre pagamentos (a letra de câmbio aparece como instrumento de pagamentos internacionais) sobre a venda, sobre comissão, sobre livros do comerciante, sobre falências, e assim sucessivamente*"[89].

Apesar de sua origem italiana, a formação das normas de direito comercial ocorre de forma bastante uniforme no campo internacional, em especial na Europa Continental, mas também para além das fronteias marítimas, verificando penetração também na Inglaterra[90].

A segunda metade da fase subjetiva é marcada pelo fortalecimento dos Estados Nacionais, com a formação das monarquias centralizadas, ocorrida ao final do século XVI. Como o direito passou a ser apenas aquele emanado

serviços", ASCARELLI, Tullio, O desenvolvimento histórico do direito comercial e o significado da unificação do direito privado, **Revista de direito mercantil. dustrial, econômico e financeiro**, v. 114, n. abr-jun/1999, p. 237–252, p. 238.

86 MAGALHÃES, Descartes Drummond, **Curso de Direito Commercial**, São Paulo: Zenith, 1922, p. 83.

87 REQUIÃO, Rubens, **Curso de Direito Comercial**, vol. 1, 32. ed. São Paulo: Saraiva, 2013, p. 35.

88 ASCARELLI, Tullio, O desenvolvimento histórico do direito comercial e o significado da unificação do direito privado, **Revista de direito mercantil. industrial, econômico e financeiro**, v. 114, n. abr-jun/1999, p. 237–252, p. 239.

89 ASCARELLI, Tullio, O desenvolvimento histórico do direito comercial e o significado da unificação do direito privado, **Revista de direito mercantil. industrial, econômico e financeiro**, v. 114, n. abr-jun/1999, p. 237–252, p. 239.

90 "Notava-se, principalmente, a mais perfeita uniformidade entre direitos das diversas cidades o que se explica pelas íntimas relações que entre si mantinham", CARVALHO DE MENDONÇA, J. X., **Tratado de Direito Comercial Brasileiro**, vol. 1, 1. ed. Campinas: Bookseller, 2000, p. 69.

dos déspotas, minando a independência do meio corporativo para criação e aplicação das normas comerciais, o direito comercial, assim, passou a integrar o direito comum, mantendo-se como ramo autônomo, com aplicação por jurisdição especial e para relações que envolviam comerciantes. O seu centro de produção, por sua vez, se desloca da Itália – que não se tornou um Estado Nacional – para as grandes monarquias nacionais da Holanda, França e Inglaterra.

A sujeição do sistema corporativo à autoridade real o enfraqueceu, uma vez que a formação de um mercado nacional impõe uma disciplina minuciosa e publicista, que constitui a parte predominante das normas de direito comercial. As normas de direito comercial conheceram, ainda, extensão em seu campo de aplicação: ultrapassando o caráter subjetivo (relações entre comerciantes) com o surgimento de um critério objetivo, ainda que dependente da *comerciabilidade* do sujeito *quoad actum* (relações com comerciantes).

O marco final dessa segunda metade da fase subjetiva – no qual se observou o desenvolvimento da letra de câmbio como instrumento de crédito, das sociedades anônimas e das bolsas de valores – e a transição para a fase objetiva é o Código Napoleônico, através do qual surge um sistema de normas objetivamente aplicáveis, quaisquer que sejam os sujeitos do ato, ampliando o campo de incidência do direito comercial[91] – que passa a ser aplicado aos atos de comércio ocasionais e ao negócio unilateralmente comercial. A objetivação do direito comercial foi uma evidente consequência da Revolução Francesa, cujo ideal de igualdade de todos perante a lei não permitiria a sobrevivência do direito comercial como um privilégio de classe, com um colegiado destinado a garantir prerrogativas e privilégios dos comerciantes.

A objetivação do direito comercial se acentuou no decorrer do século XIX com a inclusão de novos atos nesse sistema jurídico que, *"com o Código italiano de 1882, supera a fronteira que parece instransponível dos negócios imobiliários e sanciona a sujeição do negócio bilateral, em sua inteireza, à lei comercial, mesmo quando comercial*

[91] "O Código Napoleônico de 1807 adotou declaradamente o conceito objetivo, estruturando-o sobre a teoria dos atos de comércio", REQUIÃO, Rubens, **Curso de Direito Comercial**, vol. 1, 32. ed. São Paulo: Saraiva, 2013, p. 36, ver também: ALTERINI, Atilio Aníbal, **Contratos: civiles-comerciales-de consumo: teoría general**, Abeledo-Perrot,1998, p. 99.

somente um dos atos que o constituem"[92]. Assim, também o ato com objetivo de consumo passou a se sujeitar ao direito comercial.

A objetivação foi (e continua sendo) bastante criticada, pois os comercialistas até hoje se debatem quanto a definição do que seriam atos de comércio. O sistema se mostrou, portanto, bastante precário, ante a impossibilidade de definir seu conceito fundamental: a ausência de definição de ato de comércio, dificulta a aplicação das normas de direito comercial.

Em paralelo à objetivação do direito comercial, verificou-se a crescente mercantilização do direito das obrigações – mais um fator que contribuiu para a ruína do sistema objetivo –, a tal ponto que – em alguns países – a codificação do direito civil é posterior àquela do direito comercial, estando no Código Civil os princípios que determinam os atos propriamente comerciais[93].

À fase da objetivação do direito comercial sucede a unificação do direito privado, tendo os princípios que outrora regiam o direito comercial sido reconhecidos como princípios gerais do direito privado "*em matéria de solidariedade, de juros, de resolução e execução compulsória da venda; de prescrição, etc.*"[94]. Com isso, abandona-se a dicotomia entre direito comercial e direito civil no campo do direito das obrigações – mantendo-se os estatutos especiais para empresários e sociedades comerciais.

A unificação do direito privado suscitou debate bastante acalorado que dividiu (e divide) a doutrina acerca do fracionamento do direito privado: a dicotomia que outrora se justificou pelo excessivo formalismo do direito romano, face à versatilidade e rapidez do tráfico mercantil, ainda persistiria? O direito comercial seria verdadeiramente independente do direito civil a justificar a separação do direito privado?

Antes da edição do Código Civil Italiano de 1942, conhecido por ter unificado o direito privado da Itália, Cesare VIVANTE, antigo professor da

92 ASCARELLI, Tullio, O desenvolvimento histórico do direito comercial e o significado da unificação do direito privado, **Revista de direito mercantil, industrial, econômico e financeiro**, v. 114, n. abr-jun/1999, p. 237-252, p. 241.

93 ASCARELLI, Tullio, O desenvolvimento histórico do direito comercial e o significado da unificação do direito privado, **Revista de direito mercantil, industrial, econômico e financeiro**, v. 114, n. abr-jun/1999, p. 237–252, p. 241.

94 ASCARELLI, Tullio, O desenvolvimento histórico do direito comercial e o significado da unificação do direito privado, **Revista de direito mercantil, industrial, econômico e financeiro**, v. 114, n. abr-jun/1999, p. 237–252, p. 248.

Universidade de Roma, causou verdadeiro furor no meio jurídico da Europa ao proferir conferência inaugural dos cursos da Universidade de Bolonha atacando a divisão do direito privado e condenando a autonomia do direito comercial. Vivante, ao argumentar que a separação entre o Direito Civil e o Direito Comercial seria um ato artificial e contrário à unidade essencial da vida econômica, sustentou, em síntese, os seguintes argumentos.

Afirmava o autor que a autonomia do Direito Comercial seria mantida mais em razão da tradição do que por boas razões. Apesar de, inicialmente, as normas de direito comercial obrigarem apenas os comerciantes, com sua evolução passaram a se aplicar também aos não comerciantes, ainda que desconheçam essa prática. Portanto, uma mesma teoria poderia regular as relações privadas – como se observava pela experiência suíça, cujo Código de Obrigações teve cunho essencialmente mercantil. A dicotomia dificultaria a aplicação da norma no caso concreto, acarretando danos de índole social e jurídica – "*pois quem reclama deve frequentemente aventurar-se a uma causa preliminar para saber como e onde exercitar seu direito – se o pleito é civil ou comercial*"[95]. As leis facultam ao magistrado atribuir o caráter mercantil aos atos que não figuram na enumeração dos atos de comércio, submetendo ao regime do direito comercial pessoas estranhas ao comércio, o que teria consequências não apenas no regime legal aplicável, mas também no estado, na liberdade e no crédito de referidas pessoas. A autonomia do direito comercial prejudicaria o estudo científico, pois os comercialistas não estudariam as regras gerais, "*sofrendo de um particularismo danoso ao desenvolvimento da ciência*"[96].

Incumbido de elaborar o anteprojeto de reforma do Código Comercial italiano, e em contato com a elaboração de normas de direito comercial, Vivante se retratou, em 1919, passando a advogar contra a unificação do direito privado, e a afirmar ter cometido um erro doutrinário[97].

Vivante, assim, passou a sustentar que os institutos de cada um dos ramos do direito privado, e suas respectivas normas reguladoras, se alterariam de

[95] REQUIÃO, Rubens, **Curso de Direito Comercial**, vol. 1, 32. ed. São Paulo: Saraiva, 2013, p. 44.

[96] REQUIÃO, Rubens, **Curso de Direito Comercial**, vol. 1, 32. ed. São Paulo: Saraiva, 2013, p. 44.

[97] VIVANTE, Cesare, Introdução ao Trattato di Diritto Commerciale, trad. de VERÇOSA, Haroldo Malheiros Duclerc, **Revista de Direito Mercantil**, v. 102, 1996, pp. 134-138.

forma e em velocidades distintas – o que seria um obstáculo à unificação. Haveria, ainda, uma diferença de método entre o direito civil e o direito comercial – neste prevalecendo o método indutivo, naquele, o dedutivo[98]. Por fim, o direito comercial seria de índole cosmopolita, decorrendo do próprio comércio e se destinando a regular negócios em massa, e marcado por espírito diverso do direito civil, consistente na especulação[99]. As oposições levantadas por Vivante foram, contudo, superadas com a reforma italiana de 1942, a qual uniu os códigos civil e comercial. A unificação, por sua vez, não levou à extinção do direito comercial, que se manteve como disciplina autônoma.

No Brasil, o debate acerca da unificação do direito privado precedeu não apenas a legislação italiana, como também ambos posicionamentos de Vivante, tendo se iniciado ainda em 1859, quando Teixeira de Freitas, ao ser encarregado de elaborar o projeto de Código Civil opinou pela unificação.

Anos depois, em 1956, Philomeno J. da COSTA publicou obra sobre o tema, na qual concluiu que não haveria justificativa a sustentar a autonomia do direito comercial[100]. O autor não nega que quando da formação do direito comercial *"o direito privado cindiu-se de um modo tal que o comércio profissional se viu dotado de preceitos especiais aplicados por uma justiça privativa. Daí a formação do direito mercantil"*[101]. Contudo, com as alterações sofridas pelo direito comercial, que deixou de ser aplicável apenas aos comerciantes, passando a englobar os atos de comércio independentemente da qualidade dos agentes, ter-se-ia desprezado o fator histórico que justificaria o direito comercial como ramo autônomo[102]. Nas palavras do autor:

> "se a formação do direito mercantil tem cunho histórico, tem-no, igualmente, o seu desaparecimento. Temos a prova irrefutável na observação

[98] VIVANTE, Cesare, Introdução ao Trattato di Diritto Commerciale, trad. de VERÇOSA, Haroldo Malheiros Duclerc, **Revista de Direito Mercantil**, v. 102, 1996, p. 135.

[99] VIVANTE, Cesare, Introdução ao Trattato di Diritto Commerciale, trad. de VERÇOSA, Haroldo Malheiros Duclerc, **Revista de Direito Mercantil**, v. 102, 1996, pp. 136-137.

[100] COSTA, Philomeno J. da, **Autonomia do direito comercial**, São Paulo: Revista dos Tribunais, 1956.

[101] COSTA, Philomeno J. da, **Autonomia do direito comercial,** São Paulo: Revista dos Tribunais, 1956, p. 103.

[102] COSTA, Philomeno J. da, **Autonomia do direito comercial**, São Paulo: Revista dos Tribunais, 1956, pp.106-108.

comparativa dos novos códigos civis em relação aos comerciais mais antigos; aqueles surgem mais 'comercializados' do que estes, isto é, os códigos civis mais modernos adotam cada vez mais princípios que na maioria das vezes afloram primeiramente da legislação então profissional dos mercadores"[103].

No que diz respeito ao papel dos usos, que teriam maior destaque no direito comercial[104], o autor defende que não haveria "*uma autoridade maior dos usos e costumes no direito comercial e menor no direito civil*"[105], e isso seria corroborado pelo direito positivo vigente na época em que publicado seu trabalho[106]. O posicionamento do autor também encontra eco em dispositivos do atual Código Civil, como, por exemplo, os artigos 111[107] e 113[108], que se referem ao papel dos usos nos negócios sem distinções entre sua natureza civil ou empresarial.

Após analisar e rebater algumas das principais diferenças entre direito civil e empresarial apontadas pela doutrina contrária à unificação do direito privado, o autor conclui que as "*peculiaridades, enfim, invocadas como identificadoras do direito comercial, não são dele privativas; confunde-se pioneirismo com destaque ou separação*"[109].

103 COSTA, Philomeno J. da, **Autonomia do direito comercial**, São Paulo: Revista dos Tribunais, 1956, pp.110-111.

104 FORGIONI, Paula Andrea, **Contratos empresariais: teoria geral e aplicação**, 2. ed. São Paulo: Revista dos Tribunais, 2016, pp. 135-138.

105 COSTA, Philomeno J. da, **Autonomia do direito comercial**, São Paulo: Revista dos Tribunais, 1956, p. 121.

106 Art. 4º da Lei de Introdução às Normas de Direito Brasileiro: "Quando a lei for omissa, o juiz decidirá o caso de acordo com a analogia, os costumes e os princípios gerais de direito", e Arts. 121 e 428 do Código Comercial: "Art. 121 – As regras e disposições do direito civil para os contratos em geral são aplicáveis aos contratos comerciais, com as modificações e restrições estabelecidas neste Código" e "Art. 428 – As obrigações comerciais dissolvem-se por todos os meios que o direito civil admite para a extinção e dissolução das obrigações em geral, com as modificações deste Código".

107 Art. 111. O silêncio importa anuência, quando as circunstâncias ou os usos o autorizarem, e não for necessária a declaração de vontade expressa.

108 Art. 113. Os negócios jurídicos devem ser interpretados conforme a boa-fé e os usos do lugar de sua celebração.

109 COSTA, Philomeno J. da, **Autonomia do direito comercial**, São Paulo: Revista dos Tribunais, 1956, p. 304.

O posicionamento de Teixeira de Freitas (sucedido por Philomeno J. da COSTA) deu início a uma discussão que persiste até a atualidade – mesmo após quase vinte anos de vigência do Código Civil de 2002.

Quando dos debates que precederam a edição do Código Civil de 2002 – incluindo aqueles havidos acerca do Anteprojeto do Código das Obrigações de 1965 –, os doutrinadores responsáveis pela redação dos projetos defendiam a revogação do código comercial e a consequente unificação das normas de direito privado em um único diploma sem que isso tivesse como consequência o fim do direito comercial como disciplina autônoma[110].

A crescente comercialização da vida civil[111], como já anunciava Philomeno J. da COSTA[112], e o gradual desaparecimento da linha que separa as obrigações

[110] REALE, Miguel, **História do Novo Código Civil**, São Paulo: Revista dos Tribunais, 2005, pp. 55-56.

[111] "A comercialização das atividades civis evidencia-se em todos os instantes. As necessidades do crédito, por exemplo, levaram não há muito, entre nós, à declaração legislativa da comercialidade das empresas de construção civil, e, agora, recentemente, sujeitou-se à falência a empresa de incorporação de imóveis, mercantilizando-se atividades e atos que permaneciam eminentemente civis", REQUIÃO, Rubens, **Curso de Direito Comercial**, vol. 1, 32. ed. São Paulo: Saraiva, 2013, p. 47; "Nos dias atuais não se vê uma diferença clara entre o empresário civil e o mercantil quanto à forma do exercício da empresa e aos instrumentos por ambos utilizados na consecução de seus objetivos. Portanto, desapareceu a causa da objeção levantada pelo ilustre comercialista italiano [Vivante]. A utilização intensa dos institutos próprios do Direito Comercial pelos empresários civis e as transformações determinadas por essa prática resultaram na chamada 'comercialização do Direito Privado'", VERÇOSA, Haroldo Malheiros Duclerc, **Curso de Direito Comercial**, vol. 1, 2. ed. São Paulo: Malheiros, 2008, p. 91; "Tem havido a comercialização do Direito Civil – e não a civilização do Direito Comercial – em razão da massificação da nova sociedade, na qual todos. ou quase todos, nós atuamos em atividades comerciais, tomadas em seu sentido mais genérico, ou seja, como atividade econômica" (tradução livre), ALTERINI, Atilio Aníbal, **Contratos: civiles-comerciales-de consumo: teoría general**, Abeledo-Perrot,1998, p. 100.
Quando se utiliza a comercialização da vida civil como razão a justificar a unificação do direito das obrigações, surge relevante questionamento: teria o direito civil absorvido o direito comercial, ou o direito comercial absorvido o direito civil. Comercialistas defendem este (vide REQUIÃO, Rubens, **Curso de Direito Comercial**, 32. ed. São Paulo: Saraiva, 2013, p. 47 e ALTERINI, Atilio Aníbal, **Contratos: civiles-comerciales-de consumo: teoría general**, Abeledo-Perrot,1998, p. 109), enquanto civilistas defendem aquele: "boa parte do Direito Comercial é fragmentária, tornando-se operacional apenas graças à presença permanente das regras civis", MENEZES CORDEIRO, António Manuel, **Manual de Direito Comercial**, Coimbra: Almedina, 2003, p. 20. Nos aprofundar nesse debate, contudo, demandaria um trabalho paralelo a este, razão pela qual apenas faz-se referência à questão.

civis e comerciais resultaram em um mesmo código, sem, contudo, afetar a autonomia do direito comercial como ciência. É o que se extrai das palavras de REALE, comentando o Projeto do Código Civil de 2002:

> "Nós não tivemos em vista, meus caros amigos, a codificação do Direito Privado unificado, que seria inadmissível. Nossa preocupação foi outra, a de fazer a unificação das regras civis e mercantis, consolidando aquilo que já era uma realidade nacional. Como sabem, em virtude do obsoletismo do Código Comercial de 1850, os próprios comercialistas não mais se referiam a ele, mas sim ao Livro pertinente ao Direito das Obrigações no Código Civil"[113]. (...) "É indispensável ponderar que o novo Código Civil não abrange todo o Direito Privado, mas tão-somente as questões que emergem da unidade do Direito das Obrigações, como é o caso das normas relativas à atividade empresarial, permanecendo, pois, intocável o Direito Comercial com a respectiva legislação especial"[114].

A discussão da unificação do direito privado – seja quanto a um regramento unificado do direito das obrigações, seja quanto a existência de um único Código que contenha normas de direito civil e empresarial – permanece acesa, tendo ganhando bastante relevo no Brasil com os Projetos de Lei 1.572/2011 (Câmara dos Deputados) e 487/2013 (Senado), que contêm propostas de um novo Código Comercial, cujo objetivo é regular não apenas o que é entendido atualmente como direito de empresa, como também as obrigações e contratos empresariais[115].

112 COSTA, Philomeno J. da, **Autonomia do direito comercial**, São Paulo: Revista dos Tribunais, 1956, pp. 110-111.

113 REALE, Miguel, **História do Novo Código Civil**, São Paulo: Revista dos Tribunais, 2005, pp. 55-56.

114 REALE, Miguel, **História do Novo Código Civil**, São Paulo: Revista dos Tribunais, 2005, p. 181.

115 Os Projetos de Lei originaram acaloradas discussões entre acadêmicos de direito empresarial. Enquanto Fábio Ulhoa Coelho, que compôs os grupos de trabalho que precederam ambos projetos e é presidente da Comissão de Juristas da Câmara dos Deputados para o Código Comercial, juntamente com Ives Gandra Martins defendem que "A chamada unificação legislativa do direito das obrigações, feita pelo Código Civil de 2002, foi um grande erro. Não tem sentido se submeterem ao mesmo regime jurídico contratos empresariais e civis, em vista

Apesar do dissenso que ainda circunda a possibilidade de um único diploma para o regramento do direito civil e do direito comercial, predomina o entendimento de que, seja no Brasil, seja na Europa, a unificação das normas de direito privado em um único diploma – e um regramento único para o direito das obrigações – não significou a abolição do direito comercial, que passou a ser entendido como o direito da empresa – resultando no restabelecimento e modernização do conceito subjetivista.

Na visão de REQUIÃO, com a empresa sendo entendida como a organização dos fatores de produção para a criação ou oferta de bens ou de serviços em massa, tanto o ato de comércio, quanto o comerciante, apenas são relevantes para o direito comercial quando se referirem à exploração de uma empresa. Dessa forma, "[*d*]*esaparece, nela* [empresa], *a preponderância do ato de comércio isolado, como também esmaece a figura do comerciante*"[116].

Assim, como explica FORGIONI "*de um direito medieval de classe, ligado à pessoa do mercador, passamos ao critério objetivo e liberal dos atos de comércio e, finalmente à atividade da empresa*"[117].

1.3.2.2. Contratos civis e contratos empresariais

Partindo da controvérsia analisada no item precedente, necessário enfrentar questionamento dela decorrente, qual seja, a existência (ou não) de uma distinção entre contratos civis e empresariais. E mais: se a diferenciação e

da enorme diferença no grau de complexidade de cada espécie. É necessário corrigir, com urgência, este erro", FECOMERCIO, **O novo Código Comercial**, por Ives Gandra Martins e Fábio Ulhoa Coelho. Juristas como Paula Forgioni, Erasmo Valladão Azevedo e Novaes França, e Francisco Satiro criticam o projeto, afirmando que além de trazer aumento dos custos e insegurança jurídica – pois os Tribunais já teriam assimilado as distinções entre as relações comerciais e as civis e consumeristas –, o projeto seria confuso ao disciplinar determinadas matérias e omisso em relação a uma série de contratos e títulos de crédito. Ademais, o Brasil estaria na contramão dos demais países, ao ser o único a recriar um código comercial após a unificação legal, FORGIONI, Paula Andrea, Entrevista Paula Forgioni – **Posicionamento a respeito do Projeto do Código Comercial**; COURA, Kalleo, **Novo código comercial: necessário ou inefetivo?**; e FRANÇA, Erasmo Valladão Azevedo, **"Antiprojeto" de lei do novo Código Comercial.**

[116] REQUIÃO, Rubens, **Curso de Direito Comercial**, vol. 1, 32. ed. São Paulo: Saraiva, 2013, p. 39.

[117] FORGIONI, Paula Andrea, **A evolução do direito comercial brasileiro: da mercancia ao mercado**, 3ª ed., São Paulo: Revista dos Tribunais, 2016, p. 73.

qualificação da relação jurídica (como civil ou empresarial) possuiria relevância na aplicação das regras previstas, de forma unificada, pelo Código Civil.

BULGARELLI, mesmo antes da parcial unificação do direito privado, promovida pelo Código Civil de 2002, reconhecia que, em sendo possível a unificação do direito das obrigações, seria plausível, em tese, admitir também a unificação do direito dos contratos. A dualidade entre direito civil e comercial, na opinião do autor, já havia sido bastante mitigada com a unificação processual e da justiça a partir de 1875, mas *"as diferenças no tratamento de certos contratos por ambos os códigos impõem que se reconheça essa distinção entre civis e mercantis"*[118].

Diante da constatação do capítulo 1.3.2.1, de que o Direito Comercial, hoje entendido como direito da empresa, persistiu com ramo autônomo do direito após a parcial unificação legislativa decorrente do Código Civil de 2002, necessário verificar se esta dualidade encontra reflexo na disciplina contratual, ou seja, se os contratos empresariais seriam uma categoria autônoma em relação aos contratos civis, e se tais categorias se sujeitam a regimes jurídicos distintos.

Quando o Código Comercial de 1850 ainda estava em vigor, apesar de não haver dúvidas acerca da existência dos contratos empresariais, a unificação do direito das obrigações (civis e empresariais) já era objeto de sua regulação. O Código Comercial determinava expressamente em seu artigo 121 que: *"As regras e disposições do direito civil para os contratos em geral são aplicáveis aos contratos comerciais, com as modificações e restrições estabelecidas neste Código"*. Como esclarece a doutrina, ao falar em "contratos" o Código se referia a "obrigações"[119]. Esse artigo, assim, além de atestar existirem regras especiais para os contratos empresariais (encontradas no Código Comercial), também reconhecia o caráter geral das regras obrigacionais do Código Civil de 1916.

Atualmente, mesmo com a revogação do Código Comercial e parcial unificação das normas civis e comerciais sob o manto do Código Civil, grande parte da doutrina defende a sobrevivência dos contratos empresariais[120] e,

[118] BULGARELLI, Waldirio, **Contratos Mercantis**, 9. ed., São Paulo: Atlas, 1997, p. 43.

[119] CARVALHO DE MENDONÇA, J. X., **Tratado de Direito Comercial Brasileiro**, vol. 4, t. 1, 1. ed. Campinas: Russell, 2003, p. 254.

[120] "O mesmo contrato, considerado em sua finalidade econômica, pode ser civil ou comercial. Na caracterização inclui, igualmente, a qualidade das partes, segundo a tendência subjetiva,

consequentemente, da tripartição[121] sugerida outrora por BULGARELLI – ainda que concretizada de forma mais detalhada:

> "Há, portanto, (...) de se distinguir hoje entre os contratos comuns, firmados entre particulares, de igual ou equivalente posição econômica, dos contratos entre empresas, e dos contratos dos particulares com as empresas, sendo estes últimos, o alvo especial do chamado direito do consumidor"[122].

que reflui" (trecho incluído pelos atualizadores), GOMES, Orlando, **Contratos**, Rio de Janeiro: Forense, 2008, p. 100; ver também: FORGIONI, Paula Andrea, **Contratos empresariais: teoria geral e aplicação**, 2. ed. São Paulo: Revista dos Tribunais, 2016, p. 38; ZANCHIM, Kleber Luiz, **Contratos empresariais: categoria – interface com contratos de consumo e paritários – revisão judicial**, São Paulo: Quartier Latin, 2012, pp. 15-16; entendimento corroborado, ainda, pelo Enunciado 21 da I Jornada de Direito Comercial (posterior ao Código Civil de 2002): "Nos contratos empresariais, o dirigismo contratual deve ser mitigado, tendo em vista a simetria natural das relações interempresariais".

121 Não se ignora que parte da doutrina – em especial civilista – faça uma segunda divisão dos contratos, de forma bipartida, entre contratos de lucro (ou empresariais) e contratos existenciais. Nas palavras de JUNQUEIRA DE AZEVEDO e MARINO, na atualização da obra de Orlando GOMES: "Há, de um lado, contratos empresariais, que são aqueles celebrados entre empresários, pessoas físicas, jurídicas, ou ainda, entre um empresário e um não empresário, desde que este tenha celebrado o contrato com o fim de lucro. E, de outro lado, há os contratos existenciais ou não empresariais, firmados entre não-empresários ou entre um empresário e um não-empresário, sempre que para este a contratação não tenha objetivo de lucro. Dentre os contratos existenciais encontram-se todos os contratos de consumo, bem como os contratos de trabalho, locação residencial, compra da casa própria e, de uma maneira geral, os que dizem respeito à subsistência da pessoa humana. São exemplos de contratos empresariais os de agência, distribuição, fornecimento, transporte, *engineering*, consórcio empresarial, franquia e os contratos bancários, dentre outros", GOMES, Orlando, **Contratos**, Rio de Janeiro: Forense, 2008, pp. 100-101; ver também JUNQUEIRA DE AZEVEDO, Antônio, Diálogos com a doutrina: entrevista com Antônio Junqueira de Azevedo, **Revista Trimestral de Direito Civil**, v. 9, n. 34, abril/jun. 2008, pp. 304-305; e CARVALHO, Patrícia Miyuki Hayakawa de, **Contratos existenciais e de lucro: uma nova tipologia**, Dissertação de mestrado, Faculdade de Direito da Universidade de São Paulo, São Paulo, 2018.
Considerando a conclusão do capítulo 1.3.1, de que o art. 424 do CC não se aplica aos contratos de consumo e que a categoria dos contratos existenciais engloba, além dos contratos de consumo, outros contratos cuja finalidade não seja o lucro, a adoção da bipartição implicaria a criação de novas subcategorias dentre os contratos existenciais, o que culminaria com a necessidade de uma produção acadêmica apenas para essa finalidade. Diante disso, este trabalho optou por prosseguir com sua análise considerando a divisão tripartida entre contratos empresariais, civis e de consumo.

122 BULGARELLI, Waldirio, **Contratos Mercantis**, 9. ed., São Paulo: Atlas, 1997, p. 26.

Pode-se afirmar, ainda, que a sobrevivência das duas categorias encontraria reforço no direito positivo.

A lei 13.874/2019 ("Lei da Liberdade Econômica"), além de trazer regra de interpretação própria aos "*negócios jurídicos empresariais*" (art. 3º, VIII[123]) incluiu o art. 421A no Código Civil, o qual conta com a seguinte redação: "*Os contratos civis e empresariais presumem-se paritários e simétricos até a presença de elementos concretos que justifiquem o afastamento dessa presunção, ressalvados os regimes jurídicos previstos em leis especiais*". O *caput* do artigo, assim, ao fazer expressa menção a "*contratos civis e empresariais*" "*parte do pressuposto de que cada uma das espécies de relação jurídica ocuparia um locus próprio no esquema global do ordenamento*"[124], reforçando a existência de ambas as categorias.

Partindo da premissa que os contratos empresariais sobreviveram à unificação do direito das obrigações, passemos ao estudo dos critérios traçados pela doutrina para distingui-los.

A doutrina defende que um primeiro critério para definir um contrato como empresarial, partiria da análise das pessoas que compõem o vínculo obrigacional[125], ou seja, aqueles celebrados entre empresários (como criação de sociedades, definição da estrutura da empresa, etc.) e os celebrados entre

[123] Art. 3º São direitos de toda pessoa, natural ou jurídica, essenciais para o desenvolvimento e o crescimento econômicos do País, observado o disposto no parágrafo único do art. 170 da Constituição Federal: VIII – ter a garantia de que os negócios jurídicos empresariais paritários serão objeto de livre estipulação das partes pactuantes, de forma a aplicar todas as regras de direito empresarial apenas de maneira subsidiária ao avençado, exceto normas de ordem pública.

[124] LEONARDO, Rodrigo Xavier; RODRIGUES JR., Otavio Luiz (coord), **Comentários à Lei da Liberdade Econômica,** São Paulo: Revista dos Tribunais, 2019, pp. 317-318.

[125] Esse é o critério adotado pelo projeto de Lei 1.572/2011, que, em seu art. 268 delimita o campo de aplicação do Código Comercial (se aprovado): "Quando a relação obrigacional envolver, como credor e devedor principal, apenas empresários, aplicam-se as normas especificas deste Código. Parágrafo único. Aplicam-se estas normas também: a) aos contratos e títulos de crédito disciplinados neste Código ou na legislação comercial; e b) quando o credor ou devedor for sócio ou administrador de sociedade empresária e a outra parte, empresário". A definição de contratos empresariais é, contudo, mais ampla: não bastam empresários como contratantes é necessário que a função econômica do negócio jurídico esteja relacionada à exploração de atividade empresarial (art. 297 do Projeto da Câmara dos Deputados). No projeto de Lei do Senado 487/2013 parece ter havido uma unificação de ambos critérios: "Art. 350. Quando a relação obrigacional envolver apenas empresários, como credor e devedor principais, e estiver relacionada à exploração de suas empresas, aplicam-se as normas específicas deste Código. § 1o. Aplicam-se estas normas também: I – aos contratos e títulos de crédito disciplinados

empresas.[126]. O critério, assim, seria subjetivo, considerando as partes contratantes para fim de classificação da avença como civil ou empresarial.

Esse critério, contudo, é objeto de críticas, e considerado insuficiente[127]. A uma, haveria hipóteses em que apesar de o contrato ser considerado empresarial, nenhuma das partes envolvidas é (ou necessita ser) propriamente um empresário, como seria o caso do contrato de administração de empresas e das obrigações cambiárias[128]. A duas, ainda que do negócio jurídico participem duas empresas/empresários isso não significa a incidência da tutela apenas de direito civil ou comercial, sendo possível sua caracterização como relação de consumo[129] (como visto no capítulo 1.3.1.1).

Um critério puramente objetivo, como sugerido outrora por CARVALHO DE MENDONÇA[130], tomando por base o conceito de ato de comércio, também é considerado falho em razão da dificuldade, acima apontada, de definir o que seriam atos de comércio.

neste Código; ou na legislação comercial; e II – nas relações do administrador com a sociedade que administra, entre os sócios e destes com a sociedade de que participam".

[126] Para DALMARTELLO, se antes o que definiam os contratos empresariais eram os princípios gerais aplicáveis a esses contratos, com a unificação do direito das obrigações, o traço distintivo dos contratos empresariais também mudou, pois, tais princípios gerais deixaram de existir como elementos de distinção e qualificação de uma categoria de contratos empresariais. Hoje, os contratos empresariais são sujeitos aos princípios gerais dos contratos, sejam empresariais ou civis. Assim, o critério de unificação dos contratos empresariais seria o conceito da empresa que, como se sabe, é o conceito ao redor do qual gravita toda a sistemática atual do direito comercial. Diz-se, assim, que o direito comercial considera os contratos como empresariais enquanto interessam a vida da empresa comercial, notadamente, em função do estudo da empresa, DALMARTELLO, Arturo. **I contratti delle imprese commerciali**. 1954, pp. 31-31.

[127] "Sendo assim, e é, de certo, o direito commercial, como se dá com o nosso, tem por objecto, não só o estado, a condição ou qualidade dessas pessoas, como também todas as coisas, todos os actos, factos, direitos e obrigações que respeitam, mais ou menos directamente, à mercancia ou ao trafico mercantil, constituindo o que se denomina matéria de commercio", MAGALHÃES, Descartes Drummond, **Curso de Direito Commercial**, São Paulo: Zenith, 1922, p. 72.

[128] COELHO, Fábio Ulhoa, As obrigações empresariais, **Tratado de direito comercial**, v. 5, São Paulo: Saraiva, 2015, p. 13.

[129] ZANCHIM, Kleber Luiz, **Contratos empresariais: categoria – interface com contratos de consumo e paritários – revisão judicial**, São Paulo: Quartier Latin, 2012, p. 70.

[130] "[C]ontrato comercial é aquele que tem por objeto o ato de comércio". CARVALHO DE MENDONÇA, J. X., **Tratado de Direito Comercial Brasileiro**, vol. 4, t. 1, 1. ed. Campinas: Russell, 2003, p. 443.

Não sendo suficientes os critérios subjetivo e/ou objetivo para definição do que seriam os contratos empresariais, a doutrina passou a distinguir tais contratos por meio do conceito de atividade econômica, tendo por base a empresa[131]. Assim, o contrato empresarial seria aquele que decorre do exercício da atividade empresarial das duas partes, premidas pela busca do lucro. Nas palavras de FORGIONI:

> "O diferenciador marcante dos contratos comerciais reside no escopo de lucro de todas as partes envolvidas, que condiciona seu comportamento, sua 'vontade comum' e, portanto, a função econômica do negócio, imprimindo-lhe dinâmica diversa e peculiar. Por um lado, o contrato, singularmente considerado, perfaz determinada operação econômica. Porém, quando imerso na empresa, revela-se como parte ou manifestação da atividade do ente produtivo. (...) Nos contratos consumeristas, essa luta pelo lucro recai apenas sobre uma das partes [a empresa fornecedora]; nos civis, pode inexistir [como no caso da doação] ou aparecer de forma esporádica e mitigada em um dos polos que se aproveitará economicamente do evento [locação, por exemplo]. De qualquer forma, mesmo nessas hipóteses, o escopo econômico não marca o contrato de forma tão incisiva como nos casos comerciais, pois a parte não tem sua atividade, toda ela, voltada para o lucro, como ocorre com as empresas e sua atividade profissional"[132].

[131] "[C]om o que o Direito Comercial se compensa, por meio da disciplina e organização da atividade da empresa, do esvaziamento acarretado pela migração dos seus institutos característicos para o direito comum, como ocorreu com os títulos de crédito", BULGARELLI, Waldirio, **Contratos Mercantis**, 9. ed., São Paulo: Atlas, 1997, p. 48.

[132] FORGIONI, Paula Andrea, **Contratos empresariais: teoria geral e aplicação**, 2. ed. São Paulo: Revista dos Tribunais, 2016, pp. 38-39. Ainda nas palavras de FORGIONI: "O estabelecimento de vínculo jurídico entre empresários parte de dois pressupostos básicos, compartilhados pelos partícipes da avença. O primeiro deles é a certeza de que a contratação colocá-los-á em uma situação mais vantajosa daquela em que se encontram. (...) O segundo é que a contratação é feita na esperança de que atinja determinados objetivos, ou seja, desempenhe determinada função", FORGIONI, Paula Andrea, A interpretação dos negócios empresariais, **Tratado de direito comercial: obrigações e contratos empresariais**, São Paulo: Saraiva, 2015, v. 5, pp. 71–118, p. 75.

Os contratos civis, por sua vez, poderiam ser definidos de forma negativa – como aqueles que não são contratos de consumo ou contratos empresariais[133] – e de forma positiva, como negócios jurídicos que dão origem a relações obrigacionais via de regra simétricas (em oposição àquelas sob o manto do Código de Defesa do Consumidor) e despidas de uma finalidade empresária. Normalmente se dará entre pessoas físicas ou entre estas e pessoas jurídicas não empresárias[134].

Analisadas as definições de contratos civis e empresariais feitas pela doutrina, passemos ao ponto central da análise: se essa distinção possui algum impacto para fins de incidência normativa.

Com o advento do Código Civil de 2002, o fato de um contrato ser civil ou empresarial não afeta a sua tipificação: não há contrato de compra e venda civil e/ou empresarial, há apenas a compra e venda[135]. Contudo, parte da doutrina defende a sobrevivência da relevância da diferenciação entre contratos civis e empresariais.

Nas palavras de Fran MARTINS, a obrigação resultante de atos empresariais sofre influência destes, e, por esse motivo, se diferenciam das obrigações civis.

> "Sabe-se que o Direito Comercial tem características próprias, que retratam justamente o dinamismo do comércio, em contraste com a posição conservadora, de certo modo estática, dos atos de natureza civil. (...) E porque as relações comerciais exigem prontas soluções para fatos que surgem a cada momento, o direito mercantil procura dar ao empresário mais elasticidade de ação, mais ampla liberdade, mais

[133] "Por fim, a situação é idêntica para contratos paritários, cujas partes assumem o papel social de contratantes comuns, por exclusão. Sempre que não estivermos diante da relação empresário-empresário ou fornecedor-consumidor poderemos falar de contratos paritários, aos quais se aplica o regime civil geral", ZANCHIM, Kleber Luiz, **Contratos empresariais: categoria – interface com contratos de consumo e paritários – revisão judicial**, São Paulo: Quartier Latin, 2012, p. 109.

[134] MARTINS-COSTA, Judith, **A boa-fé no direito privado: critérios para sua aplicação**, 2. ed. São Paulo: Saraiva, 2018, p. 292.

[135] Prova disso é o fato de que, na maior parte dos casos, tanto as disciplinas jurídicas, quanto os manuais de direito comercial/empresarial posteriores ao Código Civil de 2002, não se ocupam em tratar – em separado – dos contratos em espécie regulados pelo Código Civil e leis complementares, ainda que sejam tipos contratuais notadamente interempresariais, como o contrato de franquia.

facilidade para que os casos surgidos sejam resolvidos com a rapidez que as transações empresariais requerem"[136].

A classificação de um contrato como empresarial, também segundo aqueles que advogam pela pertinência da distinção, pode ter relevância não apenas interpretativa (com um papel mais acentuado dos usos empresariais), como também em relação a certas peculiaridades de tratamento, como quanto "*à alteração das circunstâncias (menor possibilidade de revisão contratual) e à aplicação dos princípios da boa-fé e da função social do contrato*"[137].

No que diz respeito especificamente à boa-fé, Judith MARTINS-COSTA destaca que a incidência da boa-fé no Direito Empresarial ocorreria de forma "*peculiarizida*", marcada por traços específicos a esse ramo do direito, como:

> "(i) a noção de mercado; (ii) o dinamismo coerente à noção de atividade empresarial (art. 966) que está no núcleo da fattispecie empresário; (iii) o forte impacto que a práxis tem nesse campo, coligando imediatamente boa-fé, usos do setor e as práticas das partes; (iv) a informalidade e a atipicidade; e (v) a dinâmica circulação/apropriação de modelos provindos da praxe internacional ou da experiência comparatista"[138].

Ademais, afirma-se que nos contratos empresariais os usos e costumes possuem grande relevância na delimitação do conteúdo contratual:

> "Se, por acaso, em determinada praça de comércio há um costume geralmente seguido por todos os empresários, esse costume influi sobre a obrigação empresarial, fazendo com que esta a ele se adapte, muito embora não esteja o uso amparado pela lei, ou, mesmo aparentemente, esteja contra os princípios da lei"[139].

136 MARTINS, Fran, **Contratos e obrigações comerciais**, 16 ed., Rio de Janeiro: Forense, 2010, p. 10.

137 GOMES, Orlando, **Contratos**, Rio de Janeiro: Forense, 2008, pp. 100-101, trecho decorrente da atualização de Antônio Junqueira de Azevedo e Francisco Paulo De Crescenzo Marino.

138 MARTINS-COSTA, Judith, **A boa-fé no direito privado: critérios para sua aplicação**, 2. ed. São Paulo: Saraiva, 2018, pp. 301-302.

139 MARTINS, Fran, **Contratos e obrigações comerciais**, 16 ed., Rio de Janeiro: Forense, 2010, p. 11.

Outra questão considerada relevante no que diz respeito a essa diferenciação, é a qualidade dos contratantes. Sendo o padrão de comportamento aquele do *homem ativo e probo*, é possível pressupor que o empresário, antes de firmar contratos, tenha avaliado, de forma sensata e prudente, os riscos da operação, optando por vincular-se a despeito (ou em razão) deles. "*O agente econômico é caracterizado por uma 'esperteza própria' que lhe faz atilado, capaz de atuar no mercado*"[140].

Nos contratos civis, por sua vez, apesar da presunção da igualdade e paridade das partes, ambas são leigas no que diz respeito àquela transação. Tendo essa situação em mente, a lei teria criado mecanismos que permitem a alteração do conteúdo dos contratos civis em busca de uma maior harmonia e de um maior equilíbrio. Em razão disso, institutos como a lesão[141] se aplicariam de maneira distinta nos contratos civis e empresariais.

De outro lado, parte da doutrina afirma não haver diferença substancial entre os contratos civis e empresariais a justificar a aplicação, a estes contratos, de um regime jurídico diverso daquele aplicável dos contratos civis.

Na Itália, um dos primeiros países a unificar o direito privado, Francesco GALGANO defende que a divisão entre civilistas e comercialistas não é tão clara naquele país, devido à unificação do sistema normativo. Os assuntos por eles tratados, assim, tendem a se sobrepor, em especial no que diz respeito ao estado dos contratos: a venda e o leasing, por exemplo, são objeto de estudo tanto dos civilistas quanto dos comercialistas[142].

No Brasil, retomando a obra de Philomeno J. da COSTA, citada no item anterior, a negativa do autor quanto à autonomia do Direito Comercial, pode ser estendida à negativa de diferenciação do regime jurídico aplicável aos

[140] FORGIONI, Paula Andrea, **Contratos empresariais: teoria geral e aplicação**, 2. ed. São Paulo: Revista dos Tribunais, 2016, p. 119.

[141] "Esse dispositivo [art. 157 do CC], se bem dosado pela Jurisprudência, poderá mostrar-se útil ao tráfico e evitar, por exemplo, o abuso de dependência econômica. No entanto, como ainda não temos construção doutrinária sólida sobre essa questão, a aplicação do preceito no campo do direito empresarial há de ser cuidadosa, sob pena de transformar-se em instrumento de neutralização de vantagens competitivas", FORGIONI, Paula Andrea, **Contratos empresariais: teoria geral e aplicação**, 2. ed. São Paulo: Revista dos Tribunais, 2016, pp. 262--263.

[142] GALGANO, Francesco, **Trattato di diritto civile**, vol. I, 2ª ed., Milano: CEDAM, 2010, p. 78.

contratos civis e empresariais. Sobre esta questão em específico, defende o autor que os princípios peculiares do direito comercial não justificariam a sobrevivência de obrigações comerciais (ou empresariais) como categoria autônoma, pois nenhuma das peculiaridades desse direito teria caráter exclusivo ou privativo, ou mesmo daria "*formas ou atributos especiais às normas jurídicas que seriam desse direito comercial*"[143].

O papel pioneiro que outrora teve o direito comercial, assim, perderia relevância para fins da diferenciação entre contratos civis e empresariais tendo em vista, especialmente, a transposição dos institutos de direito comercial ao direito comum – conhecida como a comercialização do direito civil[144].

Além disso, na visão de Gabriel BUSCHINELLI, as estratégias adotadas para a unificação do direito das obrigações no Código Civil de 2002 reforçariam a desnecessidade de separação dos contratos em civis e empresariais[145]. Explica o autor que foram três as estratégias principais. A primeira: "*moldar o regramento contratual de forma adaptada ao direito comercial*"[146], autorizando, por exemplo, a celebração de contratos atípicos e conferindo relevância aos costumes na aplicação normativa. A segunda: "*para contratos que apresentavam típicos aspectos comerciais, adotou-se a solução de os dotar de feições comerciais*"[147]. A terceira: quando necessário diferenciar os contratos civis daqueles celebrados com escopo lucrativo, o código evitou fazer referência à figura do empresário, mencionando, em alguns casos, a "finalidade econômica"[148] (como a presunção de onerosidade do mútuo destinado a fins econômicos[149]).

143 COSTA, Philomeno J. da, **Autonomia do direito comercial**, São Paulo: Revista dos Tribunais, 1956, p. 343.

144 Vide item 1.3.2.1 e nota de rodapé 111.

145 BUSCHINELLI, Gabriel Saad Kik, **Compra e venda de participações societárias de controle**, São Paulo: Quartier Latin, 2018, pp. 247-248.

146 BUSCHINELLI, Gabriel Saad Kik, **Compra e venda de participações societárias de controle**, São Paulo: Quartier Latin, 2018, p. 247.

147 BUSCHINELLI, Gabriel Saad Kik, **Compra e venda de participações societárias de controle**, São Paulo: Quartier Latin, 2018, p. 247.

148 BUSCHINELLI, Gabriel Saad Kik, **Compra e venda de participações societárias de controle**, São Paulo: Quartier Latin, 2018, p. 247.

149 Art. 591. Destinando-se o mútuo a fins econômicos, presumem-se devidos juros, os quais, sob pena de redução, não poderão exceder a taxa a que se refere o art. 406, permitida a capitalização anual.

O código, assim, "*oferece tratamento unitário* [às obrigações] *tornando desnecessária a caracterização do contrato como empresarial*"[150].

Para além disso, a afirmação, por aqueles que defendem haver efetiva diferença entre contratos civis e empresariais, de que os contratos empresariais contariam com especificidades em sua interpretação e na aplicação normativa, é objeto de relevantes críticas, em razão da ausência de fundamento jurídico a dar suporte a essa afirmação.

Explica BUSCHINELLI que, na jurisprudência, a classificação de um contrato como empresarial parece não obedecer a critérios específicos. A título de exemplo, o autor menciona dois acórdãos do Superior Tribunal de Justiça (aqui também mencionado como STJ), que entenderam empresariais os contratos *sub judice* apesar de um deles ter como uma das partes uma pessoa física, e do outro ter como partes fundações, que não são constituídas para fins econômicos[151].

Para fins de incidência normativa, o autor também reputa a diferenciação desnecessária. Além disso, o autor defende que a caracterização de um contrato como empresarial não é necessária, por exemplo, para justificar o afastamento de normas consumeristas, ou da aplicação de institutos que visam ao equilíbrio contratual, como a resolução por excessiva onerosidade superveniente[152].

O afastamento do Código de Defesa do Consumidor se opera – como demonstrado em item precedente – pela comprovação de que uma das partes não é consumidor nos termos da teoria finalista mitigada, e não pela caracterização do contrato como empresarial. O mesmo pode ser dito sobre a resolução por excessiva onerosidade superveniente, que não será aplicável caso se demonstre a inexistência de evento imprevisível no bojo do contrato concretamente analisado – considerando, para isso, a expertise das partes e a álea normal para o negócio contratado. Ou seja, também nesse caso seria prescindível a demonstração de que o contrato possua caráter empresarial.

[150] BUSCHINELLI, Gabriel Saad Kik, **Compra e venda de participações societárias de controle**, São Paulo: Quartier Latin, 2018, p. 248.

[151] BUSCHINELLI, Gabriel Saad Kik, **Compra e venda de participações societárias de controle**, São Paulo: Quartier Latin, 2018, pp. 250-252.

[152] BUSCHINELLI, Gabriel Saad Kik, **Compra e venda de participações societárias de controle**, São Paulo: Quartier Latin, 2018, pp. 253-254.

Diante disso, conclui o autor que "[*n*]ão *parece suficientemente claro, tampouco, em que medida o regime pertinente aos contratos empresariais deveria ser diverso*"[153]. Em especial considerando a variedade de contratos que poderia se inserir na categoria "empresarial", desde aqueles marcados pelo reduzido poder negocial de um dos contratantes, até aqueles em que há efetiva paridade entre as partes para negociação dos termos do contrato.

Partindo dos pontos de vista acima expostos, conclui-se que a diferenciação entre os contratos civis e empresariais como categorias autônomas é um tema difícil, ainda em construção. Se, de um lado, há aqueles que defendam a existência dessa categoria, em razão da persistência do direito empresarial como matéria autônoma, de outro há os que advogam pela inexistência, ou ao menos irrelevância de dita diferenciação.

De todo modo, entendemos que ainda que o contrato firmado por adesão seja considerado "empresarial" isto não impactará a aplicação do art. 424 do CC e a limitação à autonomia privada nele contida. Isso não significa dizer, contudo, que todos os contratos por adesão receberão tratamento idêntico. Isso se deve ao fato de que para a definição dos "*direitos resultantes da natureza do negócio*", cuja exclusão é vedada por referido artigo, será necessária a análise do negócio concretamente firmado pelas partes, como será explicado no próximo capítulo.

[153] BUSCHINELLI, Gabriel Saad Kik, **Compra e venda de participações societárias de controle**, São Paulo: Quartier Latin, 2018, p. 256.

2.
O Art. 424 do Código Civil

Tendo definido o que este trabalho entende por contrato por adesão, bem como o campo de aplicação do art. 424 do CC, é possível prosseguir à análise pormenorizada deste artigo, que, vale lembrar, estabelece que "*nos contratos de adesão, são nulas as cláusulas que estipulem a renúncia antecipada do aderente a direito resultante da natureza do negócio*". Para tanto, analisaremos o texto do art. 424 do CC visando a conferir o significado de cada uma das expressões nele empregadas, em busca dos limites por ele impostos à autonomia privada.

2.1. Renúncia antecipada

A renúncia é um negócio jurídico dispositivo "*pelo qual o titular de um direito extingue esse direito*"[154]. É caracterizada pela "*deixação do que é valor para alguém (direito, pretensão, ação, exceção), por manifestação de vontade, que é bastante, em si, para isso, pôsto que, de regra, seja receptícia*", bem como pela "*deixação de direito expectativo*"[155,156].

154 CAVALCANTI, José Paulo, **Da renúncia no direito civil**, Rio de Janeiro: Forense, 1958, pp. 11-12.

155 PONTES DE MIRANDA, Francisco Cavalcanti, **Tratado de direito civil**, tomo III, São Paulo: Revista dos Tribunais, 2012, pp. 215-216.

156 Os direitos expectativos são aqueles ainda não adquiridos, mas dependentes, para sua aquisição, de elementos alheios à vontade do titular. Em síntese, são "direitos a adquirir direito,

Por ser negócio jurídico unilateral, em tese, a renúncia, isoladamente, não repercute na esfera de pessoa diversa daquela do declarante, pois o direito abdicado pelo titular não se transfere[157]. Em razão disso, "[*d*]*iz-se que a função econômico-social da renúncia é a pura e simples abdicação, e não a transmissão ou atribuição a outrem daquilo que se renuncia*"[158].

Na prática, pode a renúncia repercutir na esfera jurídica de outrem[159], ainda que o benefício resultante de dita renúncia seja uma consequência, não estando nela conceitualmente incluso[160]. Caio Mário da Silva PEREIRA ilustra referida repercussão da seguinte maneira: "*o fiador, liberado pela renúncia do credor à garantia fidejussória, não adquire um direito, mas alarga a sua esfera de interesse, aliviando-se do encardo de solver o débito garantido*" [161].

Assim, se o titular do direito o renuncia com o intento de favorecer determinada pessoa – indiretamente, cumpre lembrar –, esta intenção é irrelevante, porquanto os efeitos da renúncia dela são independentes, pois previamente previstos pela lei[162]. Ademais, a renúncia, por resultar na extinção de um di-

sem que se precise, para isso, de ato humano", PONTES DE MIRANDA, Francisco Cavalcanti, **Tratado de direito civil**, tomo V, São Paulo: Revista dos Tribunais, 2013, pp. 347-348.

[157] "Dá-se a renúncia com a abdicação que o titular fez do seu direito, sem transferi-lo a quem quer que seja", PEREIRA, Caio Mário da Silva. **Instituições de direito civil**, vol. I, Rio de Janeiro: Forense, 2010, p. 402.

[158] JUNQUEIRA DE AZEVEDO, Antonio, **Novos estudos e pareceres de direito privado**, São Paulo: Saraiva, 2009, p. 91.

[159] "Na renúncia (...) a vantagem alheia tem caráter apenas ocasional, e o direito, ou a expectativa, de quem dele se demite, extingue-se em proveito daqueles cujo interesse estava, relativamente ao dele, numa posição subordinada ou comprimida, da qual eles ficam assim liberados, desvinculados", BETTI, Emilio, **Teoria Geral do Negócio Jurídico**, Campinas: Servanda, 2008, p. 422.

[160] PONTES DE MIRANDA, Francisco Cavalcanti, Renúncia à herança: existência, validade e eficácia, **Doutrinas Essenciais Família e Sucessões**, vol. 6, agosto/2011, pp. 135-142. Nesse sentido: "Qualquer vantagem que outro sujeito eventualmente venha auferir, não terá causa na renúncia, mas em outro título", CAVALCANTI, José Paulo, **Da renúncia no direito civil**, Rio de Janeiro: Forense, p. 16.

[161] PEREIRA, Caio Mário da Silva. **Instituições de direito civil**, vol. I, Rio de Janeiro: Forense, 2010, p. 402.

[162] PONTES DE MIRANDA, Francisco Cavalcanti, Renúncia à herança: existência, validade e eficácia, **Doutrinas Essenciais Família e Sucessões**, vol. 6, agosto/2011, pp. 135-142. Em sentido contrário, CAVALCANTI defende que se a vontade de benefício é declarada e aceita pelo beneficiário há doação, e se não é declarada, mas conhecida, haveria doação dissimulada, CAVALCANTI, José Paulo, **Da renúncia no direito civil**, Rio de Janeiro: Forense, p. 29. Neste trabalho, adotamos o posicionamento de Pontes de Miranda.

reito, não se presume – podendo ser expressa ou tácita, decorrendo de comportamento contundente do renunciante, mas jamais de presunção.

CAVALCANTI defende que a renúncia, sendo negócio jurídico abdicativo, não pode ser classificada como onerosa ou gratuita. Não pode ser um negócio jurídico oneroso pois não se compatibiliza com qualquer contraprestação: se uma aparente renúncia é acompanhada de contraprestação, há transação, ou mesmo cessão onerosa. Também não é negócio jurídico gratuito pois não há, através da renúncia, a concessão de vantagem a outrem, ou seja, o enriquecimento de um sujeito correspondente ao empobrecimento de outro, notas características da gratuidade. Conclui o autor que "*sendo manifestamente errôneo afirmar-se que a renúncia possa ser feita a título oneroso, é também incorreto que seja ela ato gratuito*"[163].

Considerando as notas características da renúncia acima listadas, é possível afirmar que a terminologia do Código Civil, ao se valer da expressão renúncia, não é constante. Assim como em outros ordenamentos[164], a lei não apenas designa com outras expressões casos que se encaixam no conceito de renúncia – deixação/extinção do direito (ou direito expectativo) sem transferi-lo a outra pessoa –, como também emprega a palavra "renúncia" em casos em que não se verifica o abandono de um direito.

Citemos um exemplo do Código Civil: o art. 682, I prevê que cessa o mandato "*pela revogação ou pela renúncia*" sendo complementado pelo art. 688 no qual consta que "*a renúncia do mandato será comunicada ao mandante* (...)". O que há na situação descrita pelos artigos transcritos não é renúncia de um direito, mas a resilição de um contrato pela vontade unilateral do mandatário.

A partir desse exemplo, é possível perceber a falta de precisão técnica do Código Civil ao tratar da renúncia, fazendo o uso do termo em situações em que alguém altera (e, em alguns casos, agrava), de alguma forma, sua situação jurídica mediante omissão ou declaração de vontade. Em decorrência disso, denomina-se, atecnicamente, como renúncia diversos institutos em que se verifica um "*elemento abdicativo, renunciativo (de renuntium, o que traz ou leva novidade, novum)*"[165].

[163] CAVALCANTI, José Paulo, **Da renúncia no direito civil**, Rio de Janeiro: Forense, pp. 38-45.

[164] TUHR, Andreas Von, **Derecho Civil: Teoría General del Derecho Civil Aleman**, vol. II, Tradução do alemão por Tito Ravà, Buenos Aires: Depalma, 1947, pp. 293-294.

[165] PONTES DE MIRANDA, Francisco Cavalcanti, **Tratado de direito civil**, tomo III, São Paulo: Revista dos Tribunais, 2012, p. 215. A falta de precisão do legislador desencadeia, ainda,

A distinção entre as renúncias verdadeiras e as hipóteses que a lei denomina de renúncia tem diversas consequências, dentre as quais: **(i)** a renúncia apenas pode ser interpretada de forma restritiva, por força do art. 114 do CC[166]; e **(ii)** para que a renúncia possa ser realizada por representante do titular do direito (ou direito expectativo), o mandatário deve estar investido de poderes expressos e especiais para esta finalidade[167] – não bastando possuir poderes para transigir[168].

Face às imprecisões terminológicas da lei, e a relevância de apurar se, ao falar de renúncia, determinada previsão legal o faz de forma técnica, passemos a essa verificação no que diz respeito ao art. 424 do CC, objeto deste trabalho, o qual prevê serem, nos contratos por adesão, "*nulas as cláusulas que estipulem a renúncia antecipada do aderente a direito resultante da natureza do negócio*". Ou seja, passemos a investigar se o Código, ao usar a expressão "renúncia", no art. 424, o fez de forma técnica.

Ao iniciar essa análise, chama a atenção o fato de que a renúncia prevista pelo art. 424 do CC será redigida não pelo titular do direito, mas sim por "terceiro", que, na prática, é aquele que com ela se beneficia – ainda que indiretamente. Contudo, tendo definido no capítulo 1.1 que a aceitação, pelo aderente, do contrato elaborado por sua contraparte é declaração de vontade, o fato de a renúncia não ter sido inicialmente elaborada por aquele que dispõe de seu direito, não seria suficiente para descaracterizá-la.

a discussão acerca da possibilidade de caracterizar determinadas figuras como renúncia. A remissão de dívida, caracterizada pela "renúncia" ao débito, é entendida por CAVALCANTI como renúncia em sentido estrito, mas não é assim entendida por PONTES DE MIRANDA, em razão de a remissão de dívida poder configurar negócio jurídico unilateral ou bilateral, descaracterizando-a, PONTES DE MIRANDA, Francisco Cavalcanti, **Tratado de direito civil**, tomo III, São Paulo: Revista dos Tribunais, 2012, pp. 215-216 e CAVALCANTI, José Paulo, **Da renúncia no direito civil**, Rio de Janeiro: Forense, 1958, pp. 73-74.

166 Art. 114. Os negócios jurídicos benéficos e a renúncia interpretam-se estritamente.

167 "[O] representante pode estar ou não investido dos poderes necessários à prática do ato falsamente havido como renúncia e que poderia ou não poderia, entretanto, praticar, se o ato, em verdade, fosse renúncia, por dispor ou não dispor dos poderes especiais indispensáveis à realização desta", CAVALCANTI, José Paulo, **Da renúncia no direito civil**, Rio de Janeiro: Forense, 1958, pp. 145-147.

168 Art. 661, §1º do CC: "os poderes para transigir não bastam para renunciar, porque na transação há reciprocidade de sacrifícios, enquanto na renúncia o sacrifício é somente do renunciante".

Adicionalmente, também é objeto de preocupação o fato de que a renúncia vedada pelo art. 424 do CC está incluída em um contrato, notadamente, um negócio jurídico bilateral. Tal fato, contudo, não exclui – *per se* – a possibilidade de o termo ter sido empregado corretamente, pois uma renúncia pode estar inserida no bojo de uma relação contratual. Como alerta PONTES DE MIRANDA, "*[a] construção da renúncia "bilateralizada" é a de renúncia mais negócio jurídico bilateral*". Assim, continua o autor, ainda que inserta em um negócio jurídico oneroso, a renúncia continuaria unilateral[169]. Contudo, no contexto de um contrato, torna-se bastante tênue a linha entre benefício direto ou indireto de uma renúncia, pois esta muito provavelmente terá efeitos sobre o sinalagma contratual.

Com isso em mente, passemos à questão fulcral para verificação da pertinência do termo adotado pelo Código Civil no art. 424: ao afastar, quando da assinatura do contrato, "*direito [do aderente] decorrente da natureza do negócio*", há extinção de um direito ou direito expectativo? Entendemos que não.

Não pode ser considerada renúncia a "*mera não aquisição de um direito se com isso não se extingue um direito expectativo*"[170] ou a exclusão do nascimento de um direito que "*surgiria em virtude de uma norma dispositiva e salvo acordo em sentido contrário das partes*"[171].

Ademais, ainda que se considere que, no momento da contratação, a inclusão de uma proteção legal gera um direito (ou pelo menos um direito expectativo), a verdade é que uma norma dispositiva não é necessariamente aplicável ao contrato; "*[q]uem contrata contra a lei dispositiva 'antepõe' o regime pactuado ao legal, que torna-se, necessariamente, supletivo*"[172].

[169] PONTES DE MIRANDA, Francisco Cavalcanti, **Tratado de direito civil**, tomo III, São Paulo: Revista dos Tribunais, 2012, p. 218.

[170] Tradução livre, ENNECCERUS, Ludwig, **Derecho civil: Parte General**, vol. 2, t. I, Tradução do alemão por Blas Pérez González e José Alguer, Barcelona: Bosch, 1935, p. 36.

[171] Tradução livre, TUHR, Andreas Von, **Derecho Civil: Teoría General del Derecho Civil Aleman**, vol. II, Tradução do alemão por Tito Ravà, Buenos Aires: Depalma, 1947, p. 297. No mesmo sentido: "Não há, ainda, renúncia, quando ao constituir-se uma relação jurídica, se exclui o nascimento de um direito que, sem tal exclusão voluntária, surgiria, em virtude de norma legal dispositiva", CAVALCANTI, José Paulo, **Da renúncia no direito civil**, Rio de Janeiro: Forense, 1958, p. 91.

[172] Tradução livre, MARTÍNEZ DE VELASCO, J. Ignacio Cano, **La renuncia a los derechos**, Barcelona: Bosch, 1986, p. 106. O autor ainda afirma ser inevitável "advertir sobre a diferença entre o destinatário não admitir um direito oferecido pelo ordenamento, e renunciar a um

Tomemos como exemplo uma cláusula que afaste o regime dos vícios redibitórios: ao pactuar a avença, o aderente não possui direito ou direito expectativo a redibir o contrato ou abater proporcionalmente o preço, pois não há, naquele momento, vício a ser redibido. O que existe é uma proteção, prevista pelo ordenamento, da qual o adquirente pode se valer se e quando constatar a existência de um vício oculto em coisa recebida em virtude de contrato comutativo.

Dessa forma, podemos afirmar que o art. 424 do CC emprega o termo "renúncia" em um sentido não técnico. Isso ocorre, muito provavelmente, pois "*estamos diante de um processo que se assemelha à renúncia do direito no sentido de que alguém agrava sua situação jurídica mediante uma declaração de vontade*"[173].

2.2. A nulidade prevista pelo art. 424 do Código Civil

O ordenamento estabelece requisitos para a declaração negocial, cuja ausência leva à sua irregularidade, que acarreta uma grande variedade de sanções[174], sendo as principais a nulidade e a anulabilidade.

direito que já possui. No primeiro caso, é clara a impossibilidade de afirmar que o sujeito aceita ou rechaça o direito oferecido com o poder de disposição inerente ao conteúdo do próprio direito. Não possuindo o direito, carece, da mesma forma, do poder de disposição de aceitá-lo, adquirindo-o ou de rechaçá-lo, não o adquirindo. Mas, em síntese, dispõe da oferta e aceita ou rechaça o direito oferecido, ou seja, decide acerca de sua aquisição" (tradução livre), MARTÍNEZ DE VELASCO, J. Ignacio Cano, **La renuncia a los derechos**, Barcelona: Bosch, 1986, p. 32.

[173] Tradução livre, TUHR, Andreas Von, **Derecho Civil: Teoría General del Derecho Civil Aleman**, vol. II, Tradução do alemão por Tito Ravà, Buenos Aires: Depalma, 1947, p. 298.

[174] "Diante da falta de um requisito da declaração, o ordenamento jurídico pode determinar a nulidade, em qualquer de suas modalidades, inclusive anulabilidade, conforme se explorará adiante. Pode, porém, diferentemente: a) determinar a pena, por exemplo, se a viúva, ou a mulher cujo casamento se desfez por ser ou ter sido anulado, se casa antes do prazo de dez meses do término do casamento (arts. 183, XIV, e 226 do Código Civil); b) não estipular sanção, quando, então, se terá um ato simplesmente irregular; c) dar direito a indenização (por exemplo, art. 93 do Código Civil); d) estipular, como sanção – é um paradoxo – a própria validade do negócio, como ocorre na hipótese de dolo de ambas as partes (art. 97 do Código Civil)", JUNQUEIRA DE AZEVEDO, Antônio, **Negócio Jurídico e Declaração Negocial: noções gerais e formação de declaração negocial**, Tese para o concurso de professor titular de Direito Civil da Faculdade de Direito da Universidade de São Paulo, São Paulo, (s.c.p.), 1986, p. 110.

As nulidades podem ser classificadas em: (i) absolutas ou relativas – segundo possam ser alegados por qualquer interessado ou apenas em favor de quem se estabeleceu; (ii) manifestas/de pleno direito ou não manifestas/dependentes de sentença – conforme seja necessária decisão judicial; e, (iii) quanto aos efeitos, nulidades que impedem completamente a produção de efeitos dos negócios jurídicos (negócios nulos), ou que admitem provisoriamente a produção de efeitos (negócios anuláveis), ou que impedem a produção de efeitos para uma das partes (negócios claudicantes), ou que impedem a produção de efeitos para terceiros (negócios inoponíveis)[175].

A lei, contudo, apenas divide os negócios entre nulos e anuláveis (arts. 166 a 184 do CC), sem especificar qual das três classificações acima foi considerada – seja porque é possível vislumbrar a incidência de mais de uma classificação[176], seja porque o legislador, muitas vezes, opta por distinções de critério prático, e não científico. Assim:

> "Os atos nulos são os casos das nulidades mais graves, que, em princípio, correspondem às nulidades absolutas, às manifestas, ou de pleno direito, e às que impedem a produção de quaisquer efeitos *ab initio* (...). Atos anuláveis, são os casos de nulidades menos graves, que, em princípio, correspondem às nulidades relativas, às não manifestas, ou que dependem de sentença, e às que produzem efeitos provisórios"[177].

[175] JUNQUEIRA DE AZEVEDO, Antônio, **Negócio Jurídico e Declaração Negocial: noções gerais e formação de declaração negocial**, Tese para o concurso de professor titular de Direito Civil da Faculdade de Direito da Universidade de São Paulo, São Paulo, (s.c.p.), 1986, pp. 110-111.

[176] Nulidades podem ser arguidas por qualquer interessado, inclusive pelo Ministério Público, se operam de pleno direito, podendo ser conhecidas de ofício pelo magistrado; por tutelarem questões de ordem pública, não são suscetíveis de confirmação (insanáveis) e a ação para declará-la é imprescritível; ademais, um negócio jurídico nulo não é apto para produção de efeitos desde sua celebração (com exceções previstas em lei). Anulabilidades, por sua vez, podem ser arguidas apenas por aquele que delas se beneficiará; como o interesse tutelado é particular, podem ser confirmadas (sanáveis), e a demanda anulatória (de natureza desconstitutiva) é limitada pelo prazo decadencial de quatro anos; um negócio jurídico anulável produz efeitos até que seja proferida sentença anulando-o (artigos 168, 169, 172, 173, 173 e 177 do CC).

[177] JUNQUEIRA DE AZEVEDO, Antônio, **Negócio Jurídico e Declaração Negocial: noções gerais e formação de declaração negocial**, Tese para o concurso de professor titular de Direito Civil da Faculdade de Direito da Universidade de São Paulo, São Paulo, (s.c.p.), 1986, p. 111.

Em razão das imprecisões do legislador ao distinguir nulidade e anulabilidade, as características acima listadas não se verificam de maneira uniforme, "*[e]specialmente, a falta de distinção entre nulidade absoluta e relativa, de um lado, e nulidade de pleno direito e dependente de declaração de outro, gera perplexidades até hoje não solucionadas*"[178]. Citemos alguns exemplos. O Código prevê consequências distintas para o mesmo vício: a incapacidade absoluta do agente, causa de nulidade (art. 166, I do CC[179]), leva à anulabilidade do matrimônio (art. 1.550 do CC[180]); enquanto a nulidade do negócio jurídico firmado com incapaz pode ser pronunciada incidentalmente e de ofício pelo juiz, o casamento apenas pode ser anulado mediante ação direta, na qual será nomeado curador para defesa do incapaz[181].

Há casos em que, ainda que a lei fale em nulidade, esta não pode ser arguida na forma do art. 168 do CC[182]: no caso de legado deixado por pessoa casada a quem seja seu concubino (art. 1.900, V do CC[183]), são legitimados para pleitear a nulidade em juízo apenas o cônjuge e os descentes, não tendo eficácia *erga omnes*[184]. O mesmo pode ser dito da previsão do art. 1.691, *caput*, combinado com o parágrafo único do mesmo artigo do CC[185], que limita quem poderia pleitear a nulidade dos atos ali previstos. Assim, apenas os filhos, os

[178] JUNQUEIRA DE AZEVEDO, Antônio, **Negócio Jurídico e Declaração Negocial: noções gerais e formação de declaração negocial**, Tese para o concurso de professor titular de Direito Civil da Faculdade de Direito da Universidade de São Paulo, São Paulo, (s.c.p.), 1986, p. 113.

[179] Art. 166. É nulo o negócio jurídico quando: I – celebrado por pessoa absolutamente incapaz.

[180] Art. 1.550. É anulável o casamento: I – de quem não completou a idade mínima para casar; II – do menor em idade núbil, quando não autorizado por seu representante legal; (...) IV – do incapaz de consentir ou manifestar, de modo inequívoco, o consentimento.

[181] PEREIRA, Caio Mário da Silva. **Instituições de direito civil**, vol. I, Rio de Janeiro: Forense, 2010, p. 551.

[182] Art. 168. As nulidades dos artigos antecedentes podem ser alegadas por qualquer interessado, ou pelo Ministério Público, quando lhe couber intervir.

[183] Art. 1.900. É nula a disposição: V – que favoreça as pessoas a que se referem os arts. 1.801 e 1.802.

[184] MELLO, Marcos Bernardes de, **Teoria do Fato Jurídico: Plano da Validade**,14ª ed. São Paulo: Saraiva, 2015, p. 102.

[185] Art. 1.691. Não podem os pais alienar, ou gravar de ônus real os imóveis dos filhos, nem contrair, em nome deles, obrigações que ultrapassem os limites da simples administração, salvo por necessidade ou evidente interesse da prole, mediante prévia autorização do juiz. Parágrafo único. Podem pleitear a declaração de nulidade dos atos previstos neste artigo: I – os filhos; II – os herdeiros; III – o representante legal.

herdeiros e o representante legal podem pedir a declaração de nulidade dos atos mencionados no artigo, tratando-se de "*hipótese que não poderia ser pleiteada por qualquer interessado, nem pelo Ministério Público, nem est[aria] o juiz autorizado a decretá-la, de ofício*"[186].

A partir dos exemplos acima, é possível afirmar que as regras gerais do regime de nulidade/anulabilidade podem ser assim resumidas: a nulidade se opera de pleno direito, invalidando o ato desde sua formação, podendo ser pleiteada por qualquer interessado e declarada de ofício pelo magistrado em ação declaratória ou incidentalmente; a anulabilidade, por sua vez, apenas pode ser arguida pela parte prejudicada, dentro do prazo decadencial previsto em lei (quatro anos), sendo necessária ação própria, de natureza constitutiva. Nas hipóteses em que o ordenamento entendeu pertinente regular as invalidades de forma distinta da regra geral, o fez expressamente – acarretando incongruências terminológicas, ainda que pontuais[187].

A consequência prevista pelo art. 424 do CC às cláusulas que, em contratos por adesão, afastem a aplicação de regras dispositivas favoráveis ao aderente, é a nulidade. A sanção a referidas cláusulas, que desrespeitam os limites impostos pelo ordenamento à autonomia privada, assim, está no plano[188] da validade e não da existência[189] ou da eficácia[190].

186 VELOSO, Zeno, **Invalidade do negócio jurídico: nulidade e anulabilidade**, 2ª ed. Belo Horizonte: Del Rey, 2005, p. 111.

187 "Mesmo os escritores que não se têm deixado seduzir pelas críticas endereçadas à doutrina tradicional reconhecem suas deficiências. Mas observe também que, se falta absoluto rigor à teoria clássica, nenhuma outra foi encontrada, estabelecida ou esboçada para substituí-la, e, pois, o que se deve ter presente é que os conceitos tradicionais ainda são e devem ter-se por constitutivos de um sistema conveniente. Tem dado bons resultados, bastando comedimento e bom senso na sua aplicação", PEREIRA, Caio Mário da Silva, **Instituições de direito civil**, vol. I, Rio de Janeiro: Forense, 2010, p. 552.

188 O exame de qualquer fato jurídico deve ser feito em dois planos: verificar se reúne elementos para que de fato exista (elementos de existência); verificar se ele passa a produzir efeitos (plano da eficácia). O negócio jurídico é um caso especial de fato jurídico, pois seus efeitos estão na dependência dos efeitos manifestados como queridos, devendo a declaração preencher uma série de requisitos. Assim, há um plano peculiar ao negócio jurídico: o plano da validade, que se coloca entre os planos da existência e eficácia. Nas palavras de JUNQUEIRA DE AZEVEDO: "[...] já que seus efeitos [do negócio jurídico] estão na dependência dos efeitos que foram manifestados como queridos, o direito, para realizar essa atribuição, exige que a declaração tenha uma série de requisitos, ou seja, exige que a declaração seja válida" (...) "Plano da existência, plano da validade e plano da eficácia são os três planos nos quais a mente

Portanto, é possível perceber que não há uma exceção expressa, nesse artigo ou no capítulo em que ele se insere, ao regime geral das nulidades, indicando que o legislador objetivou a sua incidência de forma integral. Ademais, a nulidade como consequência para cláusulas no contrato por adesão que desrespeitem os limites legais pode também ser depreendida do fato de que a invalidade de tais cláusulas pode ser arguida por qualquer interessado, o que ocorre, através de ação declaratória de nulidade[191] ou mesmo de forma incidental[192].

humana deve sucessivamente examinar o negócio jurídico, a fim de verificar se ele obtém plena realização", JUNQUEIRA DE AZEVEDO, **Negócio Jurídico: Existência, Validade e Eficácia**, São Paulo: Saraiva, 2000, p. 24.

189 "Há regras jurídicas que limpam o campo dos atos jurídicos mais rigorosamente do que com as sanções de nulidade, anulabilidade e rescindibilidade. São as regras jurídicas que mandam considerar-se não-escrita alguma manifestação de vontade, ou comunicação de vontade, de conhecimento, ou de sentimento, ou parte dela. A técnica jurídica lança mão, aí, de expediente externo, que é o de jogar a manifestação ou comunicação, ou a parte dela, no conjunto das manifestações ou comunicações ou partes inexistentes, em vez de só as empurrar para o conjunto complementar das manifestações ou comunicações não-válidas e rescindíveis. O ato, tido por nulo, é; o não-escrito não é, não existe. A eficácia da sentença que o proclama, é declarativa; e não constitutiva negativa", PONTES DE MIRANDA, Francisco Cavalcanti, **Tratado de direito civil**, tomo IV, São Paulo: Revista dos Tribunais, 2012, p. 74.

190 Analisando o direito Francês, anteriormente à reforma legislativa do direito das obrigações de 2016, BERLIOZ defendia – e encontrava respaldo na jurisprudência – a não oponibilidade das cláusulas prejudiciais ao aderente e não sua nulidade, pois, para o autor, a nulidade poderia simplesmente liberar o estipulante de sua obrigação, enquanto a inoponibilidade permitiria uma solução mais satisfatória que a nulidade parcial. Ainda, a não oponibilidade corresponderia à exigência de confiança que é inerente aos contratos por adesão, BERLIOZ, Georges, **Le contrat d'adhesion,** Paris: Libreirie Generale de Droit et de Jurisprudence, 1976, pp. 67-68 e 175-176. Atualmente, o art. 1171 do *Code Civil* reputa como não escritas, ou seja, inexistentes, as cláusulas que, predispostas pelo proponente, criem um desequilíbrio relevante entre os direitos e obrigações das partes. No direito alemão, por força do §307 do BGB a consequência às cláusulas vedadas nos contratos por adesão é a ineficácia.

191 Podemos citar como exemplo a apelação nº 0044357-37.2015.8.26.0100, de relatoria do desembargador Milton Carvalho, da 36ª Câmara de Direito Privado, julgado em 11/12/2017. No caso, a parte Autora, aderente, ingressou com ação declaratória de nulidade para questionar a validade de cláusula de renovação automática inserida em contrato de adesão.

192 Podemos citar como exemplo a apelação nº 1043230-47.2015.8.26.0100, de relatoria do desembargador Felipe Ferreira, da 37ª Câmara Extraordinária de Direito Privado, julgado em 19/02/2018. No caso, a Autora, aderente de um contrato de prestação de serviços, pleiteava sua resilição antes do termo final pactuado. Incidentalmente, requereu-se a declaração de nulidade da cláusula que obstava a resilição, pois aplicável apenas à parte aderente.

No que diz respeito aos efeitos das cláusulas nulas nos contratos por adesão, não se nega que dificilmente será possível ao aderente confrontar sua contraparte, extrajudicialmente, para declarar nula a cláusula, pois "*não é porque opera de pleno direito que a nulidade fica a salvo de uma verificação judicial*", especialmente nos casos em que as cláusulas nulas tenham aparência de válidas, devendo-se, para concluir-se pela nulidade, examinar-se as provas disponíveis[193] – cenário bastante frequente nos contratos por adesão, em razão da necessidade de verificação, prévia à declaração de nulidade, de quais são os direitos decorrentes da natureza do negócio, *in concreto* e em abstrato.

Apesar da necessidade prática de declaração de nulidade pelo magistrado, a verdade é que não havendo qualquer exceção prevista em lei, as cláusulas nulas, por força do art. 424 do CC, nos contratos por adesão não geram efeitos desde a sua origem, "*até porque, juridicamente, efeitos não foram produzidos*", não sendo a sentença que, declarando a nulidade, levará as cláusulas a não produzirem efeitos[194,195]. Por fim, sendo a nulidade a consequência prevista pelo ordenamento jurídico às cláusulas que, em contratos por adesão, afastem normas dispositivas relacionadas à natureza do negócio e favoráveis ao aderente, estas não são passíveis de convalidação ou confirmação[196].

193 VELOSO, Zeno, **Invalidade do negócio jurídico: nulidade e anulabilidade**, 2ª ed. Belo Horizonte: Del Rey, 2005, pp. 152-153.

194 VELOSO, Zeno, **Invalidade do negócio jurídico: nulidade e anulabilidade**, 2ª ed. Belo Horizonte: Del Rey, 2005, pp. 151-152.

195 Em sentido contrário, Valle FERREIRA defende inexistir nulidade de pleno direito, "tudo porque, mesmo inquinado do vício mais grave, o ato quase sempre conserva uma aparência de regularidade, que só pode ser destruída pela declaração do juiz. Esta presunção de regularidade, este respeito pelas aparências, é um dos grandes princípios da organização civil, cuja aplicação mais brilhante e frequente, segundo assinalou De Page (I, n. 96), encontramos na posse, um estado aparente do direito de propriedade, que às vezes é protegido até mesmo contra o *verus dominus*. A ideia de uma nulidade radical, ou de pleno direito, é peculiar ao fraseado romano, num tempo em que podia ser invocada a intervenção pretoriana para abrandar os rigores da lei", FERREIRA, Valle, Subsídios para o estudo das nulidades, **Revista da Faculdade de Direito da Universidade Federal de Minas Gerais**.

196 Apesar de se afirmar que por não serem passíveis de confirmação ou convalidação a arguição de nulidade é imprescritível, a doutrina chama atenção para o fato de que o direito não conhece direitos patrimoniais imprescritíveis, ainda que decorram de negócio/cláusula nulo/a. Assim, "sendo a prescrição instituída em benefício da paz social, não se compadece esta em que se ressuscite a pretensão, para fulminar o ato. Estão, pois, um contra o outro, dois princípios de igual relevância social: o não-convalescimento do ato nulo *tractu temporis*, e o perpétuo silêncio que se estende sobre os efeitos do negócio jurídico, também nulo *tractu*

No primeiro capítulo restou definido que os contratos sujeitos às limitações do art. 424 do CC são os civis e empresariais – tendo em vista que os contratos de consumo não apenas gozam de regramento específico, mas também em razão de a forma de contratação ser irrelevante para a nulidade de cláusulas vedadas pelo ordenamento naqueles contratos. Não havendo distinção, *a priori*, entre os contratos civis e empresariais para fins de incidência normativa, são idênticas, para tais contratos, as consequências previstas pelo ordenamento quando constatada a existência de cláusula vedada no contrato por adesão.

Ou seja, sendo o contrato civil ou empresarial, a consequência para cláusulas que afastem direitos do aderente decorrentes da natureza do negócio será sempre a nulidade. Nesse ponto, discordamos do posicionamento defendido por Klebler ZANCHIM no sentido de que nos contratos empresariais, a contratação por adesão nada significa, pois, sendo as partes livres, a forma de contratação não poderia ser utilizada como argumento de nulidade ou anulabilidade de cláusula.

Em síntese, o autor defende que "*[a]o firmarem contratos por adesão, é presunção absoluta que os empresários concordam com todos os termos da avença*"[197]. Também discordamos do posicionamento do autor quanto aos contratos civis, com relação aos quais ZANCHIM afirma que as restrições à autonomia privada incidiriam apenas em caso de que ele denomina "*paridade negativa*" entre os contratantes, que seria a carência de informações sobre o contrato e/ou o tipo contratual por ambas as partes[198].

A nulidade é a consequência imposta ao exercício da autonomia privada fora dos limites do ordenamento. "*Não podendo (ou não querendo) proibir em absoluto certas práticas contratuais indesejadas (...) o sistema jurídico pode, pelo menos, recusar seu manto protector à pretensão de exercer a autonomia negocial fora dos*

temporis. E, do confronte entre estas duas normas, igualmente apoiada no interesse da ordem pública, continuo sustentando que não há direitos imprescritíveis, e, portando, perante o novo Código, a declaração de nulidade prescreve em dez anos (art. 205)", PEREIRA, Caio Mário da Silva. **Instituições de direito civil**, vol. I, Rio de Janeiro: Forense, 2010, p. 542.

197 ZANCHIM, Kleber Luiz, **Contratos empresariais: categoria – interface com contratos de consumo e paritários – revisão judicial**, São Paulo: Quartier Latin, 2012, p. 121.

198 ZANCHIM, Kleber Luiz, **Contratos empresariais: categoria – interface com contratos de consumo e paritários – revisão judicial**, São Paulo: Quartier Latin, 2012, pp. 121-122.

limites por ele próprio demarcados"[199]. Sendo o regime das nulidades caracterizado *"pela relevância, em seus fundamentos, de interesse de ordem pública"*[200], não é possível afastá-lo em decorrência da classificação do contrato como civil ou empresarial.

Sendo a nulidade a sanção imposta às cláusulas que afastem direitos do aderente decorrentes da natureza do negócio, ao declarar referida nulidade, é defeso às partes pleitearem e ao magistrado se imiscuir na análise do contrato como um todo, bem como de revisar, com base no art. 424 do CC, o conteúdo mínimo do contrato – ou seja, a *"relação de equivalência estabelecida entre as partes entre prestação e contraprestação acordadas"*. Isso porque, o escopo do art. 424 *"é o de preservar a natureza do contrato e não o de defini-la em toda sua extensão"*[201]. Vigora, assim, o disposto no art. 184 do CC[202]: a invalidade parcial, por força do art. 424 do CC, não prejudica a parte válida do negócio[203].

Ainda neste tópico, cumpre endereçar recorrente fenômeno jurisprudencial consistente na "bilateralização" de cláusulas rotuladas como abusivas nos termos do art. 51 do CDC ou que estejam no campo de aplicação do art. 424 do CC. O exemplo clássico, objeto de positivação recente, é a previsão de cláusula penal em contratos de promessa de compra e venda de imóveis.

[199] RIBEIRO, Joaquim José Coelho de Sousa, **O problema do contrato: as cláusulas contratuais gerais e o princípio da liberdade contratual**, Coimbra: Almedina, 1999, p. 226.

[200] MELLO, Marcos Bernardes de, **Teoria do Fato Jurídico: Plano da Validade**,14ª ed. São Paulo: Saraiva, 2015, p. 117.

[201] ZANETTI, Cristiano de Souza, **Direito contratual contemporâneo – A liberdade contratual a sua fragmentação**, Rio de Janeiro: Forense, 2008, p. 262.

[202] Art. 184. Respeitada a intenção das partes, a invalidade parcial de um negócio jurídico não o prejudicará na parte válida, se esta for separável; a invalidade da obrigação principal implica a das obrigações acessórias, mas a destas não induz a da obrigação principal.

[203] Além disso, "[e]xtraído o elemento que vinha contaminado pela não observância do requisito de validade – se for o caso de ser separável a parte nula do todo, senão nulo será todo o negócio –, poderá caber ao intérprete (se a falta de disciplina for importante para a continuidade do contrato, a exigir algum substitutivo) o trabalho de colocar a prótese, de colmatar a lacuna surgida indiretamente, por fruto da amputação de elemento afetado pela invalidade", NITSCHKE, Guilherme Carneiro Monteiro, **Lacunas Contratuais e Interpretação**, São Paulo: Quartier Latin, 2019, pp. 270-271. A título de exemplo podemos citar a apelação nº 0147087-73.2008.8.26.0100, julgada pelo Tribunal de Justiça do Estado de São Paulo. No caso, reputou-se inválida a cláusula de juros de contrato de mútuo, dando origem a uma lacuna contratual, colmatada com base não apenas na lei, mas nos usos e costumes do negócio. Determinou-se, assim, a substituição da taxa considerada inválida pela "taxa média do mercado".

Em contratos firmados entre construtoras e os promitentes compradores dos imóveis ainda em fase de construção e que serão pagos de forma parcelada, era (e é) comum a previsão de cláusula penal em caso de atraso no pagamento das parcelas. Por outro lado, como tais contratos são, via de regra, elaborados pelas construtoras, não havia cláusula penal prevista em sentido oposto, qual seja, em caso de atrasos na entrega do imóvel a ser adquirido. Reputando que cláusulas penais cuja aplicação se restringia ao comprador geravam desequilíbrio contratual, o Superior Tribunal de Justiça fixou entendimento, em sede de recursos repetitivos, sobre a possibilidade de aplicação da multa contratual à construtora/vendedora em caso de atrasos na entrega do imóvel[204].

No entendimento dos Ministros, tendo em vista a complexidade contratual que envolve a incorporação e os contratos dela decorrentes – incluindo a promessa de compra e venda dos imóveis sob construção –, o incorporador desenvolve as atividades descritas na segunda parte do art. 3º do CDC ("*desenvolvem atividade de produção, montagem, criação, construção, transformação, importação, exportação, distribuição ou comercialização de produtos ou prestação de serviços*"). Ademais, no contexto da incorporação imobiliária, na visão da Corte, a "*velocidade na entrega*" atende aos interesses de ambas as partes do contrato.

Assim, sob a premissa de manutenção do equilíbrio contratual para adequada reparação do dano, seria possível tomar a cláusula penal estipulada em benefício de apenas um dos contratantes como um parâmetro objetivo, aplicável a ambos. A inversão, contudo, é feita de forma adaptada: não poderá a multa ser calculada em um percentual da obrigação principal, pois implicaria ao cálculo com base no valor do imóvel como um todo para a vendedora, e apenas sobre o valor da parcela ao consumidor. Ademais, não poderia a cláusula penal ser cumulada com indenização por lucros cessantes, pois o objetivo da cláusula penal moratória, nesses casos, seria de indenizar o consumidor[205].

[204] "A tese a ser firmada, para efeito do art. 1.036 do CPC/2015, é a seguinte: No contrato de adesão firmado entre o comprador e a construtora/incorporadora, havendo previsão de cláusula penal apenas para o inadimplemento do adquirente, deverá ela ser considerada para a fixação da indenização pelo inadimplemento do vendedor. As obrigações heterogêneas (obrigações de fazer e de dar) serão convertidas em dinheiro, por arbitramento judicial", REsp nº 1614721/DF, Segunda Seção, Rel. Min. Luis Felipe Salomão, julgado em 22 de maio de 2019.

[205] Em voto vencido, a Min. Maria Isabel Galotti pondera que a cláusula penal aplicável a apenas um dos contratantes nos contratos que envolvem incorporação imobiliária pode parecer violadora do equilíbrio contratual; contudo, uma análise mais aprofundada permite perceber

Sem adentrar nos diversos pontos de discordância que se possa ter com a decisão, direcionemos nossa atenção para a possibilidade de "bilateralização" ou inversão da cláusula penal reputada, expressamente, como *abusiva* pelo STJ para o contratante que estipulou o contrato e apenas seria seu beneficiário.

Desde logo cumpre dizer, ao considerar "inversão da cláusula penal", o que a decisão analisada faz é criar uma cláusula penal não prevista contratualmente. Isso porque, estar-se-ia aplicando, ainda que com os devidos ajustes (como base de cálculo)[206], cláusula prevista para obrigação de dar (pagar o preço) para uma obrigação de fazer (concluir a obra), e que não teria natureza moratória, mas compensatória – impedindo, inclusive, sua cumulação com lucros cessantes.

A decisão do STJ, ao entender pela possibilidade de considerar a cláusula penal fixada em benefício de uma parte como parâmetro para fixação da indenização a ser paga por inadimplemento dessa mesma parte, não faz referência ao art. 424 do CC, apesar de reconhecer que os contratos analisados foram firmados por adesão. Por outro lado, se vale de diversos artigos do CDC, dentre eles o art. 51 do diploma consumerista que, da mesma forma que o art. 424 do CC, prevê, no âmbito dos contratos de consumo, a nulidade como sanção para cláusulas que ultrapassem os limites impostos naquele diploma legal.

que são estipuladas em benefício da coletividade de contratantes, pois eventual insuficiência da poupança coletiva formada pelo pagamento das prestações é fato apto a inviabilizar o empreendimento. Assim, concluiu a Ministra não ser a cláusula penal "unilateral" *a priori* abusiva. Ademais, quanto à questão da possibilidade de inversão da multa prevista por atraso nos pagamentos, para atraso no empreendimento, concluiu que não haveria inversão, mas sim a criação de uma nova obrigação, pois não haveria simetria na aplicação da penalidade. Ademais, a solução legal para casos de abusividade é a nulidade da cláusula, e não sua inversão.

206 O voto vencedor do Relator, Min. Luis Felipe Salomão, conta com a seguinte conclusão "Assim, dou parcial provimento ao recurso especial para estabelecer a possibilidade de a autora, ora recorrente, optar pela indenização pelo período de mora, tomando-se como parâmetro a cláusula penal moratória estabelecida apenas em benefício da incorporadora, mediante liquidação por arbitramento, para prévia redução a dinheiro das prestações de natureza heterogênea a dinheiro, afastando-se, nesse caso, a condenação ao pagamento de lucros cessantes. Em vista da sucumbência recíproca, arbitro os honorários advocatícios em 14% do valor atualizado da causa, repartidos pela metade entre os patronos das partes litigantes, observada eventual gratuidade de justiça".

Aplicando do art. 51 do CDC, o STJ justifica ser abusiva cláusula que estabeleça sanções em caso de descumprimento apenas em desfavor do consumidor.

A decisão ainda menciona a diretiva 93/13/CEE da União Europeia, que dispõe sobre cláusulas abusivas nos contratos por adesão celebrados com consumidores. Esse diploma prevê como consequência às cláusulas reputadas como abusivas a não vinculação do consumidor, subsistindo o restante do contrato como celebrado, se possível.

Verifica-se, assim, que a consequência imposta pelo ordenamento – e não apenas o brasileiro – às cláusulas reputadas abusivas, e que causam um desequilíbrio nas obrigações previstas no contrato de consumo por adesão, é a nulidade, não a criação de obrigações contratuais não acordadas pelas partes. Fosse o contrato civil ou empresarial, e concluindo a Corte que a imposição da cláusula penal apenas à parte aderente resultaria em previsão que afastasse direito decorrente da natureza do negócio, seria igualmente a nulidade a consequência aplicável[207].

A decisão do STJ, assim, merece críticas, pois firma entendimento, que deverá ser aplicado em todos os casos semelhantes ao apreciado, em descompasso com o que prevê a legislação, valendo-se do manto do equilíbrio contratual e respeito à boa-fé objetiva.

A discussão da "inversão" da cláusula penal nos contratos de incorporação restou parcialmente superada, com a edição da Lei 13.786/2016, conhecida popularmente como "Lei do Distrato", que trouxe previsão expressa quanto a penalidade aplicável à incorporadora/vendedora em caso de atraso na obra que supere cento e oitenta dias (semelhante a uma cláusula penal moratória)[208]. Contudo, apontar o equívoco da Corte em sua decisão permanece relevante, tendo em vista que todos os contratos firmados anteriormente à vigência da Lei do Distrato estão sujeitos ao entendimento fixado, que pode transbordar este caso e passar a ser aplicado em outros tipos contratuais firmados por

[207] "Além de a nulidade ser a consequência prevista expressamente em lei, a "bilateralização" "peca no realismo, pois impor a reciprocidade não é necessariamente é uma garantia de um verdadeiro equilíbrio do contrato", (tradução livre) STOFFEL-MUNCK, Philippe, **L'abus dans le contrat, essai d'une théorie**, Paris: LGDJ, 2000, p. 433.

[208] "1% do valor efetivamente pago à incorporadora, para cada mês de atraso" (art. 43-A, § 2º), valor este que não pode ser cumulado com a multa prevista para a hipótese de inexecução total da obrigação.

adesão e que prevejam a incidência de cláusula penal apenas para o descumprimento da parte aderente. Estar-se-ia, assim, decidindo em desacordo com o que foi pactuado pelas partes, e afastando a incidência de regime de nulidade previsto expressamente no art. 51 do CDC para os contratos considerados de consumo, e do art. 424 do CC para os contratos civis/empresariais.

O entendimento do STJ acima descrito não é capaz, assim, de alterar o posicionamento aqui defendido, de ser a nulidade a consequência legal para cláusulas previstas em contratos de adesão que resultem no afastamento das normas resultantes da natureza do negócio e estipulem direitos em favor do aderente.

2.3. Direito resultante da natureza do negócio

Como adiantado no primeiro capítulo, a adesão é uma forma de contratar, podendo o conteúdo do contrato pactuado nessa modalidade corresponder aos mais diversos tipos contratuais (legais ou sociais). A natureza do negócio a que se refere o art. 424 não é a "*natureza do contrato de adesão, mas a natureza do contrato que se contém no contrato de adesão*"[209].

A vedação à exclusão, nos contratos firmados por adesão, de obrigações inerentes à natureza do contrato firmado pelas partes é prevista em outros ordenamentos.

Como explicam NAUDE e LUBBE[210], a jurisprudência belga aplica essa vedação, ainda que limitada às "obrigações essenciais"[211], que não podem ser modificadas, e cuja responsabilidade não pode ser excluída.

O direito alemão, por sua vez, no §307 do BGB[212] – reprodução do §9 da AGBG – prevê que uma cláusula, em contrato por adesão, é ineficaz se,

209 MIRANDA, Custódio da Piedade Ubaldino, **Comentários ao Código Civil: dos contratos em geral (artigos 421 a 480)**, v. 5, São Paulo: Saraiva, 2013, p. 103.

210 NAUDE, Tjakie, LUBBE, Gerhard, Exemption Clauses – A Rethink Occasioned by Afrox Healthcare BPK v Strydom, **122 South African Law Journal**, 2005, p. 448.

211 Aqui o termo não é utilizado no sentido de elementos essenciais abordado neste trabalho.

212 Teste de razoabilidade do conteúdo
(1) As disposições em termos comerciais padrão são ineficazes se, contrariamente ao requisito de boa fé, prejudicarem injustificadamente a outra parte do contrato. Uma desvantagem injustificada também pode surgir se a disposição não for clara e compreensível.

contrariamente à boa-fé, resulta em desvantagem excessiva ao aderente, que é presumida se a cláusula limitar direitos ou deveres essenciais inerentes à natureza do contrato, fazendo com que a consecução do objetivo do contrato seja comprometida.

A *English Unfair Contract Terms Act* também prevê que uma parte não pode, por referência a um contrato por adesão, prestar sua obrigação de maneira substancialmente diferente da que se poderia razoavelmente esperar dele. Referida lei, ainda, considera ineficaz a cláusula de exclusão de responsabilidade para o que equivale, na lei inglesa, à garantia contra evicção – tendo em vista que uma cláusula que impede o comprador de reaver o preço em caso de evicção violaria a noção de troca, subjacente à contratação[213]. Verifica-se, assim, que a lei brasileira não está isolada no cenário internacional.

Necessário, portanto, investigar o que deve ser entendido, no direito brasileiro, como "*direitos resultantes da natureza do negócio*" – cujo afastamento implica a nulidade da cláusula contratual. Para tanto, dois serão os objetos de análise: (i) os elementos que formam o negócio jurídico (considerados *in*

(2) Em caso de dúvida, presume-se que existe uma desvantagem injustificada se uma provisão 1. não é compatível com os princípios essenciais da disposição estatutária da qual se desvia, ou 2. limita direitos ou deveres essenciais inerentes à natureza do contrato, a ponto de comprometer a consecução do objetivo do contrato.
(3) As subseções (1) e (2) acima, e as seções 308 e 309 aplicam-se apenas a disposições em termos comerciais padrão em caso de estes derrogarem ou complementarem as disposições legais. Outras disposições podem ser ineficazes com base na subseção (1) frase 2 acima, em conjunto com a subseção (1) frase 1 acima.
(tradução livre)

[213] 3. Responsabilidade decorrente de contrato.
(1) Esta seção se aplica a partes contratantes em que uma delas lida com os termos de negócios padrão por escrito da outra.
(2) Contra essa parte, a outra não pode, por referência a qualquer termo do contrato:
(a) quando ele mesmo violar contrato, excluir ou restringir qualquer responsabilidade sua em relação à violação; ou
(b) pretender ter direito a (i) tornar um desempenho contratual substancialmente diferente daquele que era razoavelmente esperado dele, ou (ii) em relação à totalidade ou parte de sua obrigação contratual, de não apresentar desempenho algum, exceto na medida em que (em qualquer um dos casos mencionados acima nesta subseção) o prazo do contrato satisfaça a exigência de razoabilidade.
(3) Esta seção não se aplica aos contratos de consumo (vide a provisão feita sobre tais contratos na seção 62 da Lei de Direitos do Consumidor de 2015).
(tradução livre)

abstrato); e (ii) os elementos resultantes da finalidade do contrato; tendo em vista a existência de uma correlação entre a natureza do negócio e a efetivação do objetivo fundamental do contrato, ou, em outras palavras, o escopo por ele perseguido.

2.3.1. Análise *in abstrato*

O negócio jurídico é formado por elementos, que podem ser assim divididos: (i) elementos gerais, comuns a todos os negócios; (ii) elementos categoriais, próprios de cada tipo; e (iii) elementos particulares, restritos a um negócio concreto, sem serem comuns a todos os negócios ou a certos tipos de negócio[214].

Os elementos gerais, imprescindíveis à existência de qualquer negócio jurídico[215], podem ser divididos em intrínsecos e extrínsecos. Os primeiros, são a forma da declaração negocial, o objeto, e as circunstâncias negociais – estas são entendidas como "*o que fica da declaração de vontade, despida da forma e do objeto, isto é, aquele quid, irredutível à expressão e ao conteúdo, que faz com que uma manifestação de vontade seja vista socialmente como destinada à produção de efeitos jurídicos*"[216]. Os segundos (elementos gerais extrínsecos) são o tempo, lugar e o agente.

Os elementos categoriais do negócio jurídico, por sua vez, são aqueles que caracterizam a natureza jurídica de um negócio, permitindo enquadrá-lo em um tipo ou em um dado grupo. "*Não resultam da vontade das partes, mas, sim, da ordem jurídica, isto é, da lei e do que, em torno desta, a doutrina e a jurisprudência constroem*"[217]. Estes elementos podem ser divididos entre essenciais e naturais.

[214] JUNQUEIRA DE AZEVEDO, **Negócio Jurídico: Existência, Validade e Eficácia**, São Paulo: Saraiva, 2000, p. 32.

[215] "Sem os citados elementos gerais, qualquer negócio torna-se impensável. Basta a falta de um deles para inexistir o negócio jurídico. Aliás, precisando ainda mais: se faltarem os elementos tempo ou lugar, não há sequer fato jurídico; sem agente, poderá haver fato, mas não ato jurídico; e, finalmente, sem circunstâncias negociais, forma ou objeto, poderá haver fato ou ato jurídico, mas não negócio jurídico", JUNQUEIRA DE AZEVEDO, **Negócio Jurídico: Existência, Validade e Eficácia**, São Paulo: Saraiva, 2000, p. 34.

[216] JUNQUEIRA DE AZEVEDO, **Negócio Jurídico: Existência, Validade e Eficácia**, São Paulo: Saraiva, 2000, p. 32.

[217] JUNQUEIRA DE AZEVEDO, **Negócio Jurídico: Existência, Validade e Eficácia**, São Paulo: Saraiva, 2000, p. 35.

Os elementos categoriais essenciais, servem para definir a categoria de negócio e, assim, caracterizam sua essência; são imprescindíveis, sob pena de o contrato sequer adentrar ao plano de existência, ao menos quanto ao tipo que as partes pretenderam celebrar. Os elementos categoriais naturais, embora defluam da natureza do negócio, podem ser afastados[218] pela vontade das partes sem que, por isso, o negócio mude de tipo:

> "Os elementos naturais são os que correspondem à índole de cada negócio jurídico, e que, portanto, embora não expressos, estão subentendidos; mas, as partes podem, desde que o declarem, excluí-los dele. A evicção, por exemplo, é elemento natural do contrato de compra e venda; se, num contrato dessa espécie, vendedor e comprador não aludiram à evicção, a sua existência se subentende; mas, é lícito às partes, expressamente, excluí-lo do contrato"[219].

Assim, os elementos naturais *"se agregam ao conteúdo contratual por presunção"*, presunção esta de que as regras supletivas nas quais estão previstos os elementos naturais compõem o conteúdo do contrato *"só podendo ser reconhecidas como afastadas em caso de declaração derrogatória das partes ou de a interpretação da intenção comum sugerir sua incompatibilidade com o todo contratual"*[220]. Eles podem estar ligados aos tipos contratuais, ou a categorias mais gerais – por exemplo: contratos bilaterais/unilaterais, execução imediata/ trato sucessivo, onerosos/ gratuitos. *"Daí que as fontes do conteúdo contratual não estejam ligadas apenas a*

[218] Cumpre observar que parte da doutrina defende haver uma categoria intermediária entre os elementos categoriais essenciais e os elementos categoriais naturais, que seriam elementos categoriais não essenciais à existência do contrato, mas que seriam inderrogáveis pelas partes – a consequência de sua derrogação, assim, seria a nulidade (por violação a norma cogente) e não a inexistência. Nesse sentido: FLUME, Werner, **El Negocio Juridico**: Parte general del Derecho civil, t. II, 4ª ed., Madrid: Fundación Cultural del Notariado, 1998, pp. 112-113; NITSCHKE, Guilherme Carneiro Monteiro, **Lacunas Contratuais e Interpretação**, São Paulo: Quartier Latin, 2019, pp. 245-247.

[219] MOREIRA ALVES, José Carlos, **Direito romano**, 18ª edição, Rio de Janeiro: Forense, 2018, p. 191.

[220] NITSCHKE, Guilherme Carneiro Monteiro, **Lacunas Contratuais e Interpretação**, São Paulo: Quartier Latin, 2019, p. 236.

tipos contratuais, mas igualmente a categorias que, na legislação, vêm reguladas pela disciplina geral dos contratos"[221].

Os elementos particulares são "*aqueles que, apostos pelas partes, existem em um negócio concreto, sem serem próprios de todos os negócios ou de certos tipos de negócio*"[222]. São exemplos tradicionais, por serem mais comuns e bem sistematizados na doutrina, a condição, o termo e o encargo. Distinguem-se dos elementos categoriais pois são sempre de caráter voluntário; seu campo adequado é, assim, o auto regramento da vontade, ou seja, onde só há regra jurídica dispositiva ou onde não há regra jurídica[223].

Como adiantado, os elementos gerais não podem ser objeto de disposição pelas partes, pois, sem eles, sequer existe o negócio jurídico. Do mesmo modo, não podem ser excluídos pela vontade das partes os elementos categoriais essenciais (inderrogáveis). Os elementos particulares, por sua vez, interessariam em menor medida.

Diante disso, podemos afirmar que "[*o*]*s termos do art. 424 remetem diretamente aos elementos categoriais derrogáveis, isto é, àqueles que normalmente compõem o quadro negocial, mas que, em princípio, podem ser afastados pelas declarações das partes*"[224]. Contudo, a limitação da abrangência da expressão "*direito resultante da natureza do negócio*" apenas aos elementos naturais do negócio jurídico reduziria sobremaneira o campo de incidência da norma.

Como o negócio jurídico não existe em abstrato, é necessário, para apurar os elementos decorrentes da natureza do negócio, descer alguns degraus na escada da abstração, pois "*a atenta consideração das peculiaridades do negócio jurídico concreto é essencial para que sua natureza possa ser definida e, como consequência, quais os direitos dela decorrentes*"[225], direitos cuja exclusão ou afastamento é vedada pelo art. 424 do CC.

[221] NITSCHKE, Guilherme Carneiro Monteiro, **Lacunas Contratuais e Interpretação**, São Paulo: Quartier Latin, 2019, p. 241.

[222] JUNQUEIRA DE AZEVEDO, **Negócio Jurídico: Existência, Validade e Eficácia**, São Paulo: Saraiva, 2000, p. 38.

[223] PONTES DE MIRANDA, Francisco Cavalcanti, **Tratado de direito civil**, tomo III, São Paulo: Revista dos Tribunais, 2012, p. 124.

[224] ZANETTI, Cristiano de Souza, **Direito contratual contemporâneo – A liberdade contratual a sua fragmentação**, Rio de Janeiro: Forense, 2008, p. 239.

[225] ZANETTI, Cristiano de Souza, **Direito contratual contemporâneo – A liberdade contratual a sua fragmentação**, Rio de Janeiro: Forense, 2008, p. 240.

Como destaca ZANETTI, a análise do contrato *in concreto*, possui relevante consequência: o "embaralhamento" da divisão entre elementos categoriais naturais e particulares. Com isso, "[*n*]*o caso concreto, o chamado elemento particular pode ser tão importante a ponto de decorrer de modo direto da natureza do contrato e, como consequência, não pode ser afastado pela vontade das partes quando gerar direitos para o aderente*"[226].

Nessa descida dos degraus da abstração, é necessário verificar de que modo o fim visado pelas partes do contrato afeta a análise e definição dos direitos decorrentes da natureza do negócio que não podem ser afastados pelo proponente. Isso porque "*para a adequada construção do conteúdo contratual (...) é de fundamental importância a consideração do fim do negócio jurídico*" que é considerado um "*elemento do conteúdo negocial global*" podendo ser parte do conteúdo expresso ou, como é mais comum, permanecer implícito[227]. É o que passaremos a fazer no próximo item.

2.3.2. Análise *in concreto*

Antes de prosseguirmos à verificação do papel do fim do contrato na análise dos elementos decorrentes da natureza do negócio, cujo afastamento é vedado pelo art. 424 do CC, é preciso conceituá-lo, diferenciando-o das noções de causa e motivo.

2.3.2.1. Causa, fim e motivo

Como explica COUTO E SILVA "[*o*] *direito moderno reelaborou a teoria da causa, com os dados do direito romano e medieval. Daí surgiram duas linhas de pensamento ou duas correntes (objetiva e subjetiva)*"[228].

A corrente subjetiva da causa foi acolhida na França, tornando-se a teoria clássica. Para os defensores dessa corrente a causa é razão determinante, ou motivação típica do ato praticado, que está objetivamente relacionada

[226] ZANETTI, Cristiano de Souza, **Direito contratual contemporâneo – A liberdade contratual a sua fragmentação**, Rio de Janeiro: Forense, 2008, p. 240.

[227] MARINO, Francisco Paulo De Crescenzo, **Interpretação do Negócio Jurídico**, São Paulo: Saraiva, 2011, pp. 118-119.

[228] COUTO E SILVA, Clóvis V. do, **Obrigação Como Processo**, FGV Editora, 2006, p. 48.

à espécie do negócio jurídico praticado, mas não equivale ao motivo. Essa concepção entende que a causa equivale à representação psicológica que fazem as partes concluir o negócio ou fim próximo para referida conclusão. A causa, assim, se confundiria com a prestação nos negócios onerosos, e com o *animus donandi* naqueles gratuitos. Em um contrato de compra e venda, a causa, para o vendedor, seria receber o preço, e para o comprador, receber a coisa, pouco importando os motivos que levaram cada uma delas a decidir pactuar o negócio jurídico.

Respondendo às críticas de que a causa, em sua acepção subjetiva, se confundiria com o objeto das obrigações, a doutrina francesa desenvolveu uma visão *subjetivo-objetiva* da causa que seria "*o fim que os declarantes pretendem*" (partindo da caraterização subjetiva), sendo, contudo, esse fim também objetivo "*porque, no contrato, por exemplo, é o fim comum, e não, o de cada contratante*"[229].

Por muitos anos, o Código Civil francês foi *causalista*, ou seja, considerava a causa como um requisito de validade do negócio jurídico[230], assim, o antigo art. 1.108 do Código Civil francês exigia uma "*causa lícita para a obrigação*", sendo ilícita quando "*proibida por lei, (...) contrária aos bons costumes ou à ordem pública*" (antigo art. 1.133). A causa funcionou, portanto, como forma de controle da licitude dos contratos, em especial daqueles cujo objeto era tabu na sociedade francesa, como "*os contratos de aluguel para funcionamento de casas de jogo ou de prostituição. Igualmente, as doações a concubinas, cuja finalidade seria contrária aos bons costumes*"[231].

No decorrer dos anos, o conceito de causa passou a ser utilizado pelas Cortes francesas para fundamentar decisões nos mais diversos casos que fugiam do conceito como formulado. Por exemplo, no caso conhecido como *Chronopost*, a Corte de Cassação afastou cláusula contratual que previa limitação da responsabilidade em um contrato de transportes por entender que referida cláusula teria como consequência a não vinculação de uma das

229 JUNQUEIRA DE AZEVEDO, Antônio, **Negócio Jurídico e Declaração Negocial: noções gerais e formação de declaração negocial**, Tese para o concurso de professor titular de Direito Civil da Faculdade de Direito da Universidade de São Paulo, São Paulo, (s.c.p.), 1986, pp. 127.

230 PENTEADO, Luciano de Camargo, **Doação com encargo e causa contratual: uma nova teoria do contrato**, 2ª ed., São Paulo: Revista dos Tribunais, 2013, p. 102.

231 VALIM, Thalles Ricardo Alciati, A doutrina da causa no direito francês pós-reforma, **Revista Jurídica Luso-Brasileira**, ano 5, nº 3, 2019, p. 1728.

partes ao contrato, por negar efeito à obrigação essencial. Não haveria, nos termos da decisão, causa real para a obrigação de pagamento – ainda que as partes tenham fixado uma contraprestação, qual seja, a entrega da coisa no local combinado[232].

Em razão da utilização da causa como justificativa genérica de diversas decisões pelos tribunais, a noção passou a ser fortemente criticada. *"Alegava-se tratar de noção imprecisa, indefinível, fonte de insegurança jurídica e arbítrio judicial"*, além de fator de distanciamento quando considerados os demais ordenamentos de países europeus, nos quais o conceito é pouco difundido ou aceito[233].

Com a reforma do direito das obrigações de 2016, a expressão "causa" foi suprimida do texto legal, dando lugar a um debate sobre a permanência do sistema francês como *causalista*. A conclusão é de que as funções tradicionalmente atreladas à causa foram mantidas, apesar da supressão da expressão *causa*, através dos conceitos de *"contrapartida acordada"* (art. 1.168 do Código Civil francês[234]) e *"fim contratual"* (*but* – art. 1.162[235])[236].

Analisado o desenvolvimento da teoria subjetiva da causa na França, passemos à teoria objetiva da causa, predominante na Itália e esboçada inicialmente por Emilio BETTI, para quem:

> "[A] causa ou a razão do negócio se identifica com a *função econômico-social* de todo o negócio, considerado despojado da tutela jurídica, na *síntese* dos seus elementos essenciais, como totalidade e unidade

232 RESTREPO AMARILES, David; BASSILANA, Eva Mouial; WINKLER, Matteo, The Impact of the French Doctrine of Significant Imbalance on International Business Transactions, **Journal of Business Law**, Issue 2, 2018, p. 155.

233 VALIM, Thalles Ricardo Alciati, A doutrina da causa no direito francês pós-reforma, **Revista Jurídica Luso-Brasileira**, ano 5, nº 3, 2019, p. 1731.

234 Art. 1.168 Nos contratos sinagmáticos, a falta de equivalência de benefícios não causa a nulidade do contrato, a menos que a lei preveja o contrário (tradução livre).

235 Art. 1.162 O contrato não pode derrogar a ordem pública nem por suas estipulações nem por sua finalidade, tenha ou não sido conhecida por todas as partes (tradução livre).

236 "Por isso, afirmações que podem ser encontradas na doutrina estrangeira no sentido de que a causa tenha sido "abandonada" pelo direito civil francês só fazem sentido se esse abandono a que se referem for meramente formal, com a omissão do termo em favor da preservação de todas as funções já reconhecidas e desenvolvidas anteriormente pela causa", VALIM, Thalles Ricardo Alciati, A doutrina da causa no direito francês pós-reforma, **Revista Jurídica Luso-Brasileira**, ano 5, nº 3, 2019, p. 1746.

funcional, em que se manifesta a autonomia privada A causa é, em resumo, a função de interesse social da autonomia privada. (...) Função econômico-social do tipo de negócio, como manifestação de autonomia privada, a qual é um fenômeno social antes de se tornar, com o reconhecimento, um fato jurídico"[237].

Assim, para BETTI a causa não pode ser apenas a função jurídica, caso contrário, não seria a síntese funcional dos elementos do negócio, mas a síntese dos efeitos jurídicos. Esta definição de causa foi, contudo, bastante criticada.

Em primeiro lugar, pois a relevância da função jurídica da causa vai além da verificação de quais os efeitos jurídicos que um negócio jurídico produz. É necessário verificar se ele, em concreto, pode produzir efeitos, ou se nasceu mal, "*por falta ou causa ilícita; ou se superou os limites da elasticidade do sistema causal*"[238]. Em segundo lugar, definir a causa apenas como função econômico-social típica, "*restringe o conceito de causa somente aos negócios patrimoniais*"[239], além de criar um inconveniente: se a causa equivale à função típica, os contratos legalmente típicos teriam sempre uma causa lícita, já os contratos atípicos ou especificidades contratuais que extrapolam o tipo, seriam deixadas de fora do alcance da causa[240].

Diante disso, ROPPO defende que a causa deve ser compreendida como "*causa concreta: não como a razão que abstratamente justifica cada contrato pertencente ao tipo contratual sob análise (...); mas como razão que concretamente justifica o contrato analisado, à luz das especificidades relevantes que o caracterizam*"[241].

De todos os conceitos de causa acima analisados, prevalecem, atualmente, dois, ambos de perfil objetivo: (i) causa abstrata, como função econômico-social típica do tipo negocial (como definida por BETTI); e (ii) causa concreta,

[237] BETTI, Emilio, **Teoria Geral do Negócio Jurídico**, Campinas: Servanda, 2008, pp. 263-264.

[238] COUTO E SILVA, Clóvis V. do, Teoria da causa no direito privado, **O direito privado brasileiro na visão de Clóvis do Couto e Silva**, Porto Alegre: Livraria do Advogado, 2014, pp. 62-63.

[239] COUTO E SILVA, Clóvis V. do, Teoria da causa no direito privado, **O direito privado brasileiro na visão de Clóvis do Couto e Silva**, Porto Alegre: Livraria do Advogado, 2014, pp. 62-63.

[240] ROPPO, Vincenzo, **Il Contratto**, Milano: Giuffrè Editore, 2011, p. 344.

[241] ROPPO, Vincenzo, **Il Contratto**, Milano: Giuffrè Editore, 2011, p. 344.

como o fim de cada negócio individualizado (como definida por ROPPO). Os conceitos, contudo, não são excludentes. "*A função abstrata e o fim concreto reportam-se a objetos distintos (a primeira, ao tipo negocial, a segunda, ao negócio jurídico individual), sendo, como tais, inconfundíveis e insubstituíveis*"[242].

Para evitar confusões entre a causa abstrata e a causa concreta, adotaremos, para a segunda, a denominação utilizada por JUNQUEIRA DE AZEVEDO: "*fim do negócio jurídico*"[243]. O fim do negócio jurídico é por ele definido como o "*resultado que, hipoteticamente, o negócio jurídico atingiria, se todos os efeitos, dele decorrentes, se concretizassem*", em outras palavras: "*o resultado a que se chegaria se os efeitos objetivamente visados pela declaração fossem levados até o fim*"[244].

ROPPO esclarece que o fim do negócio jurídico é a "*razão que concretamente justifica o particular contrato examinado, à luz das especificidades relevantes que o conotam (a troca de determinada coisa, por determinado preço, no particular contexto de circunstâncias, finalidade e interesses nos quais aquelas partes a pactuaram)*"[245]. Prossegue o autor afirmando que nos contratos onerosos e sinalagmáticos, por exemplo, o resultado visado pelas partes é, usualmente, "*a reciprocidade entre as vantagens e sacrifícios que o contrato traz às partes*", ou seja "*a troca entre prestação e contraprestação*"[246].

O fim do negócio jurídico possui diversas funções:

[242] MARINO, Francisco Paulo De Crescenzo, **Interpretação do Negócio Jurídico**, São Paulo: Saraiva, 2011, p. 126.

[243] JUNQUEIRA DE AZEVEDO, Antônio, **Negócio Jurídico e Declaração Negocial: noções gerais e formação de declaração negocial**, Tese para o concurso de professor titular de Direito Civil da Faculdade de Direito da Universidade de São Paulo, São Paulo, (s.c.p.), 1986, pp. 129.

[244] JUNQUEIRA DE AZEVEDO, Antônio, **Negócio Jurídico e Declaração Negocial: noções gerais e formação de declaração negocial**, Tese para o concurso de professor titular de Direito Civil da Faculdade de Direito da Universidade de São Paulo, São Paulo, (s.c.p.), 1986, pp. 107-108.

[245] Tradução livre, ROPPO, Vincenzo, **Il Contratto**, Milano: Giuffrè Editore, 2011, p. 344.

[246] Nos contratos de troca, "cada parte atribui direitos e assume obrigações em benefício da outra porque desta recebe a atribuição de um direito ou assunção de obrigações em seu favor: venda, locação, empreitada, seguro, contrato de trabalho, contratos de serviços (mandato, transporte, depósito e custódia, financiamento, etc.) contra pagamento; e diversos outros" (tradução livre), ROPPO, Vincenzo, **Il Contratto**, Milano: Giuffrè Editore, 2011, pp. 349-350.

"a) se ilícito, é, por ele, que se pode decidir pela nulidade dos negócios jurídicos simulados, fraudulentos, etc., como já dissemos[247]; b) se se torna impossível, o negócio deve ser considerado ineficaz; (...); c) é ainda o fim último que explica a pós-eficácia das obrigações; d) serve, finalmente, para interpretar corretamente o negócio concreto realizado pelos declarantes"[248].

Além disso, as finalidades individuais perseguidas pelas partes em cada negócio individual podem ser categorizadas em grupos, "*posto que os indivíduos não podem ser tão originais, de modo a serem absolutamente distintos uns dos outros, quanto a seus interesses econômicos*" [249]. Dessa forma, os contratos podem ser ordenados conforme as categorias de finalidades que perseguem "*dentro de uma sociedade e tempo determinados*", para isso, é necessário "*observar a conduta dos particulares e dela extrair regras generalizáveis sobre os propósitos que perseguem e as técnicas que utilizam para fazê-lo*"[250].

O propósito e finalidade perseguidos pelos particulares que compõem o fim do negócio jurídico não devem, contudo, ser confundidos com o mero motivo[251]. Este, deve ser entendido como a razão subjetiva da efetivação do

[247] Na fraude contra credores, por exemplo, a alienação de um bem não visa a simples transferência da propriedade, mas tem "como fim último o prejuízo dos credores", JUNQUEIRA DE AZEVEDO, Antônio, **Negócio Jurídico e Declaração Negocial: noções gerais e formação de declaração negocial**, Tese para o concurso de professor titular de Direito Civil da Faculdade de Direito da Universidade de São Paulo, São Paulo, (s.c.p.), 1986, p. 108.

[248] JUNQUEIRA DE AZEVEDO, Antônio, **Negócio Jurídico e Declaração Negocial: noções gerais e formação de declaração negocial**, Tese para o concurso de professor titular de Direito Civil da Faculdade de Direito da Universidade de São Paulo, São Paulo, (s.c.p.), 1986, p. 129.

[249] LORENZETTI, Ricardo Luis, **Tratado de los contratos**, Tomo I, Buenos Aires: Rubinzal-Culzoni, 2000, p. 23.

[250] LORENZETTI, Ricardo Luis, **Tratado de los contratos**, Tomo I, Buenos Aires: Rubinzal-Culzoni, 2000, p. 23.

[251] "O motivo é algo subjetivo irrelevante e remoto, porquanto permanece na esfera interna e subjetiva de cada contratante, não tendo chegado a ser revelado ou manifestado expressamente não tendo sido possível, tampouco, induzir sua existência. Por sua vez, o fim do contrato, enquanto resultado empírico pretendido ou conjunto de representações mentais das metas a se aspirar, ou bem é comum a ambos os contratantes, ou bem, sendo peculiar e particular de apenas um deles, foi por este revelado ou manifestado ao outro, de forma que o outro contratante o conheceu, bem como conheceu o caráter essencial ou básico que a consecução

negócio jurídico (obtenção de um prazer ou satisfação pessoal; atendimento de pedido feito por um ente querido; intenção de recompensar alguém por um favor prestado etc.). Por ser elemento subjetivo que não se percebe de forma visível não é, de regra, considerado pelo ordenamento jurídico[252]. Os motivos são relevantes "*quando expressos como razão determinante do ato ou sob a forma de condição*"[253]. Se expresso o motivo, sua não observância torna o adimplemento insatisfatório e imperfeito.

2.3.2.2.O papel do fim do negócio jurídico

Feita a diferenciação do capítulo anterior entre causa, fim e motivo, passemos ao papel desempenhado pelo fim do negócio jurídico na delimitação dos direitos "*resultantes da natureza do negócio*" cuja disposição pelo aderente é vedada pelo art. 424 do CC.

Para isso, tomemos de exemplo o direito português[254]. Nesse ordenamento, a análise das cláusulas relativamente proibidas nos contratos firmados por adesão, que decorrem de condições gerais de contratação, depende da prévia consideração do "*quadro negocial padronizado*" visando impedir que "*de forma*

de tal resultado possuía" (tradução livre), DÍEZ-PICAZO, Luis, Frustracíon del fin, Prefácio. **Estudos em homenagem ao Professor Doutor Rogério Soares**, Coimbra Editora, 2002.

252 "Motivos são as pré-intenções que dão ensejo ao negócio. O que é essencial ao negócio jurídico segundo o conceito desse não é motivo. (...) Ainda se o motivo é falso, não cabe repetir-se o que se deu. (...) O fato de conhecer ou de ser informado do motivo o outro figurante não o torna essencial, não lhe muda o caráter de motivo. Para isso, seria preciso que se desse como determinante ou como condição", PONTES DE MIRANDA, Francisco Cavalcanti, **Tratado de direito civil**, tomo III, São Paulo: Revista dos Tribunais, 2012, p. 160.

253 COUTO E SILVA, Clóvis V. do, **Obrigação Como Processo**, FGV Editora, 2006, p. 40.

254 Art. 15 São proibidas as cláusulas contratuais gerais contrárias à boa fé.
Art. 16 Na aplicação da norma anterior devem ponderar-se os valores fundamentais do direito, relevantes em face da situação considerada, e, especialmente:
a) A confiança suscitada, nas partes, pelo sentido global das cláusulas contratuais em causa, pelo processo de formação do contrato singular celebrado, pelo teor deste e ainda por quaisquer outros elementos atendíveis;
b) O objectivo que as partes visam atingir negocialmente, procurando-se a sua efectivação à luz do tipo de contrato utilizado.
Art. 19 São proibidas, consoante o quadro negocial padronizado, designadamente, as cláusulas contratuais gerais que: (...).
Art. 22 São proibidas, consoante o quadro negocial padronizado, designadamente, as cláusulas contratuais gerais que: (...).

inesperada para o aderente, a contraparte possa introduzir validamente no conteúdo contratual estipulações que ponham em causa, de forma directa ou indirecta, a consecução do objetivo visado com a celebração daquele tipo de contrato"[255].

Não se nega que esse juízo de valor não é realizado considerando apenas o contrato singularmente analisado[256], pois a lei portuguesa regula as cláusulas contratuais gerais abstratamente dispostas, e tem como premissa a sua utilização em uma série indefinida de contratos – não sendo unânime o entendimento sobre sua aplicabilidade aos contratos por adesão contratados individualmente[257]. Contudo, isso não impede a importação desse raciocínio, desde que adaptado à realidade brasileira, contemplando, na limitação prevista pelo art. 424 do CC, tanto os contratos por adesão precedidos por cláusulas contratuais gerais, quanto os que não o foram; e considerando, na verificação da finalidade visada pelas partes tanto o tipo contratual e o mercado em que se insere o contrato, quanto as circunstâncias específicas de cada contratação.

Como destaca MIRANDA, ao comentar o art. 424 do CC:

> "[A] natureza do contrato a que a lei se refere é um conceito misto, ora determinado pela *fattispecie* legal, ora indeterminado, a ser determinado pelo juiz em cada caso concreto, por forma a dizer quando se está diante de um direito, no contexto de cada contrato, que resulte da sua natureza, em face das circunstâncias concretas do caso a decidir"[258].

[255] RIBEIRO, Joaquim José Coelho de Sousa, **O problema do contrato: as cláusulas contratuais gerais e o princípio da liberdade contratual**, Coimbra: Almedina, 1999, p. 578.

[256] ALMEIDA COSTA, Mário Júlio de; MENEZES CORDEIRO, António, **Cláusulas contratuais gerais. Anotação ao Decreto-Lei 446/1985, de 25 de outubro**, Coimbra: Almedina, 1991, p. 46.

[257] Para RIBEIRO, mais do que a tutela do aderente, a regulação das cláusulas contratuais gerais no direito português tem como foco delimitar a conduta do predisponente como regulador de suas relações contratuais – que cria cláusulas que serão usadas de forma semelhante às normas legais, pois impostas. E, por afetar uma coletividade, as cláusulas contratuais gerais podem colocar em xeque o regime legal para uma generalidade de pessoas, RIBEIRO, Joaquim José Coelho de Sousa, **O problema do contrato: as cláusulas contratuais gerais e o princípio da liberdade contratual**, Coimbra: Almedina, 1999, pp. 471-472.

[258] MIRANDA, Custódio da Piedade Ubaldino, **Comentários ao Código Civil: dos contratos em geral (artigos 421 a 480)**, v. 5, São Paulo: Saraiva, 2013, p. 106.

Dessa forma, a finalidade do contrato conta com peculiar importância na busca pelos direitos decorrentes da natureza do negócio. Nos contratos *personalíssimos*, por exemplo, é imprescindível ter em mente que estes decorrem da confiança depositada pelo aderente no proponente. Assim, nesses contratos a possibilidade de cessão da posição, subcontratação, ou mesmo o cumprimento forçado da obrigação por terceiro (ainda que às custas do devedor) devem ser vistos de forma distinta, e com maior rigor.

Tendo em vista o papel desempenhado pelo fim do negócio, é possível afirmar que os direitos decorrentes da natureza do negócio vão além dos elementos naturais. Seja porque podem cruzar essa barreira e referir-se a elementos particulares, seja porque podem decorrer de uma prática reiterada do mercado, ou mesmo de determinado contratante – imprescindíveis na apuração do fim almejado pelas partes no negócio *in concreto*.

Podemos concluir, assim, que a limitação contida no art. 424 do CC diz respeito aos elementos categoriais derrogáveis e aos particulares que decorrem da natureza do negócio contratado – seja no sentido de elementos naturais, seja de conteúdo que legitimamente se espera contratar.

2.3.3. Os "*direitos resultantes da natureza*" do contrato de prestação de serviços

Após o estudo das limitações impostas pelo art. 424 do CC, entendemos pertinente verificar, de forma concreta, como elas se operam. Para tanto, elegemos o contrato de prestação de serviços como o tipo contratual cujos elementos serão analisados a fim de apurar quais são seus "*direitos resultantes*" cuja exclusão é vedada pelo art. 424 do CC.

2.3.3.1.O contrato de prestação de serviços

A expressão "prestação de serviços" é permeada de polissemia, que acompanha a falta de definição da palavra "serviços". Para o leigo, serviço significa atividade remunerada; socialmente, a palavra significa mais que a simples força de trabalho, incluindo outros contratos que se relacionam à prestação do serviço e tornando menos evidente a distinção que antes se tinha mais clara entre bens e serviços.

No direito privado, o Código Civil não traz explicitamente a noção de serviços, se limitando a definir de forma negativa a aplicabilidade do regime legal à prestação de serviços que não se sujeitar às leis trabalhistas ou à lei especial. Outros ramos do direito não se prestam a auxiliar a definição: no direito administrativo, o termo serviços se relaciona à atividade prestada pelo Estado, mediante órgãos da administração pública direta ou indireta; no direito tributário, serviços são as atividades listadas pela Lei Complementar 116/2003 (Lei do ISS), que, contudo, nem sempre observa a natureza jurídica dos contratos à luz do direito privado[259].

Observadas a realidade social e as normas em conjunto, é possível perceber que a expressão serviços designa um ato, um comportamento de fazer (ou não fazer). "*O fazer contido no serviço configura-se numa atividade, desvinculada de qualquer relação direta a um resultado esperado ou definido antecipadamente, o que transformaria esse contrato num outro, de empreitada*"[260]. Como esclarece PONTES DE MIRANDA, "*o que promete a obra deve o resultado. O que promete o serviço, ou o trabalho, deve a atividade mesma. (...) No contrato de locação de serviço, inclusive no contrato de trabalho, o tempo é elemento de toda relevância, não o resultado da atividade*"[261]. Contudo, o resultado pode ter alguma relevância no serviço, seja pela possibilidade de a *expertise* do prestador ser tomada em conta no momento

[259] Podemos citar como exemplo a previsão, declarada inconstitucional pelo STF (Súmula 31), de que a locação de bens móveis estaria sujeita ao Imposto Sobre Serviços. A discussão, contudo, persiste quanto à previsão de que está sujeita a tal imposto a "disponibilização, sem cessão definitiva, de conteúdos de áudio, vídeo, imagem e texto por meio da internet". Isso porque, muitos defendem que esse tipo de prestação se assemelha à locação de bens móveis, apesar de incorpóreos, não podendo ser considerada um serviço. Não haveria obrigação de fazer por parte das empresas que disponibilizam os conteúdos, apenas obrigação de dar, o que impossibilita a classificação desse tipo de contratação como serviços. Sob essa premissa, o Conselho Nacional de Política Fazendária (Confaz) editou o Convênio ICMS 106 de 29 de setembro de 2017, o qual disciplinou a cobrança do ICMS sobre comercialização de transferência de dados via internet, como softwares, programas, jogos eletrônicos, aplicativos e arquivos eletrônicos. A questão ainda será objeto de acalorados debates doutrinários e jurisprudenciais, mas serve a evidenciar a dificuldade em definir, de forma técnica, o que e quais são os contratos sujeitos ao tipo legal "prestação de serviços".

[260] BOLINA, Rosaní Rodrigues, **Contrato de prestação de serviços**, Dissertação de mestrado, Universidade de São Paulo, 2002, p. 22.

[261] PONTES DE MIRANDA, Francisco Cavalcanti, **Tratado de direito civil**, tomo XLVII, São Paulo: Revista dos Tribunais, 2012, p. 61.

da contratação, seja pela possível existência de padrões de qualidade a serem observados na execução do serviço.

Historicamente, o contrato de prestação de serviços pode ser considerado uma evolução da locação de escravos da antiguidade[262] – ainda que no passado o escravo fosse o objeto da locação, e não sua força de trabalho; consequentemente, quem recebia a remuneração pela locação era o dono do escravo (*locatio rei*), enquanto atualmente remunera-se o prestador. Há, ainda, quem defenda que a prestação de serviço teve sua origem no Digesto, no qual havia previsão de que a prestação da atividade humana poderia ocorrer através do mandato, do depósito e da locação-condução (transporte)[263]. Independentemente da origem a ser considerada, o contrato de prestação de serviços como concebido hoje se difere bastante de seus possíveis formatos iniciais.

São os pandectistas os responsáveis pela divisão do antigo contrato de locação romano em três tipos, "*a partir dos seus valores modernizantes, especialmente o seu ideal burguês de liberdade contratual* (*autonomia da vontade*)": coisas, serviços e obra (empreitada)[264]. A locação de coisas constituía obrigação de dar, enquanto a locação de serviços e obras, de fazer.

O modelo pandectista foi recebido no Código Civil de 1916, o qual não conferiu tratamento unitário à contratação da atividade humana. Assim, a prestação de serviços (entendida em seu sentido amplo[265]) "*serviu como suporte fático de pelo menos quatro dos principais modelos típicos: locação de serviços, empreitada, mandato e depósito*"[266]. Essa tipologia também foi recebida, em certa medida, pelo Código Civil de 2002, que alterou a denominação do tipo contratual de locação de serviços para prestação de serviços. Além de ter inserido o

[262] PONTES DE MIRANDA, Francisco Cavalcanti, **Tratado de direito civil**, tomo XLVII, São Paulo: Revista dos Tribunais, 2012, p. 57.

[263] TIMM, Luciano Benetti, **A prestação de serviços: do Código Civil ao Código de Defesa do Consumidor**, Rio de Janeiro: Forense, 2006, pp. 14-20.

[264] TIMM, Luciano Benetti, **A prestação de serviços: do Código Civil ao Código de Defesa do Consumidor**, Rio de Janeiro: Forense, 2006, p. 30.

[265] Apesar das diferenças quanto o conteúdo da obrigação assumida pelas partes, "um ponto comum estrutural salta aos olhos do bom observador: em todas elas, ajusta-se uma obrigação de fazer, isto é, a prestação de uma atividade humana a ser desenvolvida em favor de outrem", TIMM, Luciano Benetti, **A prestação de serviços: do Código Civil ao Código de Defesa do Consumidor**, Rio de Janeiro: Forense, 2006, p. 56.

[266] TIMM, Luciano Benetti, **A prestação de serviços: do Código Civil ao Código de Defesa do Consumidor**, Rio de Janeiro: Forense, 2006, p. 42.

tipo contratual em local que indica ser ele um gênero, seguido de suas espécies, trouxe novos tipos contratuais relacionados à prestação humana (em complementação àqueles já previstos no Código de 1916), como transporte, distribuição, comissão, corretagem e agência.

De todo modo, ao analisar as figuras do código que envolvem a prestação da atividade humana, é possível apontar três elementos comuns: (i) prestação de atividade humana em favor de outrem – obrigação de fazer; (ii) atividade desenvolvida por um profissional; e (iii) remuneração da prestação[267].

Além das características gerais dos contratos que envolvem a prestação humana, a análise do contrato de prestação de serviços também envolve os elementos do tipo contratual que decorrem da classificação geral dos contratos, e os elementos específicos do tipo contratual "prestação de serviços" (em seu sentido estrito). Para que as etapas da análise não se sobreponham, partiremos dos elementos da classificação geral, para aqueles que decorrem especificamente da prestação de serviços.

Do ponto de vista da classificação geral, são elementos do contrato de prestação de serviços: a bilateralidade, a onerosidade, a consensualidade, o caráter não-solene (exceto no que diz respeito a eventual cláusula compromissória, como será analisado ao final do capítulo), a tendência de ser um contrato de execução diferida quanto aos serviços objeto da prestação, mas não necessariamente quanto ao pagamento, e a possibilidade de ser firmado a prazo ou por tempo indeterminado.

O contrato é bilateral pois gera direitos e obrigações para ambas as partes: um dos contratantes se obriga a prestar um serviço ao outro[268], sem

[267] TIMM, Luciano Benetti, **A prestação de serviços: do Código Civil ao Código de Defesa do Consumidor**, Rio de Janeiro: Forense, 2006, pp. 57-58.

[268] Luciano TIMM defende existir diferenciação entre prestação de serviços e fornecimento de serviços, considerando que "neste último, uma das partes se obriga pelo serviço de outrem, e o adimplemento se dá com a colocação à disposição do credor desse serviço de terceiro, respondendo ele por *culpa in eligendo* em caso de inadimplemento", TIMM, Luciano Benetti, **A prestação de serviços: do Código Civil ao Código de Defesa do Consumidor**, Rio de Janeiro: Forense, 2006, p. 49. Discordamos da opinião do autor, pois, como será analisado, não sendo o contrato firmado *intuitu personae*, será irrelevante ao credor – em especial se contrata com pessoa jurídica – quem prestará o serviço pessoalmente, importando apenas que este seja prestado.

dependência técnica ou subordinação hierárquica[269], em troca de remuneração. Da bilateralidade decorrem direitos próprios dos contratos assim classificados, como a possibilidade, em determinadas hipóteses, de uma das partes valer-se da exceção do contrato não cumprido. O uso da exceção é, contudo, limitado em algumas modalidades de prestação de serviços, tendo em vista, por exemplo, os códigos éticos e profissionais aos quais o prestador está vinculado[270].

Outra característica do contrato é a onerosidade, que, nos termos do art. 594 do CC[271] e da opinião da doutrina, é elemento essencial do contrato de prestação de serviços, tanto que sua ausência implicaria a classificação do contrato em mandato, promessa de doação ou doação[272] ou mesmo contrato atípico[273]. Além disso, o fato de existir lei especial (Lei 9.608/1998[274]) que

[269] No que diz respeito elemento subordinação, que diferencia o contrato de trabalho do contrato de prestação de serviços, MANNRICH destaca que "no contrato de trabalho, está presente a dependência ou subordinação jurídica, sendo o trabalho prestado no âmbito da organização patronal, como fator de produção, utilizado para executar atividade prevista no contrato social; esse elemento inexiste no contrato de prestação de serviço", MANNRICH, Nelson, Distinções entre relação de emprego e contratos de prestação de serviços. Contratos atípicos no Direito Brasileiro e no Direito Comparado, in ANAN JUNIOR, Pedro, PEIXOTO, Marcelo Magalhães (coord), **Prestação de serviços intelectuais por pessoas jurídicas: aspectos legais, econômicos, tributários**, São Paulo: MP Ed, 2008, p. 170.

[270] LOPES, Teresa Ancona, **Comentários ao Código Civil: parte especial: das várias espécies de contratos–Arts. 565 a 652**, São Paulo: Saraiva, v. 7, 2003, p. 205. O advogado, por exemplo, não pode deixar de cumprir os prazos em processos judiciais sob justificativa de inadimplência de seu cliente. Nesses casos, ou o advogado denuncia o contrato ("renuncia o mandato"), devendo continuar cumprindo suas obrigações pelos dez dias subsequentes à denúncia, ou cobra seu cliente paralelamente ao exercício de suas atividades, sob pena de incorrer em infração disciplinar (art. 34, IX do Estatuto da Advocacia, Lei 8.906/1994).

[271] Art. 594. Toda a espécie de serviço ou trabalho lícito, material ou imaterial, pode ser contratada mediante retribuição.

[272] PONTES DE MIRANDA, Francisco Cavalcanti, **Tratado de direito civil**, tomo XLVII, São Paulo: Revista dos Tribunais, 2012, p. 69.

[273] GOMES, Orlando, **Contratos**, Rio de Janeiro: Forense, 2008, p. 356. Em sentido oposto: "Não é a gratuidade incompatível com o contrato civil de prestação de serviços (...) Aceitando que possa haver contrato civil de prestação de serviços, gratuito, frisamos contudo que tal não se presume jamais, havendo mister ajuste expresso neste sentido, pois não é curial que a prestação de atividade, com que alguém se enriquece, seja desacompanhada de retribuição", PEREIRA, Caio Mário da Silva, **Instituições de direito civil**, vol. III, Rio de Janeiro: Forense, 2003, p. 239.

[274] "Art. 1º Considera-se serviço voluntário, para os fins desta Lei, a atividade não remunerada prestada por pessoa física a entidade pública de qualquer natureza ou a instituição privada de

regula a prestação de serviços de maneira gratuita (serviço voluntário) evidencia ter sido necessária a criação de um tipo legal em separado daquele previsto no Código Civil, reforçando o caráter de elemento essencial da remuneração[275].

Diante disso, mesmo que nenhuma das partes do contrato tenha se manifestado sobre a remuneração quando da contratação, ela é presumida como querida, fixando a lei parâmetros para sua apuração, que deve ser calculada "*segundo o costume do lugar, o tempo de serviço e sua qualidade*"[276].

Diz-se que o contrato de prestação de serviços é consensual pois se aperfeiçoa com simples acordo de vontades, ainda que existam alguns tipos de serviços que dependam da transferência temporária da posse de um bem do patrimônio de uma das partes para a outra (p. ex. o serviço de lavanderia, que depende da entrega dos itens que serão objeto da prestação). Isso porque a transferência, nessas hipóteses, não é exigida para a formação do contrato de prestação de serviços, mas sim para seu adequado cumprimento.

Além de consensual, o contrato tem forma livre, ou seja, não possui forma prescrita em lei, podendo ser pactuado oralmente ou por escrito. Quando na forma oral, pode ser, inclusive, contratado tacitamente: "*[b]astam, portanto, atos. Uma vez que pela conduta o locador de serviços se manifestou e pela conduta se manifestou o locatário, concluído está o contrato*"[277]. No que se refere à forma escrita, cabem duas observações. A primeira, de menor relevo, diz respeito à necessidade de assinatura a rogo e de duas testemunhas do contrato de prestação firmado por escrito com parte que não saiba ler ou escrever. A segunda, que será objeto de análise mais aprofundada a seguir, é relativa ao requisito solene imposto à contratação de cláusula compromissória – independentemente do tipo contratual, a lei exige a contratação por escrito, e, nos contratos por adesão, impõe que a cláusula esteja redigida em destaque e conte com rubrica específica das partes[278].

fins não lucrativos que tenha objetivos cívicos, culturais, educacionais, científicos, recreativos ou de assistência à pessoa".

[275] LOPES, Teresa Ancona, **Comentários ao Código Civil: parte especial: das várias espécies de contratos–Arts. 565 a 652**, São Paulo: Saraiva, v. 7, 2003, pp. 204-205.

[276] Art. 596 do CC.

[277] PONTES DE MIRANDA, Francisco Cavalcanti, **Tratado de direito civil**, tomo XLVII, São Paulo: Revista dos Tribunais, 2012, p. 80.

[278] Lei 9.307/1996 – "Art. 4º A cláusula compromissória é a convenção através da qual as partes em um contrato comprometem-se a submeter à arbitragem os litígios que possam vir

No que concerne à duração é necessário cindir a análise nas duas principais obrigações do contrato de prestação de serviços: a prestação do serviço e a remuneração correspondente.

A remuneração, como explicado acima, é elemento essencial (ou categorial inderrogável) do contrato de prestação de serviços; sua ausência implica a classificação da avença em outro tipo contratual, ou mesmo em contrato atípico. A remuneração pode ser paga *"não só em dinheiro, como em dinheiro e outra qualquer contraprestação, ou em qualquer outra prestação sem haver parte em dinheiro"*[279]. A lei prevê que a retribuição será paga após a prestação do serviço, contudo, pode ser paga também adiantada ou em prestações. Contratos de prestação de serviços que tendem a se estender no tempo, têm como praxe a remuneração em prestações, seja em valor fixo mensal, seja em valor correspondente aos serviços prestados, apurado no que se costuma denominar "medição".

O serviço pode ser prestado em um único ato (instantâneo) ou perdurar no tempo (diferido/continuado). Na segunda hipótese, o contrato pode ser firmado a prazo ou por tempo indeterminado.

Nos casos em que o serviço é de execução diferida, o Código Civil impõe um prazo máximo de quatro anos, sendo o contrato firmado a prazo ou por tempo indeterminado (art. 598 do CC[280]). A previsão legal foi pensada tomando em conta o serviço prestado por pessoa física, bem como a realidade do país em que ainda são recorrentes casos de redução do prestador à condição análoga de escravo[281]. De todo modo, findo o prazo de quatro anos, podem as

a surgir, relativamente a tal contrato. § 1º A cláusula compromissória deve ser estipulada por escrito, podendo estar inserta no próprio contrato ou em documento apartado que a ele se refira. § 2º Nos contratos de adesão, a cláusula compromissória só terá eficácia se o aderente tomar a iniciativa de instituir a arbitragem ou concordar, expressamente, com a sua instituição, desde que por escrito em documento anexo ou em negrito, com a assinatura ou visto especialmente para essa cláusula".

[279] PONTES DE MIRANDA, Francisco Cavalcanti, **Tratado de direito civil**, tomo XLVII, São Paulo: Revista dos Tribunais, 2012, p. 90.

[280] Art. 598. A prestação de serviço não se poderá convencionar por mais de quatro anos, embora o contrato tenha por causa o pagamento de dívida de quem o presta, ou se destine à execução de certa e determinada obra. Neste caso, decorridos quatro anos, dar-se-á por findo o contrato, ainda que não concluída a obra.

[281] "A intenção da lei, orientada pela origem histórica do instituto ligado à escravidão, é evitar ligação indefinida do trabalhador com o dono do serviço. Na impede, no entanto, que findo o quatriênio novo contrato seja firmado. O objetivo da lei foi permitir que a relação seja

partes optar por renovar o contrato (expressa ou tacitamente)[282], ou contratar novamente sob outras regras. Por sua vez, se o prestador é pessoa jurídica, entendemos que seria possível realizar contratação por prazo superior ao previsto em lei.

Analisadas as características que decorrem da classificação geral, passemos aos elementos específicos dos contratos de prestação de serviços (entendidos em sentido amplo). Tendo em vista que a remuneração da prestação foi analisada dentro da classificação geral, resta tratarmos da prestação e do prestador.

A prestação, como define o Código Civil, consiste em "*toda a espécie de serviço ou trabalho lícito, material ou imaterial*" (art. 594). A menção a "trabalho lícito" – que replica o artigo do Código Civil de 1916 – mostra-se desnecessária, pois a ilicitude da prestação seria causa de nulidade do contrato. Ao dispor que serviço pode ser material ou imaterial, o Código não teve como enfoque o resultado da prestação (objeto material ou imaterial), mas sim a conduta de prestar. Ou seja, sendo o serviço material, envolverá trabalho braçal do prestador, se imaterial, trabalho intelectual.

A prestação do serviço consiste em obrigação de fazer pelo prestador, ou seja, o que interessa ao credor é o "*aproveitamento do serviço contratado*"[283]. Além das regras específicas do tipo, são aplicáveis – no que for possível – as regras do Código para as obrigações de fazer (artigos 247 a 249 do CC[284]). Assim, caso o prestador – por sua culpa – deixe de executar o serviço, responderá por perdas e danos, inclusive pelo valor de terceiro contratado a prestar o

revista nesse período", VENOSA, Sílvio de Salvo, **Direito civil: contratos em espécie**, v. 3, São Paulo: Atlas, 2012, pp. 212-213. Também nesse sentido LOPES, Teresa Ancona, **Comentários ao Código Civil: parte especial: das várias espécies de contratos–Arts. 565 a 652**, São Paulo: Saraiva, v. 7, 2003, pp. 214-215.

282 "A *renovação* é permitida; e há prorrogabilidade por tempo indeterminado, se a prestação de serviço continua por livre manifestação de vontade, embora tácita, do prestador de serviços de serviço e do recebedor", PONTES DE MIRANDA, Francisco Cavalcanti, **Tratado de direito civil**, tomo XLVII, São Paulo: Revista dos Tribunais, 2012, p. 82.

283 GOMES, Orlando, **Obrigações**, Rio de Janeiro: Forense, p. 48.

284 Art. 247. Incorre na obrigação de indenizar perdas e danos o devedor que recusar a prestação a ele só imposta, ou só por ele exequível.
Art. 248. Se a prestação do fato tornar-se impossível sem culpa do devedor, resolver-se-á a obrigação; se por culpa dele, responderá por perdas e danos.
Art. 249. Se o fato puder ser executado por terceiro, será livre ao credor mandá-lo executar à custa do devedor, havendo recusa ou mora deste, sem prejuízo da indenização cabível.

serviço que se recusou ou estava em mora para prestar. Em caso de urgência, a contratação de terceiro sequer dependerá de autorização judicial prévia.

Assim como toda obrigação de fazer, a prestação de serviços pode ou não ter caráter personalíssimo. Caso o contrato seja firmado *intuitu personae*, o prestador pode ser condenado a prestar o serviço e sofrer constrição em seus bens para o pagamento da indenização decorrente de seu inadimplemento. Não é possível, contudo, a execução forçada específica, em razão do disposto no art. 605 do CC: "*nem aquele a quem os serviços são prestados, poderá transferir a outrem o direito aos serviços ajustados, nem o prestador de serviços, sem aprazimento da outra parte, dar substituto que os preste*". Assim, "*[n]ão há constringibilidade específica à prestação. É exercível a prestação ao pleito cominatório*"[285]. Por outro lado, não possuindo a obrigação caráter personalíssimo, está o devedor sujeito às regras gerais dos artigos 247 e 249, que autorizam a execução específica às suas custas.

Diz-se que a obrigação gerada é de meio, pois o contrato de prestação de serviços não tem como objetivo um resultado, mas sim a prestação. Nas palavras de VENOSA "*[a] prestação de serviços não destaca o fim da obra, mas a atividade do obreiro, em favor do dono do serviço, durante certo lapso de tempo*", desse modo, "*na prestação de serviços há uma obrigação de meio*"[286].

Diferente do contrato de empreitada, no qual o empreiteiro se compromete a entrega de um resultado concluído, no contrato de prestação de serviços, o prestador ainda que se comprometa a realizar uma atividade em direção a um resultado, adimple sua obrigação a cada parcela ou fração de sua atividade. Um advogado, por exemplo, é contratado para representar seu cliente em uma demanda judicial. Ainda que não possa se responsabilizar pelo resultado final, presta seus serviços visando obter o melhor resultado a seu cliente. A cada manifestação nos autos, voltada a esse resultado final, está o advogado adimplindo o contrato de prestação de serviço firmado.

A prestação, contudo, não pode ser considerada o objeto do contrato de prestação de serviços, mas sim o objeto da prestação principal do prestador, devendo ser realizada no prazo acordado e com a qualidade esperada. A

[285] PONTES DE MIRANDA, Francisco Cavalcanti, **Tratado de direito civil**, tomo XLVII, São Paulo: Revista dos Tribunais, 2012, p. 107.

[286] VENOSA, Sílvio de Salvo, **Direito civil: contratos em espécie**, v. 3, São Paulo: Atlas, 2012, p. 208.

qualidade não deve ser medida apenas de acordo com as expectativas pessoais do tomador, mas sim "*com o nível de aceitação do serviço, considerado satisfatório no universo de tomadores de um determinado mercado*"[287]. Além disso, no fator qualidade costumam estar inseridos os deveres laterais de conduta que, em caso de descumprimento, podem acarretar em cumprimento defeituoso da obrigação.

O prestador, por sua vez, deve possuir "*título de habilitação*" para prestar o serviço contratado, sob pena de não recebimento ou redução da remuneração a ser paga pelo tomador dos serviços (art. 606 do CC[288]) e, em alguns casos, incidência de sanções legais, inclusive na esfera criminal.

Luciano TIMM defende que o profissional habilitado é aquele que detém as regras técnicas de uma profissão legalmente regulamentada ou pratica a atividade habitualmente, dela dependendo economicamente à semelhança da definição do empresário como aquele "*que pratica, habitualmente, atividade econômica no mercado*"[289]. PONTES DE MIRANDA, ao analisar a figura do empregado, defende que a habilitação estaria relacionada aos registros e documentações[290]. A exigência do art. 606 do CC é um meio termo entre ambos os posicionamentos: engloba o título necessário para o desempenho de profissões que exigem ensino superior, mas também engloba profissões de caráter meramente técnico, cuja atividade pode ou não encontrar regulamentação em lei.

[287] BOLINA, Rosaní Rodrigues, **Contrato de prestação de serviços**, Dissertação de mestrado, Universidade de São Paulo, 2002, p. 93.

[288] Art. 606. Se o serviço for prestado por quem não possua título de habilitação, ou não satisfaça requisitos outros estabelecidos em lei, não poderá quem os prestou cobrar a retribuição normalmente correspondente ao trabalho executado. Mas se deste resultar benefício para a outra parte, o juiz atribuirá a quem o prestou uma compensação razoável, desde que tenha agido com boa-fé. Parágrafo único. Não se aplica a segunda parte deste artigo, quando a proibição da prestação de serviço resultar de lei de ordem pública.

[289] TIMM, Luciano Benetti, **A prestação de serviços: do Código Civil ao Código de Defesa do Consumidor**, Rio de Janeiro: Forense, 2006, pp. 48-49.

[290] "De regra, para ser figurante do contrato de trabalho dependente é preciso que o prestador do trabalho apresente determinado título de estudo, ou documento de aprendizagem (...). Quanto ao ser humano, há o título identificativo (carteira, passaporte), comum a todos, e os títulos identificativos profissionais, como se passa com os advogados, médicos, engenheiros e demais trabalhadores", PONTES DE MIRANDA, Francisco Cavalcanti, **Tratado de direito civil**, tomo XLVII, São Paulo: Revista dos Tribunais, 2012, pp. 162 e 164.

As consequências da ausência da habilitação prevista em lei dependem da sua prescindibilidade/imprescindibilidade. Isso porque, sendo a habilitação imprescindível (como é o caso de profissões que além de determinada formação, exigem registro em órgão específico para seu exercício), sua ausência tem como consequência o não recebimento de remuneração pelo prestador, ainda que da prestação tenha advindo algum benefício ao tomador[291]. Adicionalmente, em tais casos, é possível a incidência de sanções civis, administrativas e penais. Caso a habilitação seja prescindível, sua ausência tem duas possíveis consequências: (i) se o prestador sabia da necessidade de habilitação, não poderá cobrar remuneração correspondente àquela recebida pelos profissionais habilitados; (ii) se o prestador desconhecia tal necessidade, e seu serviço resultou em benefícios ao tomador, deverá receber, mediante arbitramento judicial, remuneração que se considere razoável.

Passando aos aspectos específicos do contrato de prestação de serviços ainda não analisados, temos a cessão e extinção do contrato.

A cessão do contrato, via de regra, pode estar inserida em três contextos: é permitida a ambas as partes sem a necessidade de concordância da outra parte, é permitida a apenas uma das partes sem a necessidade de concordância da outra, não é permitida a qualquer das partes sem a prévia concordância da outra. Quanto à prestação de serviços, o Código Civil prevê ser possível apenas o último contexto, ou seja, ambas as partes apenas podem se fazer substituir com a concordância da contraparte (art. 605 do CC[292]). Diante da previsão legal, discute-se se, contratualmente, as partes poderiam prever a possibilidade de cessão (por uma ou por ambas) sem a necessidade de concordância prévia da outra.

Passando à extinção, o Código Civil de 1916 previa as hipóteses em que se autorizava a resolução do contrato por justa causa nos artigos 1.226[293] e

[291] Em sentido contrário: VENOSA, Sílvio de Salvo, **Direito civil: contratos em espécie**, v. 3, São Paulo: Atlas, 2012, p. 212.

[292] Art. 605. Nem aquele a quem os serviços são prestados, poderá transferir a outrem o direito aos serviços ajustados, nem o prestador de serviços, sem aprazimento da outra parte, dar substituto que os preste.

[293] Art. 1.226. São justas causas para dar o locador por findo o contrato: I – Ter de exercer funções públicas, ou desempenhar obrigações legais, incompatíveis estas ou aquelas com a continuação do serviço. II – Achar-se inabilitado, por força maior, para cumprir o contrato. III – Exigir o locatário do locador serviços superiores às suas forças, defesos por lei, contrários aos

1.229[294] (sendo considerados normas cogentes[295], diante da previsão dos artigos 1.227[296] e 1.231[297]). Tais hipóteses, contudo, não encontram correspondência no código atual.

Por outro lado, o art. 607 do CC[298], que prevê as hipóteses de extinção do contrato de prestação de serviços, é uma inovação quando comparado ao Código anterior. Este artigo prevê que a extinção do contrato pode se dar (i) pelo fim do prazo definido pelas partes; (ii) pela execução do serviço para o qual o prestador foi contratado; (iii) pela morte de qualquer das partes; (iv) pelo inadimplemento; (v) pela impossibilidade de prestar (eventos de força maior); (v) pela denúncia do contrato; e (vi) pelo acordo das partes. Em todas estas hipóteses afasta-se o pagamento da indenização prevista nos artigos 602[299] e 603[300] do CC. Passemos a analisá-las.

A extinção pelo fim do prazo, pela execução do serviço e pelo acordo das partes não reclamam grandes intervenções. A hipótese de extinção do contrato pela morte de uma das partes, por sua vez, soa bastante anacrônica

bons costumes, ou alheiros ao contrato. V – Tratar o locatário ao locador com rigor excessivo, ou não lhe dar a alimentação conveniente. V – Correr o locador perigo manifesto de dano ou mal considerável. VI – Não cumprir o locatário as obrigações do contrato. VII – Ofender o locatário, ou tentar ofender o locador na honra de pessoas de sua família. VIII – Morrer o locatário.

294 Art. 1.229. São justas causas para ser dispensado o locador: I – Enfermidade, ou qualquer outra causa que o torne incapaz dos serviços contratados. II – Vícios ou mau procedimento do locador. III – Força maior que impossibilite o locatário de cumprir suas obrigações. IV – Falta do locador à observância do contrato. V – Imperícia do locador no serviço contratado. VI – Ofensa do ao locatário na honra de pessoa de sua família

295 PONTES DE MIRANDA, Francisco Cavalcanti, **Tratado de direito civil**, tomo XLVII, São Paulo: Revista dos Tribunais, 2012, pp. 120.

296 Art. 1.227. O locador poderá dar por findo o contrato em qualquer dos casos do artigo antecedente, embora o contrário tenha convencionado.

297 Art. 1.231. O locatário poderá despedir o locador por qualquer das causas especificadas no art. 1.229, ainda que o contrário tenha convencionado.

298 Art. 607. O contrato de prestação de serviço acaba com a morte de qualquer das partes. Termina, ainda, pelo escoamento do prazo, pela conclusão da obra, pela rescisão do contrato mediante aviso prévio, por inadimplemento de qualquer das partes ou pela impossibilidade da continuação do contrato, motivada por força maior.

299 Art. 602. O prestador de serviço contratado por tempo certo, ou por obra determinada, não se pode ausentar, ou despedir, sem justa causa, antes de preenchido o tempo, ou concluída a obra. Parágrafo único. Se se despedir sem justa causa, terá direito à retribuição vencida, mas responderá por perdas e danos. O mesmo dar-se-á, se despedido por justa causa.

nos dias de hoje, tendo em vista a profissionalização do instituto da prestação de serviços que envolve, cada vez mais, a contratação de pessoas jurídicas. A previsão, contudo, permanece aplicável aos casos em que a contratação envolve pessoas físicas e é *intuitu personae*.

Maior relevância parecem ter as hipóteses de extinção por inadimplemento, impossibilidade de prestar e denúncia do contrato.

O inadimplemento a justificar a resolução do contrato pode se dar pelo descumprimento da obrigação principal, ou das acessórias/laterais. A obrigação principal do prestador é a prestação à qual se obrigou, e do contratante, é o pagamento da remuneração. Contudo, suas obrigações podem ir além.

No que se refere ao prestador, é possível que o trabalho por ele realizado implique a criação de deveres secundários, como fidelidade e sigilo, que se convertem em outras tantas obrigações contratuais. Também é possível haver dever de comunicação, pelo prestador, de descobertas, invenções ou aperfeiçoamentos.

O tomador de serviços, por sua vez, além de se obrigar ao pagamento da remuneração no tempo, local e espécie ajustados, ou mesmo segundo os costumes, pode estar obrigado a prestar deveres acessórios "*como o vestuário do trabalho, o transporte, o período de repouso etc.*" ou mesmo deveres de proteção e segurança. Isso porque, "*seria atentatória da dignidade humana a recusa de condições mínimas de proteção à pessoa física do que trabalha, as quais hão de visar ao desenvolvimento da atividade em ambiente dotado de conforto, de segurança e de higiene, necessários ao resguardo de sua vida e de sua saúde*"[301].

Quanto à impossibilidade de prestar, o Código prevê que se extingue o contrato em caso de força maior. Teresa Ancona LOPES defende que também deve ser considerado o caso fortuito, interno ou externo, como causa terminativa do contrato, "*porque a responsabilidade contratual é avaliada segundo a culpa das partes*"[302]. Assim, independentemente das diferenciações traçadas entre

[300] Art. 603. Se o prestador de serviço for despedido sem justa causa, a outra parte será obrigada a pagar-lhe por inteiro a retribuição vencida, e por metade a que lhe tocaria de então ao termo legal do contrato.

[301] PEREIRA, Caio Mário da Silva, **Instituições de direito civil**, vol. III, Rio de Janeiro: Forense, 2003, pp. 241-242.

[302] LOPES, Teresa Ancona, **Comentários ao Código Civil: parte especial: das várias espécies de contratos–Arts. 565 a 652**, São Paulo: Saraiva, v. 7, 2003, pp. 236-237.

os conceitos de caso fortuito e força maior[303], a autora defende que ambos justificariam a extinção do contrato de prestação de serviços sem pagamento de indenização por qualquer das partes. A distinção entre caso fortuito e força maior, segundo parte da doutrina, seria relevante apenas para casos envolvendo relações de consumo, tendo em vista que, sendo objetiva a responsabilidade do fornecedor (exceto nos casos circunscritos ao art. 14, § 4° do CDC[304]), o caso fortuito interno não excluiria a responsabilidade do prestador[305]. Contudo, entendemos que a distinção permanece relevante para contratos civis e empresariais.

Por fim, quanto à possibilidade de denunciar imotivadamente o contrato, resilindo-o sem justa causa, há quem defenda que o art. 599 do CC vedaria a denúncia imotivada nos contratos de prestação de serviços firmados a prazo,

[303] AGOSTINHO ALVIM admite a importância prática da distinção entre caso fortuito ou força maior. Para o autor o caso fortuito consiste em impedimento relacionado com a pessoa do devedor ou com a sua empresa, enquanto a força maior é entendida como acontecimento externo. A distinção permite que seja dado tratamento distinto ao devedor consoante o fundamento de sua responsabilidade. Se for fundada em culpa, bastará o caso fortuito, enquanto se for fundada no risco será necessário que haja força maior ou caso fortuito externo, AGOSTINHO, Alvim, **Da inexecução das obrigações e suas consequências**, São Paulo: Saraiva, 1972, pp. 335-337. No mesmo sentido, ao distinguir caso fortuito de força maior CAVALIERI esclarece que "estaremos em face do caso fortuito quando se tratar de evento imprevisível e, por isso inevitável; se o evento for inevitável, ainda que previsível, por se tratar de fato superior às forças do agente, como normalmente são os fatos da natureza, como as tempestades e enchentes etc., estaremos em face da força maior, como o próprio nome o diz. É o *act of God*, no dizer dos ingleses, com relação ao qual o agente nada pode fazer para evitá-lo, ainda que previsível. A imprevisibilidade, portanto, é o elemento indispensável para a caracterização do caso fortuito, enquanto a inevitabilidade é o da força maior", CAVALIERI FILHO, Sergio, **Programa de responsabilidade civil**, São Paulo: Atlas, 2014, p. 68.

[304] Art. 14. O fornecedor de serviços responde, independentemente da existência de culpa, pela reparação dos danos causados aos consumidores por defeitos relativos à prestação dos serviços, bem como por informações insuficientes ou inadequadas sobre sua fruição e riscos. § 1° O serviço é defeituoso quando não fornece a segurança que o consumidor dele pode esperar, levando-se em consideração as circunstâncias relevantes, entre as quais: (...).

[305] "Vale dizer, se o defeito ocorreu antes da introdução do produto no mercado de consumo ou durante a prestação do serviço, não importa saber o motivo que determinou o defeito; o fornecedor é responsável pelas suas consequências, ainda que decorrente de fato imprevisível e inevitável". O caso fortuito externo, por sua vez, não guarda nenhuma relação com a atividade do fornecedor, sendo absolutamente estranho à produção do serviço. "Em caso tal, nem se pode falar em defeito do produto ou do serviço", CAVALIERI FILHO, Sergio, **Programa de responsabilidade civil**, São Paulo: Atlas, 2014, p. 503.

culminando com a nulidade das cláusulas contratuais que a autorizem[306]. Vale destacar, a proibição nessa hipótese diria respeito à autorização de denúncia imotivada sem que haja correspondente indenização. Isso significa dizer que a denúncia imotivada nos contratos de prestação de serviços firmados a prazo apenas seria possível, e lícita, quando acompanhada do pagamento ao tomador, de perdas e danos (art. 602 do CC[307]) e, ao prestador, da indenização prevista pelo art. 603 do CC[308]. Contudo, são recorrentes os casos em que se discute a possibilidade de afastamento contratual da incidência da multa prevista no art. 603 do CC, em especial quando o prestador é pessoa jurídica, e a obrigação não possui caráter personalíssimo – como será abordado a seguir em capítulo específico.

Nos contratos firmados por tempo indeterminado, a discussão sobre tal vedação não se verifica, prevendo a lei os prazos mínimos de aviso prévio que devem ser observados em casos de resilição do contrato; sendo prescincindíveis na hipótese de denúncia cheia. Nesse caso, apenas se verificaria obrigação ao pagamento de indenização caso a denúncia fosse realizada em desconformidade com a boa-fé, tomando a parte contrária de surpresa; e a vedação da denúncia se presente a hipótese do parágrafo único do art. 473 do CC[309].

[306] FONTOURA, Rodrigo Brandão, **Contratos de prestação de serviços e mitigação de riscos**, São Paulo: Atlas, 2015, pp. 17-18.

[307] Art. 602. O prestador de serviço contratado por tempo certo, ou por obra determinada, não se pode ausentar, ou despedir, sem justa causa, antes de preenchido o tempo, ou concluída a obra. Parágrafo único. Se se despedir sem justa causa, terá direito à retribuição vencida, mas responderá por perdas e danos. O mesmo dar-se-á, se despedido por justa causa.

[308] Art. 603. Se o prestador de serviço for despedido sem justa causa, a outra parte será obrigada a pagar-lhe por inteiro a retribuição vencida, e por metade a que lhe tocaria de então ao termo legal do contrato.

[309] Art. 473, § único: Se, porém, dada a natureza do contrato, uma das partes houver feito investimentos consideráveis para a sua execução, a denúncia unilateral só produzirá efeito depois de transcorrido prazo compatível com a natureza e o vulto dos investimentos.

2.3.3.2. Sistematização dos elementos

Analisadas as principais características do contrato de prestação de serviços, passemos à sistematização de seus elementos. Para tanto, nos valeremos da classificação dos elementos do negócio jurídico adotada por JUNQUEIRA DE AZEVEDO e melhor explicada nos capítulos anteriores.

Os elementos gerais intrínsecos são o objeto, a forma e as circunstâncias negociais. O objeto do contrato é a prestação (na forma e qualidade acordadas), mediante o pagamento de remuneração, ambos acompanhados pelos deveres acessórios/laterais deles decorrentes. A forma é livre, podendo, inclusive, ser pactuado tacitamente. As circunstâncias negociais, por sua vez, deverão ser aferidas em cada negócio concretamente pactuado.

Os elementos gerais extrínsecos são o tempo, o lugar e o agente. O tempo e o lugar refletem a data e local em que é celebrado o contrato. Os agentes, por sua vez, são o prestador e o tomador dos serviços.

Os elementos categoriais inderrogáveis são (i) a remuneração – sob pena de atipicidade ou destipificação do negócio; (ii) o serviço como obrigação de fazer e também de meio; (iii) no caso de partes pessoas físicas, a impossibilidade de firmar o contrato por prazo superior a quatro anos; e (iv) a habilitação do prestador sob pena de redução da remuneração ou de seu não recebimento.

Os elementos categoriais derrogáveis são (i) a presunção de pessoalidade (que impediria a execução específica, bem como sua continuidade em caso de morte de uma das partes); (ii) a impossibilidade de cessão do contrato ou subcontratação (que pode ser afastada); (iii) realização do pagamento apenas após a prestação (podendo as partes ajustar pagamento adiantado ou mesmo em prestações); (iv) o valor da multa prevista no art. 603 do CC por resilição pelo contratante.

Os elementos particulares, por sua vez, dependem dos contratos concretamente firmados.

Sistematizados os elementos do contrato de prestação de serviços, passemos à análise de validade de cláusulas recorrentemente presentes nesse tipo contratual à luz do disposto no art. 424 do CC.

2.4. Análise da validade de cláusulas

2.4.1. O prazo contratual e o art. 598 do Código Civil

O art. 598 do CC[310] limita a duração do contrato de prestação de serviços ao período máximo de quatro anos. Referida limitação, como anteriormente afirmado, tem como fundamento a inalienabilidade da liberdade humana, e objetiva evitar eventual "*escravização convencional*" do prestador[311].

Contudo, tendo em vista a atual realidade contratual, na qual são recorrentes contratos de prestação de serviços firmados por pessoas jurídicas, necessário analisar se é possível afastar a regra legal do art. 598 do CC, em especial no que diz respeito a contratos firmados por adesão.

Na vigência do antigo Código Civil, PONTES DE MIRANDA defendia que a sanção legal aos contratos cujo prazo ultrapassasse o período de quatro anos definido em lei seria a nulidade parcial: "*o contrato não tem duração de mais de quatro anos, se o prazo convencionado for maior*"[312]. Ademais, como a regra não restringe qual das partes pode demandar sua aplicação, afirmava o autor que a regra incide igualmente para ambas, pois, "*[p]ara que tal invalidade somente pudesse ser alegada pelo locador de serviços seria preciso que houvesse regra jurídica escrita, ou derivar-se de algum princípio especial*"[313]. Não negava o autor a possibilidade de renovação do contrato findo o prazo inicial de quatro anos, ou mesmo sua prorrogabilidade por tempo indeterminado "*se a prestação continua por livre manifestação de vontade, embora tácita, do prestador de serviço e do recebedor*"[314]. Também na visão do autor, o fato de o contrato versar sobre a contratação

[310] Art. 598. A prestação de serviço não se poderá convencionar por mais de quatro anos, embora o contrato tenha por causa o pagamento de dívida de quem o presta, ou se destine à execução de certa e determinada obra. Neste caso, decorridos quatro anos, dar-se-á por findo o contrato, ainda que não concluída a obra.

[311] LOPES, Teresa Ancona, **Comentários ao Código Civil: parte especial: das várias espécies de contratos–Arts. 565 a 652**, São Paulo: Saraiva, v. 7, 2003, pp. 214-215.

[312] PONTES DE MIRANDA, Francisco Cavalcanti, **Tratado de direito civil**, tomo LXVII, São Paulo: Revista dos Tribunais, 2012, p. 81.

[313] PONTES DE MIRANDA, Francisco Cavalcanti, **Tratado de direito civil**, tomo LXVII, São Paulo: Revista dos Tribunais, 2012, p. 82.

[314] PONTES DE MIRANDA, Francisco Cavalcanti, **Tratado de direito civil**, tomo LXVII, São Paulo: Revista dos Tribunais, 2012, p. 82.

de prestação de serviços por outrem (p. ex., nos casos em que o contratado é pessoa jurídica) não afastava a incidência do limite legal[315].

Repetida a regra pelo Código atual, autores como VENOSA afirmam que a *ratio* da norma permaneceu a mesma, qual seja "*evitar a ligação indefinida do trabalhador com o dono de qualquer serviço*", sendo possível, após o fim do prazo legal de quatro anos, a pactuação de um novo contrato, pois "*o objetivo da lei foi permitir que a relação seja revista nesse período*". Contudo, defende o autor que a consequência do excesso de prazo não seria a nulidade, como defendia PONTES DE MIRANDA, mas sim a ineficácia do prazo exorbitante[316].

Posição mais radical é a de Nelson ROSENVALD[317], defensor da ideia de que "*nos tempos atuais, a norma não mais se justifica*", por dois os motivos: (i) a alta probabilidade de um contrato de prestação de serviços por pessoa física que supere o prazo de quatro anos ser considerado um contrato de trabalho, em razão da frequência e habitualidade; e (ii) o limite imposto pela lei não impedir que ao fim do período de quatro anos as partes firmem novo contrato. E, de fato, parece ser este o posicionamento que tem se mostrado mais acertado.

Em primeiro lugar, pois o ponto de convergência entre os três autores é o fato de que, findo o limite temporal de quatro anos previsto em lei, podem as partes renovar o contrato original por outro período, ou mesmo prorrogar o contrato original – que, na visão de PONTES DE MIRANDA, passaria a vigorar por tempo indeterminado, podendo ser denunciado a qualquer tempo. Ademais, se, ultrapassado o prazo de quatro anos, as partes continuarem a dar cumprimento ao contrato, não poderão, sob pena de violação à boa-fé, pleitear posterior redução da eficácia do contrato em descompasso com a realidade.

Em segundo lugar, pois grande parte dos contratos de prestação de serviços sujeitos ao regime do Código Civil e submetidos à apreciação do Poder Judiciário tem como prestador (ou ambas as partes) pessoas jurídicas e relações não sujeitas ao regime consumerista. Para estes casos, a jurisprudência

315 "Para que o art. 1.220 do CC [atual art. 598] não seja invocável não basta que o serviço tenha de ter ajuda com colaboração de ontem, preciso que não se trate, *in casu*, de contrato de locação de serviços", PONTES DE MIRANDA, Francisco Cavalcanti, **Tratado de direito civil**, tomo LXVII, São Paulo: Revista dos Tribunais, 2012, p. 82.

316 VENOSA, Sílvio de Salvo, **Direito civil: contratos em espécie**, v. 3, São Paulo: Atlas, 2012, pp. 212-213.

317 ROSENVALD, Nelson, Arts. 482 a 652 – Contratos (em espécie), **Código Civil Comentado – Doutrina e Jurisprudência**, 4ª ed., Barueri, Manole, 2010, p. 629.

já consolidou o entendimento[318] de que a limitação do prazo do contrato de prestação de serviços a quatro anos não se aplicaria a pessoas jurídicas, tendo em vista ser o escopo da norma a proteção da liberdade individual do prestador, que não estaria em risco quando este é pessoa jurídica (não unipessoal).

Diante disso, entendemos que a limitação de prazo prevista pelo art. 598 do CC, mesmo nos contratos firmados por adesão, está adstrita a regular as relações nas quais ao menos o prestador de serviços seja pessoa física. Sendo o prestador pessoa jurídica não unipessoal, e o contrato sujeito ao regime legal do Código Civil, a limitação temporal de quatro anos, ou a manutenção do contrato – por renovações ou prorrogações, tácitas ou expressas, que ultrapassem esse período – não se aplica. Não sendo, assim, um elemento natural de tal negócio, e, portanto, não encontrando óbice na limitação do art. 424 do CC.

2.4.2. Resilição do contrato firmado a prazo e o art. 603 do Código Civil

Como descrito acima, há quem defenda[319] a impossibilidade de afastamento contratual da multa prevista pelo art. 603 do CC, que é assim redigido: "*se o prestador de serviço for despedido sem justa causa, a outra parte será obrigada a pagar-lhe por inteiro a retribuição vencida, e por metade a que lhe tocaria de então ao termo legal do contrato*".

Na jurisprudência, o debate ganha ainda mais uma camada, tendo em vista a existência de decisões conflitantes – tanto a nível de segunda instância, quanto de Tribunais Superiores – quanto à aplicabilidade automática do art. 603 do CC aos contratos de prestação de serviços firmados por pessoas

[318] Nesse sentido, podemos citar os seguintes casos, decididos pelo Tribunal de Justiça do Estado de São Paulo: Apelação no 0075649- 93.2008.8.26.0000, 30ª Câmara de Direito Privado, Des. Rel. Andrade Neto, julgado em 16/01/2013; Apelação no 0055201-38.2010.8.26.0224, 20ª Câmara de Direito Privado, Des. Rel. Maria Lucia Pizzotti, julgado em 30/06/2014; Apelação no 1013340-29.2016.8.26.0100, 38ª Câmara de Direito Privado, Des. Rel. Spencer Almeida Ferreira, julgado em 20/07/2017; decidido pelo Superior Tribunal de Justiça: AgRg no AREsp: 450285 SP 2013/0408864-4, Relator: Ministra MARIA ISABEL GALLOTTI, Data de Publicação: DJ 02/03/2018; e decidido pelo Tribunal de Justiça do Rio de Janeiro: Apelação nº 0102220-98.2005.8.19.0001, 5ª Câmara Cível, julgado em 06/03/2007.

[319] FONTOURA, Rodrigo Brandão, **Contratos de prestação de serviços e mitigação de riscos**, São Paulo: Atlas, 2015, pp. 17-18.

jurídicas, nos quais não há previsão de cláusula penal pela resilição do contrato anteriormente ao prazo pactuado.

Esta segunda questão, que afeta diretamente a primeira, deriva do julgamento do Recurso Especial nº 711.972/RJ, pela Quarta Turma do Superior Tribunal de Justiça, no qual decidiu-se, por maioria de votos (três a dois), pela inaplicabilidade automática do disposto no art. 1.228 do CC de 1916 (recepcionado pelo art. 603 do CC de 2002) aos contratos de prestação de serviços firmados entre pessoas jurídicas. Os ministros que exararam tal entendimento reputaram que "[*d*]*a leitura dos arts. 1.217, 1.221, 1.225, 1.226 e 1.229 do Código Civil/1916, que tratam do instituto sob exame, percebe-se que, tal como disciplinado pelo antigo Código Civil, seu objeto é o serviço prestado por pessoa física*". Diante disso, concluíram que "*não se mostra possível entender caracterizado o contrato celebrado entre as partes como típico da locação de serviços regulada no Código, aplicando-se, sem que haja qualquer disposição contratual, os preceitos referentes a tal instituto, inclusive o referido art. 1.228*".

O voto vencido, por sua vez, ponderou que sendo o contrato firmado pelas partes de prestação de serviços, a previsão do art. 1.228 (atual art. 603) seria aplicável, independentemente de ser o contrato firmado entre pessoas jurídicas: "[*o*] *legislador não fez qualquer ressalva no sentido de que o referido preceito legal se aplicaria apenas às relações estabelecidas entre pessoas físicas e, onde o legislador não distinguiu não cabe ao interprete fazê-lo*". Diante da inexistência de cláusula contratual em sentido diverso, entendeu o voto pela aplicabilidade da pena legal.

A questão, até hoje, mais de dez anos após referido julgamento, não encontrou consenso nos tribunais. Há decisões monocráticas proferidas por Ministros do Superior Tribunal de Justiça que entendem pela aplicabilidade do art. 603 aos contratos de prestação de serviços firmados entre pessoas jurídicas, além de decisões proferidas pelas instâncias ordinárias que acatam expressamente o posicionamento do voto vencido acima descrito.

Também neste trabalho, o posicionamento adotado será aquele exarado no voto vencido do julgamento do Recurso Especial nº 711.972/RJ. Não se nega que o escopo do regime legal da prestação de serviços (antiga locação de serviços) é regular o trabalho prestado por pessoas físicas – em especial se consideradas as disposições sobre partes analfabetas e limite temporal da avença tendo em vista a preservação da liberdade individual.

Contudo, com a revogação do Código Comercial, e dos poucos artigos que regulavam a chamada locação mercantil[320], e com a regulação das relações de emprego tendo sido integralmente submetida à Consolidação das Leis do Trabalho, as prestações de serviços que não envolvem subordinação, sejam elas contratadas entre pessoas físicas e/ou jurídicas, estão sujeitas ao regime legal do Código Civil[321]. Além disso, a multa prevista pelo art. 603 do CC não teria o propósito de proteger um determinado tipo de prestador, ou a liberdade individual, como se verifica no limite temporal previsto pelo art. 598 do CC.

Para reforçar esta conclusão, destacamos a ausência de outros julgados do Superior Tribunal de Justiça que reiterem o posicionamento adotado no Recurso Especial que gerou a controvérsia quanto a aplicação das regras de prestação de serviços previstas no Código Civil aos contratos firmados entre pessoas jurídicas e o não acatamento deste posicionamento pelas instâncias ordinárias, que, em determinados casos, optam por adotar de forma expressa o voto vencido.

Superada a questão da aplicação das regras do Código Civil aos contratos de prestação de serviços firmados por pessoas jurídicas, devemos nos voltar à análise em específico da multa prevista pelo art. 603 do mesmo diploma, que abre espaço para acalorado debate. Isso porque há quem defenda que a multa prevista neste artigo não pode ser objeto de disposição pelas partes. De outro lado, parte da doutrina e da jurisprudência[322] entendem possível a

320 "Art. 226 A locação mercantil é o contrato pelo qual uma das partes se obriga a dar à outra, por determinado tempo e preço certo, o uso de alguma coisa, ou do seu trabalho. O que dá a coisa ou presta serviço chama-se locador, e o que a toma ou aceita o serviço, locatário".

321 "Para os modos de prestação de serviços que não se ajustam ao conceito legal do contrato de trabalho, seja pela inexistência de subordinação, pela falta de continuidade, ou pelo fim da atividade do trabalhador, aplicam-se as regras da locação de serviços", GOMES, Orlando, **Contratos**, Rio de Janeiro: Forense, 2008, p. 351. No mesmo sentido: "Com a nova Carta o trabalho doméstico e o avulso passam à seara trabalhista; conseqüentemente fica sob a égide da locação de serviço, regida pelas normas do Código Civil, o trabalho autônomo (exercido pelos profissionais liberais e representantes comerciais), o eventual (efetivado, por exemplo, pelo biscateiro) e o trabalho a cargo de pessoas jurídicas (levado a efeito pelas empresas prestadoras de serviços a terceiros como os de limpeza, de segurança, de administração imobiliária, de informática, de conservação de elevadores, etc)", DINIZ, Maria Helena, **Tratado teórico e prático dos contratos**, São Paulo: Saraiva, 2003, p. 151.

322 "Deveras, o escopo do legislador foi o de estabelecer uma indenização mínima ao contratado no caso de dispensa sem justa causa, sendo patente, portanto, a natureza protetiva da norma, a qual não se desnatura – ao revés, é reforçada – pela previsão contratual que confere

pactuação de cláusula penal em valor superior àquele definido pelo art. 603 do CC. Entendimento este reforçado pelo enunciado 33 da I Jornada de Direito Comercial, que dispõe:

> "Nos contratos de prestação de serviços nos quais as partes contratantes são empresários e a função econômica do contrato está relacionada com a exploração de atividade empresarial, é lícito às partes contratantes pactuarem, para a hipótese de denúncia imotivada do contrato, multas superiores àquelas previstas no art. 603 do Código Civil".

Ademais, também entende a doutrina pela possibilidade de o prestador pleitear indenização superior àquela prefixada pelo art. 603, caso os danos havidos em razão da denúncia imotivada do contrato ultrapassem o mínimo legal[323], sob pena de tratamento desigual de tomador e prestador, considerando o disposto no parágrafo único do art. 602 do CC[324,325].

direito mais amplo ao prestador de serviço. Nessa toada, tratando-se de norma dispositiva e contendo o contrato previsão em sentido diverso, há de prevalecer a autonomia da vontade das partes", REsp nº 1.387.667/SP, Quarta Turma, Rel. Min. Raul Araújo, julgado em 10/02/2015.

323 "Todavia, além dessa metade já devida, poderá o prestador de serviço, em havendo danos maiores e sendo provados, pedir a correspondente indenização, com fundamento no art. 186 do Código Civil (antigo art. 159). Imagine-se o exemplo do prestador de serviços que, estando comprometido até determinada data, recusa nova proposta de serviço e, de repente, é surpreendido com a denúncia *ante tempore*", LOPES, Teresa Ancona, **Comentários ao Código Civil: parte especial: das várias espécies de contratos–Arts. 565 a 652**, São Paulo: Saraiva, v. 7, 2003, p. 224; "Restringe-se, neste caso, qualquer indenização que possa ser pleiteada pelo prestador, pois já teria ele recebido uma compensação pelo descumprimento contratual, exceto se tiver sido contratada pelas partes uma cláusula penal (art. 408 do CC) ou se provar dano moral (art. 186 do CC)", MACHADO, Antônio Cláudio da Costa; CHINELLATO, Silmara Juny de Abreu, **Código Civil Interpretado: artigo por artigo, parágrafo por parágrafo**, Barueri: Manole, 2010, p. 452.

324 Art. 602. O prestador de serviço contratado por tempo certo, ou por obra determinada, não se pode ausentar, ou despedir, sem justa causa, antes de preenchido o tempo, ou concluída a obra.
Parágrafo único. Se se despedir sem justa causa, terá direito à retribuição vencida, mas responderá por perdas e danos. O mesmo dar-se-á, se despedido por justa causa.

325 Como já alertava Clóvis Bevilaqua no regime legal anterior: "este artigo não guarda simetria com o art. 1.225, parágrafo único, e coloca o locador de serviço em situação inferior ao locatário. Se aquele se despede sem justa causa, antes do termo do contrato, responde por perdas e danos, que serão as que se apurarem. Se este despedir o locador sem justa causa, terá de pagar, além da retribuição vencida, apenas a metade do que deveria pagar se executasse o

A questão, contudo, não foi objeto de pacificação na jurisprudência, seja no que diz respeito à contratação de multa acima do limite legal[326], seja sobre seu afastamento em razão de previsão contratual nesse sentido[327], mesmo em contratos firmados por adesão.

Diante disso, três são as opções possíveis de solução a ser adotada: (i) afirmar que a norma possui caráter cogente, limitando a indenização do prestador ao valor previsto em lei e impedindo as partes de contratar em sentido diverso; (ii) defender que o escopo do legislador foi estabelecer uma indenização mínima ao prestador em caso de resilição do contrato pelo tomador, não sendo autorizado às partes contratar valor inferior àquele disposto pela lei; ou (iii) argumentar que a norma é caráter dispositivo, autorizando que as partes pactuem a possibilidade de resilição de contratos a prazo sem que haja pagamento de indenização.

Para que possamos responder qual das opções acima nos parece a mais acertada, necessário analisar a possibilidade de resilição em contratos firmados a prazo, ainda que não sejam, necessariamente, de prestação de serviços.

contrato", BEVILAQUA, Clóvis, **Código Civil dos Estados Unidos do Brasil Comentado,** Rio de Janeiro: Francisco Alves, 1955, vol. IV, p. 335.

326 "A respeito da abusividade da multa por resilição unilateral imotivada, a matéria é de ordem pública porque eventual desrespeito ao art. 603 do CCiv. implica nulidade absoluta do valor que ultrapassa o teto estipulado nessa norma, haja vista que ela é cogente", Agravo de Instrumento nº 0013333-39.2011.8.26.0000, 34a Câmara de Direito Privado do Tribunal de Justiça de São Paulo, Des. Rel. Nestor Duarte, julgado em 8/08/2011.

327 "Entretanto, a despeito da ausência de justa causa ao rompimento do contrato, não vejo qualquer invalidade da Cláusula 78.I, que estabelece a renúncia à regra do art. 603 do Código Civil. (...) Cuida-se, no mais, de renúncia expressa, livremente manifestada por pessoa capaz, externada sem qualquer vício de consentimento. Ademais, embora a inexistência, a rigor, de justa causa, não se pode ignorar que o fato ocorrido aponta para a conveniência (para ambas as partes) de descontinuidade do pacto, haja vista a forte divergência entre os contratantes. Não se trata, ademais, de relação de consumo", Apelação nº 0060998-81.2014.8.21.0001, 18ª Câmara Cível do Tribunal de Justiça do Rio Grande do Sul, Des. Rel. Pedro Celso Dal Pra, julgado em 19/05/2016; "CONTRATO DE PRESTAÇÃO DE SERVIÇOS. Cerceamento de defesa não evidenciado. Resilição unilateral em conformidade com as disposições contratuais. Inexistência de abusividade. Termos do negócio jurídico que foram consentidos pelas partes. Pessoas jurídicas com experiência na atividade comercial. Impossibilidade de revisão das cláusulas contratuais. Não aplicação do art. 603 do CC. Prestígio à vontade dos contratantes. Recurso desprovido", Apelação nº 1000989-58.2015.8.26.0003, 36ª Câmara de Direito Privado do Tribunal de Justiça do Estado de São Paulo, Des. Rel. Milton Carvalho, julgado em 25/08/2016.

A resilição unilateral (denúncia) não é a forma pensada pelo legislador para a extinção dos contratos, tendo em vista que apenas é possível resilir se for expressa ou implicitamente permitido, tendo, assim, caráter de exceção. Nas palavras de Caio Mário da Silva PEREIRA[328]:

> "Um dos efeitos do princípio da obrigatoriedade do contrato é, precisamente, a alienação da liberdade dos contratantes, nenhum dos quais podendo romper o vínculo, em princípio, sem a anuência do outro. Por isso é que o art. 473 do Código somente em casos excepcionais admite que um contrato cesse pela manifestação volitiva unilateral".

Os casos expressos, assim, seriam, por exemplo, os contratos de mandato, mútuo, depósito, agência e distribuição; bem como os contratos firmados por tempo indeterminado, tendo em vista a vedação às relações contratuais eternas[329].

Portanto, a regra geral é de que, nos contratos por tempo indeterminado, é possível a resilição unilateral a qualquer momento. Já nos contratos a prazo não há direito de resilição unilateral, ou seja, até o advento do termo pactuado, "*nenhum dos contratantes pode abandonar a relação jurídica, sob pena de arcar com o pagamento de perdas e danos por descumprimento do acordo*"[330]. Dessa forma, os contratos a prazo não podem ser rompidos antes do término do prazo, e têm, com este, evento inevitável que leva a sua extinção. Nesse sentido, é a lição de Orlando GOMES:

[328] PEREIRA, Caio Mário da Silva, **Instituições de direito civil**, vol. III, Rio de Janeiro: Forense, 2003, p. 100.

[329] "Nas relações jurídicas duradouras, é preciso que possa ter ponto final o que se concebeu em reticência. Porque relação jurídica duradoura a que não se pudesse pôr têrmo seria contrária às necessidades da livre atividade dos homens. Não bastaria subordiná-la a eventual resolução por inadimplemento ou ao distato", PONTES DE MIRANDA, Francisco Cavalcanti, **Tratado de direito civil**, tomo XXV, São Paulo: Revista dos Tribunais, 2012, p. 378. No mesmo sentido: AGUIAR JÚNIOR, Ruy Rosado de, Extinção dos contratos, in FERNANDES, Wanderley (Coord.), **Contratos empresariais: fundamentos e princípios dos contratos empresariais**, São Paulo: Saraiva, 2012, pp. 491-492.

[330] ARAÚJO, Paulo Dóron Rehder de, **Prorrogação Compulsória de Contratos a Prazo**, Tese de Doutorado, Faculdade de Direito da Universidade de São Paulo, 2011, p. 132.

> "Nos contratos por tempo determinado, os efeitos cessam normalmente com o advento do termo, ou o implemento da condição. Enquanto dura, nenhuma das partes pode desvincular-se da outra, pois a cláusula mediante a qual se apõe o termo tem por fim, precisamente, garantir a eficácia do contrato por certo tempo, sendo, no fundo, medida de segurança. O que visam as partes é a se prenderem. (...) A hipótese interessante a examinar, pelas consequências que suscita, é a rescisão 'ante tempus', isto é, a extinção do contrato, antes da expiração do seu prazo, pela vontade arbitrária de um dos contratantes. Bem é de ver que, nesses casos, cabe a indenização das perdas e danos oriundos da ruptura injusta"[331].

Ocorre que é comum que as partes de um contrato, mesmo firmado a prazo, estipulem a possibilidade de resilição unilateral antes do termo final[332]. Nesse caso, Paulo ARAÚJO, por exemplo, argumenta haver uma alteração do regime contratual, funcionando o prazo como tempo máximo de duração do contrato[333]. De outro lado, Rogério TUCCI defende que tanto contratos a prazo, quanto por tempo indeterminado, admitem cláusula que preveja a resilição unilateral. Por entender que o direito de resilição não é elemento essencial do negócio (categorial inderrogável), afirma, inclusive, "*que se admite a possibilidade de estipular resilição unilateral em contratos por adesão*".

331 GOMES, Orlando, **Contratos**, Rio de Janeiro: Forense, 2008, p.154. No mesmo sentido JUNQUEIRA DE AZEVEDO, Antonio, **Novos estudos e pareceres de direito privado**, São Paulo: Saraiva, 2009, p. 151.

332 Analisando contrato com cláusula nesse sentido, JUNQUEIRA DE AZEVEDO defendeu que a previsão de término de contrato firmado a prazo mediante aviso prévio, localizada como subcláusula da previsão sobre o prazo mínimo do contrato diria respeito apenas ao prazo de aviso prévio para que não se operasse a prorrogação da avença por tempo indeterminado. Isso porque, "interpretar a cláusula 20.1.1 no sentido de que a denúncia imotivada era cabível a qualquer tempo, equivale a desconsiderar totalmente o prazo mínimo fixado na cláusula 20.1, negando, portanto, efeitos a essa disposição contratual. Ora, na dúvida entre uma interpretação que nega efeitos ao contrato e outra que conserva tais efeitos, o intérprete deve optar pela segunda", JUNQUEIRA DE AZEVEDO, Antonio, **Novos estudos e pareceres de direito privado**, São Paulo: Saraiva, 2009, p. 157.

333 ARAÚJO, Paulo Dóron Rehder de, **Prorrogação Compulsória de Contratos a Prazo**, Tese de Doutorado, Faculdade de Direito da Universidade de São Paulo, 2011, p. 134, nr. 218.

Na visão do autor, o "*direito de resilir não deve ser reputado 'resultante da natureza do negócio' (a teor do art. 424 do Código Civil), pois não é essencial a nenhum tipo de contrato (...)*", sendo um elemento particular do negócio jurídico "*admitido em qualquer relação de longa duração*"[334]. Contudo, faz a ressalva de que "*em contratos por prazo determinado, a resilição unilateral implica a cominação de multa compensatória*"[335].

A previsão de multa compensatória em contrapartida à resilição unilateral nos contratos firmados por tempo determinado deriva da ideia de que a resilição – ainda que prevista contratualmente – não pode ofender a legítima expectativa da parte, que agiu corretamente para a consecução da finalidade contratual, e aguardava a sua conclusão para obter determinada vantagem patrimonial. Por sua vez, nos contratos por tempo indeterminado, há previsão legal de sua manutenção forçada por "*prazo compatível com a natureza e o vulto dos investimentos*" (par. único do art. 473 do CC), e entendimento jurisprudencial no sentido de que o exercício abusivo do direito de resilir o contrato pode dar lugar a ilícito contratual que enseje reparação (leia-se, pagamento de indenização)[336].

Diante disso, ainda que não haja previsão contratual da indenização a ser paga em caso de resilição unilateral antes do termo do contrato, ou que as partes afastem expressamente qualquer pagamento, a resilição estará sujeita a posterior controle judicial, e, se exercida de maneira considerada abusiva (pois contrária à boa-fé e à legítima expectativa da contraparte) ensejará o pagamento de indenização.

Nos contratos de prestação de serviços, o legislador já estabeleceu o "preço" da quebra da confiança pela parte que denuncia imotivadamente o contrato antes do advento de seu termo: (i) se pelo prestador, indenização ao tomador pelas perdas e danos sofridas; (ii) se pelo tomador, pagamento da metade do que lhe tocaria caso o serviço alcançasse o termo originário, além, é claro,

334 TUCCI, Rogério Lauria Marçal, **Prorrogação compulsória dos contratos de longa duração**, Dissertação de Mestrado, Faculdade de Direito da Universidade de São Paulo, 2015, p. 51.

335 TUCCI, Rogério Lauria Marçal, **Prorrogação compulsória dos contratos de longa duração** Dissertação de Mestrado, Faculdade de Direito da Universidade de São Paulo, 2015, p. 52.

336 Recurso especial nº 1.555.202/SP, Quarta Turma, Min. Rel. Luis Felipe Salomão, julgado em 13/12/2016.

das retribuições vencidas e não pagas (estas remuneração, aquele indenização). Nas palavras de Nelson ROSENVALD, a previsão legal, em especial aquela do art. 603 do CC – tendo em vista que, via de regra, é o prestador quem faz investimentos para garantir o adimplemento do contrato –, emana "*do parágrafo único do art. 473 do Código Civil, impeditivo do exercício abusivo do direito potestativo da denúncia*"[337].

No que diz respeito aos contratos firmados por adesão, a impossibilidade de afastamento do pagamento de indenização em caso de resilição de contrato firmado a prazo nos parece ser a regra a ser seguida. Isso porque, ainda que se diga que podem ambas as partes se valer do direito potestativo de denúncia, o exercício desse direito pode impactá-las de maneiras distintas, seja porque o prestador pode ter realizado investimentos contando com o prazo contratado, seja porque o contratante pode depender do serviço contratado para o desenvolvimento de determinada atividade.

A indenização por rompimento antes do prazo contratado é, portanto, ao nosso ver, elemento categorial inderrogável do contrato, quando firmado a prazo. Ou seja, sempre que um contrato for firmado a prazo, sua denúncia antes do termo final apenas poderá ocorrer mediante o pagamento da respectiva indenização.

O valor estabelecido pelo art. 603 do CC, por sua vez, é elemento categorial derrogável, sendo possível às partes ajustarem valor distinto (superior ou inferior) daquele previsto em lei. Por sua vez, nos contratos de prestação de serviços firmados por adesão, o valor da indenização por denúncia antes do advento do termo pactuado previsto no art. 603 do CC deve ser interpretado como um patamar mínimo, se o prestador figurar como aderente. Por outro lado, figurando o tomador como aderente, o valor figura como um patamar máximo.

2.4.3. Prorrogação automática

Nos contratos a prazo, como exposto acima, as partes preveem um tempo de duração para a relação, durante o qual contrato produzirá efeitos. Passado

[337] ROSENVALD, Nelson, Arts. 482 a 652 – Contratos (em espécie), **Código Civil Comentado – Doutrina e Jurisprudência**, 4ª ed., Barueri, Manole, 2010, p. 631.

o tempo e advindo o termo, ou a relação se extingue, ou se prolonga, a despeito da previsão contratual. Na segunda hipótese, diz-se que o contrato foi prorrogado ou renovado, expressões comumente utilizadas como sinônimas – é comum dizer que ultrapassado o prazo, se as partes continuarem a executar o contrato, este terá sido prorrogado ou renovado por tempo indeterminado, ou que será automaticamente prorrogado ou renovado por igual período.

PONTES DE MIRANDA, contudo, alerta que tais expressões possuem significados distintos. Na prorrogação, o contrato inicial continua a ser a fonte de direitos e deveres, pretensões e obrigações das partes, podendo, ou não, ser desconsiderado o prazo inicialmente acordado. Na renovação, por outro lado, a relação jurídica duplica-se, não tendo as duas relações (anterior e posterior ao termo) a mesma base jurídica[338]. Ainda segundo o autor, a prorrogação pode se dar por declaração de vontade (i) expressa (cláusula ou contrato); (ii) tácita (partes continuam dando cumprimento ao contrato após o termo); (iii) decorrente do silêncio (interpelação na qual consta que o silencio será interpretado como anuência); (iv) presumida por lei (p. ex. art. 574 do CC[339]); e/ou (v) por limitação legal à liberdade de distratar (art. 473, parágrafo único

338 PONTES DE MIRANDA, Francisco Cavalcanti, **Tratado de direito civil**, tomo LX, São Paulo: Revista dos Tribunais, 2012, pp. 407-412. A mesma diferenciação é feita por Orlando GOMES: "A mais importante questão no exame da continuidade de um contrato por tempo determinado consiste em saber se o contrato persiste ou se outro lhe sucede. Para resolvê-la, separam-se duas hipóteses: 1ª) se as partes conservam as cláusulas, limitando-se a dilatar o prazo de vigência da relação jurídica, numa palavra, a prorrogá-lo, não haverá formação de novo contrato. É o mesmo contrato que continua, sujeito, ou não, a novo termo; 2ª) se introduzem, entretanto, novas cláusulas, modificando o conteúdo do contrato originário, inclusive, a relativa à duração, renovando-o, por conseguinte, terão estipulado novo contrato. Distinguir-se-ia, desse modo, a prorrogação da renovação. Ocorrendo prorrogação, um só e mesmo contrato dilatado no tempo. Verificando-se renovação, sequência de contratos estipulados pelas mesmas partes. Prorrogação estende a duração do contrato; renovação dá lugar a contrato novo", GOMES, Orlando, **Contratos**, Rio de Janeiro: Forense, 2008, pp. 156-157. A distinção se mostra relevante no que diz respeito às garantias acessórias ao contrato, pois, quando há prorrogação, mantêm-se as garantias inicialmente contratadas, como, por exemplo, a fiança pactuada em contrato de mútuo bancário ou mesmo em contrato de locação (Súmula 214 do STJ).

339 Art. 574. Se, findo o prazo, o locatário continuar na posse da coisa alugada, sem oposição do locador, presumir-se-á prorrogada a locação pelo mesmo aluguel, mas sem prazo determinado.

do CC[340])[341]. Em todos os casos, mantêm-se as partes vinculadas às regras antigas, previstas no instrumento original.

Feita esta diferenciação, podemos delinear o objeto deste tópico, qual seja: a prorrogação do contrato de prestação de serviços por adesão por expressa declaração de vontade em razão da existência de cláusula prevendo que findo o termo inicial contratado, a avença se renova (por igual período ou tempo indeterminado), exceto se uma das partes promover a resilição do contrato, indicando sua intenção de não prorrogação.

Nos contratos por adesão, considerando as limitações à declaração de vontade delineadas no capítulo inicial, cumpre verificar a validade de cláusulas que autorizem sua prorrogação automática após o fim do prazo pactuado[342].

As cláusulas de prorrogação constituem pacto incluído no contrato que "*gera o direito, a pretensão e a ação para se cumprir a prorrogação*"[343]. A sujeição da não prorrogação ao aviso de uma das partes, por sua vez, não configura infração ao artigo 122 (segunda parte) do CC[344]. Isso porque, o que se verifica é a atribuição, pelas partes, de valor de declaração de vontade ao "*silêncio*"[345]

[340] Art. 473(...) Parágrafo único. Se, porém, dada a natureza do contrato, uma das partes houver feito investimentos consideráveis para a sua execução, a denúncia unilateral só produzirá efeito depois de transcorrido prazo compatível com a natureza e o vulto dos investimentos.

[341] PONTES DE MIRANDA, Francisco Cavalcanti, **Tratado de direito civil**, tomo LX, São Paulo: Revista dos Tribunais, 2012, pp. 423-435.

[342] Excluiremos desta análise as consequências de eventuais renovações sucessivas – se consideradas lícitas – pois dizem respeito a debate fora do escopo deste trabalho. Apontamos, contudo, a existência de dois posicionamentos: (i) contratos a termo renovados sucessivamente se desnaturam, e passam a ser considerados como firmados por tempo indeterminado; (ii) contratos a termo renovados sucessivamente mantêm a vigência dentro do termo (re) estabelecido. Cada posicionamento tem consequências distintas. Entender que o contrato passa a vigorar por termo indeterminado permite aos contratantes promoverem sua resilição unilateral a qualquer tempo – ainda que sujeitos às limitações impostas pela boa-fé e pelo parágrafo único do art. 473 do CC. Por outro lado, se o contrato permanece a termo, ainda que as partes não possam denunciá-lo antes do término pactuado, é mais difícil defender a manutenção do vínculo sob alegação de ilicitude da negativa de prorrogação.

[343] PONTES DE MIRANDA, Francisco Cavalcanti, **Tratado de direito civil**, tomo LX, São Paulo: Revista dos Tribunais, 2012, pp. 421-422.

[344] "Art. 122. São lícitas, em geral, todas as condições não contrárias à lei, à ordem pública ou aos bons costumes; entre as condições defesas se incluem as que privarem de todo efeito o negócio jurídico, ou o sujeitarem ao puro arbítrio de uma das partes".

[345] Art. 111. O silêncio importa anuência, quando as circunstâncias ou os usos o autorizarem, e não for necessária a declaração de vontade expressa.

de ambas na hipótese de ausência de notificação – no prazo estipulado – acerca do interesse de não prorrogação.

Seja na prestação de serviços, seja em outros tipos contratuais, as cláusulas que preveem a prorrogação automática do contrato firmado por adesão em caso de ausência de denúncia temporânea de qualquer das partes têm sido admitidas pelos tribunais, desde que (i) a opção pela não prorrogação seja verdadeiramente facultada a ambas as partes[346]; e (ii) a possibilidade de prorrogação automática em caso de não oposição seja adequadamente comunicada ao aderente, garantindo que dela tenha ciência, sob pena de não vinculação[347].

Considerando que ao estabelecer cláusula que preveja a prorrogação automática do contrato não há disposição que afaste direitos decorrentes da natureza do contrato de prestação de serviços, este tipo de cláusula não se sujeitaria à sanção de nulidade prevista pelo art. 424 do CC.

2.4.4. Exclusão e limitação de responsabilidade

Exceto se houver disposição legal em sentido contrário[348], todos respondem pelos próprios atos. Na esfera contratual, na qual predomina a liberdade de contratar, podem as partes limitar ou excluir a responsabilidade de cada contratante de acordo com a conveniência – sendo vedada apenas a exoneração de responsabilidade em casos de dolo ou culpa grave[349].

[346] No julgamento da Apelação nº 9233676-21.2008.8.26.0000 o Tribunal de Justiça do Estado de São Paulo entendeu não ser possível estabelecer, em contratos por adesão, cláusulas que estipulem a prorrogação automática do contrato caso o aderente deixe de cumprir as cotas mínimas pactuadas, implicando a vinculação perpétua do aderente, que seria vedada pelo ordenamento.

[347] No julgamento da Apelação nº 1060020-46.2014.8.26.0002 o Tribunal de Justiça do Estado de São Paulo entendeu que o aderente não havia se vinculado à cláusula que previa a possibilidade de prorrogação automática do contrato pois dela não havia sido devidamente cientificado. Isso porque, o instrumento no qual constou referida cláusula era apenas objeto de referência do contrato assinado. Ainda que o instrumento estivesse disponível para consulta (pois registrado em cartório), o Tribunal entendeu que o proponente violou seu dever de fidelidade, pautado na boa-fé, ao não indicar de forma expressa, no instrumento assinado, a possibilidade de prorrogação automática do contrato.

[348] Como, por exemplo, as atribuições de responsabilidade por atos de terceiros do art. 932 do CC.

[349] "[O] dano intencionalmente causado é repudiado pelo direito. (...) O fundamento da admissibilidade das cláusulas de limitação de responsabilidade é a liberdade das partes de

Diante disso, cumpre investigar se a possibilidade de limitação e/ou exclusão de responsabilidade se aplica integral ou parcialmente aos contratos firmados por adesão, tendo em vista que o afastamento das regras de responsabilidade – ainda que não cogentes – podem afetar a natureza do contrato[350].

Partindo da premissa estabelecida no capítulo 1.3, os contratos por adesão configuram uma categoria intermediária entre os contratos de consumo e os contratos civis e empresariais objeto de negociação. Se no extremo dos contratos negociados é vedada apenas a exclusão/limitação de responsabilidade em casos de dolo ou culpa grave, necessário verificar os limites impostos no extremo dos contratos de consumo – firmados ou não por adesão.

Prevê o art. 51, I do CDC serem nulas de pleno direito cláusulas inseridas em contratos de consumo que "*impossibilitem, exonerem ou atenuem a responsabilidade do fornecedor por vícios de qualquer natureza dos produtos e serviços ou impliquem renúncia ou disposição de direitos*". A lei, contudo, faz uma ressalva: se uma pessoa jurídica figurar como consumidor, "*a indenização poderá ser limitada, em situações justificáveis*".

Assim, é possível concluir que, ainda que excepcionalmente, o regime consumerista confirma a validade de cláusulas limitativas de responsabilidade inseridas em contratos de consumo; mas reforça a nulidade de cláusulas exoneratórias em tais contratos. Sendo o regime legal da contratação por adesão intermediário entre contratos de consumo e paritários, seria lógico concluir que cláusulas de limitação de responsabilidade não são, *per se*, vedadas nessa modalidade de contratação; persistindo a dúvida, nesse raciocínio, quanto às cláusulas de exoneração de responsabilidade.

Contudo, para além da lógica – tendo em vista que nem todo contrato por adesão é firmado apenas entre pessoas jurídicas ou é de consumo –, a conclusão acerca da possibilidade de inclusão de cláusulas de limitação/exoneração de responsabilidade passa pela resposta do seguinte questionamento: o dever

poder realocar entre si os riscos contratuais (mais precisamente, redefinir a configuração legal de distribuição dos riscos contratuais), mas o dano dolosamente cometido está fora do âmbito dos riscos contratuais: decorre de um ato que, por definição, está estreitamente sob o controle e a ingerência do devedor: um ato intencional", BAYEUX NETO, Jose Luiz, **A validade da cláusula de limitação de responsabilidade no direito privado e, em especial, no contrato de transporte de carga**, Dissertação de mestrado, Universidade de São Paulo, 2014, p. 147.

[350] ZANETTI, Cristiano de Souza, **Direito contratual contemporâneo – A liberdade contratual a sua fragmentação**, Rio de Janeiro: Forense, 2008, pp. 251-252.

de indenizar, ou, em outras palavras, o direito do aderente de ser indenizado pode ser entendido como direito decorrente da natureza do negócio para fins do art. 424 do CC?

As cláusulas de limitação de responsabilidade podem ser definidas como aquelas pelas quais as partes da relação contratual estipulam que a obrigação do devedor de indenizar o credor, em caso de ilícito contratual, será (ou poderá ser) menor. Sob uma perspectiva econômica, *"as cláusulas de limitação de responsabilidade consistem em um método de redistribuição dos riscos contratuais (...), independentemente de este efeito ter sido deliberado ou pretendido pelas partes"*[351].

As cláusulas de exoneração de responsabilidade, por sua vez, regram os casos em que se exclui o pagamento de indenização por uma das partes em determinadas hipóteses; privando totalmente o credor de seu direito a indenização. Assim, em contratos negociados, tais cláusulas podem ter a função de (i) distribuir ou transferir os riscos contratuais de forma eficiente, alocando-os no polo contratual que suporta os menores custos para preveni-los ou evitá-los; (ii) balancear os riscos do contrato entre as partes que têm maior ou menor aversão/apetite em suportá-los; (iii) mitigar os custos da assimetria de informações; e/ou (iv) mitigar os custos da insegurança jurídica[352].

Ocorre que, nos contratos por adesão, o aderente, ainda que possa ter ciência da existência de cláusula de limitação ou exoneração de responsabilidade no contrato, não pode – na maior parte dos casos – negociá-la ou solicitar seja excluída da avença. Ainda, pode não ter o aderente a intenção de contratar com terceiros que não sejam o proponente, muitas vezes porque tem interesse de com ele estabelecer e/ou desenvolver relação contratual[353].

351 BAYEUX NETO, Jose Luiz, **A validade da cláusula de limitação de responsabilidade no direito privado e, em especial, no contrato de transporte de carga**, Dissertação de mestrado, Universidade de São Paulo, 2014, p. 35.

352 BAYEUX NETO, Jose Luiz, **A validade da cláusula de limitação de responsabilidade no direito privado e, em especial, no contrato de transporte de carga**, Dissertação de mestrado, Universidade de São Paulo, 2014, pp. 35-56.

353 Lembrando que os contratos entendidos como de adesão obrigatória estão excluídos da presente análise. Com relação a eles, destaca a doutrina que são nulas as cláusulas de exclusão/limitação de responsabilidade, tendo em vista que "se o aceitante não pode deixar de utilizar o serviço monopolizado, pode, sem dúvida recusar exonerar o proponente de sua responsabilidade", AGUIAR DIAS, José de, **Cláusula de não indenizar**, Rio de Janeiro: Forense, 1980, p. 65

Dessa forma, nos contratos por adesão causa estranheza a busca pelo racional da alocação de riscos através das cláusulas de limitação de responsabilidade: não havendo negociação, não há um racional conjunto das partes quanto a alocação dos riscos da avença, mas sim a análise unilateral do predisponente que, tendencialmente, incluirá disposições que o favoreçam – dentre elas, limitações à sua responsabilidade. O enfoque, portanto, deve ser no impacto da cláusula de limitação/exclusão de responsabilidade sobre os direitos decorrentes da natureza do negócio. E a doutrina diverge a esse respeito.

Parte da doutrina defende que o art. 424 do CC tem como consequência a nulidade das cláusulas de limitação/exoneração de responsabilidade, tendo em vista considerar que "*a cláusula de não indenizar contém uma renúncia à indenização (...). O mesmo vale para a cláusula limitativa do dever de indenizar, porque também aí há renúncia a direito, ainda que parcial, por parte do aderente*"[354]. Na visão de quem defende esse posicionamento, como o art. 424 do CC não faz diferenciação entre renúncia total ou parcial ao fixar a nulidade como consequência, "*entende-se que esta proibição abrange tanto as cláusulas exoneratórias como as limitativas do dever de indenizar*"[355].

Em território intermediário se posiciona ZANETTI, para quem ainda que a regra geral seja a nulidade das cláusulas de limitação/exoneração de responsabilidade[356], são admitidas exceções. Portanto, para o autor, o "*predisponente deve sempre responder pela sua conduta, salvo se as particularidades do contrato forem importantes a ponto de autorizar estipulação em sentido diverso*"[357].

[354] AVELAR, Letícia Marquez, **A cláusula de não indenizar: uma releitura do instituto à luz do atual código civil brasileiro**, Dissertação de mestrado, Universidade de São Paulo, 2011, p. 153.

[355] AVELAR, Letícia Marquez, **A cláusula de não indenizar: uma releitura do instituto à luz do atual código civil brasileiro**, Dissertação de mestrado, Universidade de São Paulo, 2011, p. 153. Ver também: VENOSA, Sílvio de Salvo, **Direito civil: responsabilidade civil**, São Paulo: Atlas, 2007, pp. 59-60; e GONÇALVES, Carlos Roberto, **Responsabilidade Civil**, São Paulo: Saraiva, 2009, p. 836.

[356] Sendo a definição da responsabilidade essencial à preservação da natureza do negócio, "de pouco adianta conferir a titularidade do direito se à parte não é dada a possibilidade de responsabilizar a outra pela inobservância da conduta devida", ZANETTI, Cristiano de Souza, **Direito contratual contemporâneo – A liberdade contratual a sua fragmentação**, Rio de Janeiro: Forense, 2008, p. 152.

[357] ZANETTI, Cristiano de Souza, Contratos civis por adesão no direito latino-americano, **Obligaciones: contratos, responsabilidade; Grupo para la armonización del derecho**

Caminhando um pouco mais em direção à possibilidade de inclusão de cláusulas de limitação/exoneração de responsabilidade em contratos por adesão, BANDEIRA, em trabalho voltado à análise das cláusulas de não indenizar, alerta que "*nas relações intercivis ou interempresariais, concluir antecipadamente pela invalidade parece ser um exagero que não condiz com o ordenamento jurídico, sobretudo após uma análise mais atenta do art. 424 do Código Civil*"[358].

Nesse sentido, Wanderley FERNANDES, em sua tese de doutorado, defende que os direitos decorrentes da natureza do negócio seriam aqueles que derivam dos elementos essenciais e naturais, e o dever de indenizar não seria um deles: "*o dever de indenizar decorre do inadimplemento e não pode ser qualificado como direito decorrente da natureza do negócio, mas efeito comum a todo negócio jurídico*"[359].

Com base nesse raciocínio, defende que nos contratos por adesão, as cláusulas de limitação/exoneração de responsabilidade não seriam nulas *a priori*, mas seria possível, sob a ótica do art. 424 do CC concluir por sua nulidade caso tenham como efeito a limitação do conteúdo da obrigação, e, consequentemente, a limitação de direitos resultantes da natureza do negócio[360]. Ademais, nas cláusulas em que há limitação do valor da indenização, a validade

privado latino americano, Bogotá: Universidade Externado de Colombia, 2011, p. 515. Nesse ponto, cabe destacar que a limitação ou exoneração de responsabilidade não equivale às cláusulas de delimitação do objeto do contrato. Em um contrato de seguro, por exemplo, os limites da cobertura não configuram cláusulas de limitação/exoneração de responsabilidade, sendo o objeto específico da contratação: se pactuado um prêmio em determinado valor, este será o limite eventualmente desembolsado pela seguradora em caso de sinistro, pois ela se limita à cobertura pactuada entre as partes.

358 BANDEIRA, Luiz Octávio Villela de Viana, **As cláusulas de não indenizar no direito brasileiro**, São Paulo: Almedina, 2016, p. 144.

359 FERNANDES, Wanderley, **Cláusulas de exoneração e limitação de responsabilidade**, Tese de Doutorado, Universidade de São Paulo, 2011, p. 151.

360 "Portanto, entendemos que a apreciação da validade da cláusula deverá ser feita no caso concreto, inexistindo cláusulas nulas *a priori*. Considerando-se que as cláusulas de exoneração ou de limitação de responsabilidade, embora não se confundam com cláusulas de limitação do conteúdo da obrigação, possam, da mesma forma que estas, importar em renúncia a direitos resultantes da natureza do negócio, deverá o intérprete e aplicador do direito avaliar os requisitos de validade da cláusula, sob o disposto no art. 424 do Código Civil e no contexto concreto para o qual ela foi predisposta no contrato por adesão", FERNANDES, Wanderley, **Cláusulas de exoneração e limitação de responsabilidade**, Tese de Doutorado, Universidade de São Paulo, 2011, p. 153.

da cláusula dependeria da análise do caso concreto, e da razoabilidade do limite fixado[361].

O segundo e terceiro posicionamentos, apesar de divergentes (presunção – não absoluta – de nulidade *versus* presunção de validade), possuem importante ponto de convergência: a conclusão pela invalidade depende das características do negócio a ser analisado, pois elas seriam capazes de, de um lado, justificar a previsão de limitação/exoneração de responsabilidade, ou, de outro, demonstrar que a cláusula de não indenizar impacta os direitos que decorrem daquele contrato.

Analisemos com um exemplo: nos contratos bilaterais translativos de propriedade, a coisa objeto da prestação pode ser rejeitada pelo adquirente se possuir defeitos ocultos que a tornem imprópria ao uso a que se destina ou lhe reduzam o valor. A garantia legal de que o adquirente poderá desfazer o negócio ou requerer uma redução proporcional do preço pago é, nesse tipo de contrato, um elemento que decorre de sua natureza. A responsabilidade por vícios redibitórios, assim, não pode ser afastada em contratos por adesão, sob pena de nulidade nos termos do art. 424 do CC.

Por outro lado, as cláusulas que limitam o valor da indenização a ser paga podem não encontrar obstáculo no art. 424 do CC. Em primeiro lugar, pois a depender do valor do dano, a cláusula limitativa sequer produzirá efeitos. Em segundo lugar, pois a redução do valor a ser eventualmente pago a título de indenização pode não implicar a redução do conteúdo da obrigação.

Ademais, as cláusulas de limitação/exoneração de responsabilidade, mesmo em contratos por adesão, podem resultar em vantagens ao aderente que justificam sua inclusão.

Passemos a um segundo exemplo, retirado dos tribunais. No julgamento do recurso especial nº 1.076.465, o STJ deu parcial provimento a recurso especial

[361] "Quanto às cláusulas de limitação de responsabilidade, entendemos que não ferem o disposto no artigo 424, pelas mesmas razões acima e pelo fato de que não representam propriamente a renúncia a direito decorrente da natureza do negócio, até porque não excluem a responsabilidade, mas, simplesmente, definem o limite do valor da indenização. Ressalvando-se, no entanto, que deverá ser analisada a razoabilidade do valor máximo da indenização, o que, mais uma vez, somente poderá ser aferido no caso concreto", FERNANDES, Wanderley, **Cláusulas de exoneração e limitação de responsabilidade**, Tese de Doutorado, Universidade de São Paulo, 2011, p. 154.

que discutia validade de cláusula limitativa de responsabilidade em contrato de transporte marítimo internacional.

A Corte reputou válida a cláusula limitativa de responsabilidade, pois, apesar de estar inserida em contrato por adesão, foi firmada por partes consideradas "iguais", além de terem sido conferidas ao aderente duas modalidades de contratação. Uma primeira, na qual se paga o frete correspondente ao valor declarado das mercadorias, e uma segunda, na qual se paga um valor reduzido de frete, sem menção do valor da carga a ser transportada, havendo, neste caso, limitação de responsabilidade da transportadora em casos de avaria da carga.

Diante disso, considerou-se respeitada a liberdade de escolha do aderente, que optou por contratar um frete mais barato, e, em contrapartida, uma limitação de responsabilidade da transportadora em caso de avaria da carga.

Verifica-se, que, neste caso, a possibilidade de limitação da responsabilidade foi considerada correspondente ao pagamento, pelo aderente, de um valor menor pelo contrato de transporte. A redução da esfera de obrigações do proponente veio acompanhada da mesma redução no que dizia respeito ao aderente, por isso, reputou-se válida a cláusula.

Conclui-se, assim, que o art. 424 do CC não veda ou autoriza de forma absoluta as cláusulas de limitação/exclusão de responsabilidade.

2.4.5. Exceção do contrato não cumprido

Nos contratos bilaterais vigora a regra de que nenhum dos contratantes pode, antes de dar cumprimento à sua obrigação, exigir aquela de sua contraparte[362]. Isso porque, nos contratos sinalagmáticos, as prestações de ambas as partes "*se encontram unidas por um vínculo de reciprocidade ou interdependência*" possuindo, cada uma, prestações que são "*correlatas e dependentes entre si*"[363].

Diante disso, ambos os contratantes podem se valer da chamada "*exceção do contrato não cumprido*", que pode ser definida como "*um contradireito por meio do qual a parte contra quem se pede, judicial ou extrajudicialmente, o adimplemento*

[362] Art. 476 do CC: Nos contratos bilaterais, nenhum dos contratantes, antes de cumprida a sua obrigação, pode exigir o implemento da do outro.

[363] BIAZI, João Pedro de Oliveira, **Exceção do contrato não cumprido no direito privado brasileiro**, Rio de Janeiro: GZ Editora, 2019, p. 105.

de uma prestação fundada em vínculo sinalagmático, pode recusar-se a cumpri-la, de modo a neutralizar a eficácia da pretensão da parte demandante"[364]. É considerada um elemento categorial do negócio jurídico, pois decorre de previsão legal, sendo, contudo, derrogável, pois seu afastamento pelas partes não implica a mudança de tipo do negócio pactuado.

A exceção do contrato não cumprido somente pode ser oposta quando a lei ou o próprio contrato não estabelecerem a qual das partes cabe primeiro cumprir a obrigação. Ou seja, é necessário que os deveres das partes sejam, além de sinalagmáticos, contemporaneamente exigíveis no momento do exercício da exceção.

O exercício da exceção do contrato não cumprido pode ser afastado pela vontade das partes mediante celebração de cláusula contratual que (i) estipule o cumprimento não simultâneo das obrigações; ou (ii) impeça que determinada parte faça uso da exceção, mesmo diante do preenchimento de todos os pressupostos de aplicação – a chamada cláusula *solve et repete.*

Ao preverem o cumprimento das obrigações de maneira não simultânea, as partes obtêm como resultado, ainda que tácito, o afastamento da possibilidade de exercer a exceção do contrato não cumprido. Ainda que tenha esta consequência, o estabelecimento de uma ordem para as prestações é, *a priori*, válido, inclusive nos contratos firmados por adesão. Isso porque é comum, e também conveniente, que as prestações ocorram de forma sucessiva, e não contemporânea.

> "O contrato, ao prever que determinado contratante preste primeiro que a contraparte, modela a relação jurídica obrigacional e propõe uma cartilha ao processo que ambas as partes seguirão para a obtenção do adimplemento, e não impõe, a princípio, um desequilíbrio manifesto e exagerado entre as partes"[365].

Voltemos ao contrato de prestação de serviços. Por força do artigo 597 do CC, a regra legal é de que a remuneração apenas será paga após a prestação

[364] BIAZI, João Pedro de Oliveira, **Exceção do contrato não cumprido no direito privado brasileiro**, Rio de Janeiro: GZ Editora, 2019, p. 118.
[365] BIAZI, João Pedro de Oliveira, **Exceção do contrato não cumprido no direito privado brasileiro**, Rio de Janeiro: GZ Editora, 2019, p. 240.

do serviço (se as partes não tiverem disposto em sentido diverso). Verifica-se, assim, que a aplicação da regra legal traz como consequência a impossibilidade de o prestador arguir a exceção do contrato não cumprido, pois apenas terá o direito ao recebimento da remuneração após a execução da prestação.

Diferente é o caso da inclusão no contrato da cláusula conhecida como *solve et repete*, cujo propósito é impedir que determinada parte contratante possa opor a exceção do contrato não cumprido, ainda que presentes todos os requisitos para que possa fazê-lo, ao ser cobrada pelo exercício da pretensão de sua contraparte.

Sendo a exceção do contrato não cumprido elemento decorrente da natureza do negócio (aplicável aos contratos onerosos), pactuar a impossibilidade de seu exercício pelo aderente encontra óbice no art. 424 do CC[366]. Não se pode, portanto, em princípio, admitir a cláusula *solve et repete* nos contratos por adesão[367].

2.4.6. Cessão do contrato

O art. 605 do CC[368] prevê a impossibilidade de cessão do contrato por ambas as partes sem que haja autorização prévia da contraparte. O dispositivo alcança ambos os contratantes: "*qualquer cessão contratual requer o assentimento do outro contratante*"[369]. Ocorre que é possível que a regra legal seja afastada

366 "A diferença entre a cláusula *solve et repete* e a estipulação de ordem nas prestações se justifica pelo potencial impacto que cada disposição tem na manutenção do equilíbrio contratual e do sinalagma funcional. A cláusula *solve et repete* não se destina à satisfação de uma eficiência pragmática do tráfico econômico, como é o caso das disposições que apontam uma ordem no cumprimento das obrigações. Como seu propósito é, unicamente, remover de determinada parte determinada situação jurídica ativa – no caso, um contradireito –, é razoável uma estruturação mais severa do ordenamento quanto a sua validade em ambientes de menor liberdade contratual", BIAZI, João Pedro de Oliveira, **Exceção do contrato não cumprido no direito privado brasileiro**, Rio de Janeiro: GZ Editora, 2019, pp. 241-242.

367 ZANETTI, Cristiano de Souza, Contratos civis por adesão no direito latino-americano, **Obligaciones: contratos, responsabilidade; Grupo para la armonización del derecho privado latino americano**, Bogotá: Universidade Externado de Colombia, 2011, p. 505.

368 Art. 605. Nem aquele a quem os serviços são prestados, poderá transferir a outrem o direito aos serviços ajustados, nem o prestador de serviços, sem aprazimento da outra parte, dar substituto que os preste.

369 ROSENVALD, Nelson, Arts. 482 a 652 – Contratos (em espécie), **Código Civil Comentado – Doutrina e Jurisprudência**, 4ª ed., Barueri, Manole, 2010, p. 632.

pelas partes, mediante a previsão contratual que autorize desde logo a cessão do contrato por ambos ou um dos contratantes.

A cessão do contrato (ou da posição contratual) consiste "*na substituição de um dos contratantes por outra pessoa que passa a figurar na relação jurídica como se fora a parte de quem tomou lugar. É em suma a transferência negocial a um terceiro do conjunto de posições contratuais*"[370].

A cessão do contrato não é diretamente regulada pelo Código Civil, que traz previsão pontual sobre "transferência do contrato" em seu art. 785[371], complementada pela expressão "trespasse" utilizada pela legislação especial para designar a transmissão da posição no contrato de compra e venda de imóveis (Lei n 6.766/1979, art. 31[372]). Contudo, a prática é amplamente admitida desde a vigência do antigo Código, sendo essencialmente regulada pela doutrina[373].

Para que seja possível a cessão é necessário que o contrato seja sinalagmático e que as prestações não tenham sido satisfeitas, no todo, pelos contratantes. Além disso, é imprescindível o consentimento de todas as partes: cedente (aquele que cede a posição contratual), cedido (a contraparte) e cessionário (o que ingressa no contrato). "*O concurso dessas três vontades é tão necessário que alguns veem na cessão novo contrato*"[374].

O consentimento do cedido pode ser dado previamente, posteriormente, ou simultaneamente à cessão. Nos interessa, neste trabalho, o consentimento prévio[375]. A esse respeito, afirma Orlando GOMES que "[*n*]*enhuma razão decisiva*

370 GOMES, Orlando, **Contratos**, Rio de Janeiro: Forense, 2008, p. 173.

371 Art. 785. Salvo disposição em contrário, admite-se a transferência do contrato a terceiro com a alienação ou cessão do interesse segurado.

372 Art. 31. O contrato particular pode ser transferido por simples trespasse, lançado no verso das vias em poder das partes, ou por instrumento em separado, declarando-se o número do registro do loteamento, o valor da cessão e a qualificação do cessionário, para o devido registro.

373 WAISBERG, Ivo, Autorização prévia da cessão de contrato nos contratos de adesão, **Revista do Instituto dos Advogados de São Paulo**, São Paulo, ano 3, v. 6, jul./dez. 2000, pp. 71-101.

374 GOMES, Orlando, **Contratos**, Rio de Janeiro: Forense, 2008, p. 178.

375 "Para efeitos de análise de sua validade em contratos de adesão, essas modalidades [simultânea e posterior] pouco interessam, pois se o cedido, ainda que aderente no contrato-base, comparece no momento da cessão e consente, ou se a ratifica posteriormente, é de se entender que, ao menos no negócio de cessão, não agiu como aderente, mas sim como parte cedida normalmente", WAISBERG, Ivo, Autorização prévia da cessão de contrato nos

obsta a que se estipule no contrato que um dos contratantes possa transpassa-lo a quem quer que venha a indicar"[376].

Sendo possível a autorização prévia à cessão contratual, cabe analisar sua validade quando inserida em contrato de prestação de serviços firmado por adesão, em razão da precariedade do consentimento do aderente, bem como da existência de norma de direito dispositivo que preveja regra em sentido contrário.

Ao analisar a cessão do contrato em contratos de adesão – sem tomar em conta um tipo específico – Ivo WAISBERG desenha dois cenários: um primeiro, em que há autorização exclusiva do aderente, para que o proponente ceda sua posição contratual, e um segundo, em que há autorização para que ambas as partes o façam.

No primeiro caso, reputa inválida a cláusula que permita apenas ao proponente ceder sua posição contratual. Isso porque, ao conferir apenas si próprio a possibilidade de se fazer substituir por terceiro, desconhecido ao aderente, "*o estipulante fere os princípios contratuais da boa-fé e da justiça contratual* (...), *viola até mesmo o dever de lealdade que, a nosso ver, deve estar presente mesmo no momento da elaboração, principalmente no caso do contrato de adesão*"[377].

No segundo caso, defende que seria válida a cláusula que permite a ambas as partes cederem sua posição contratual se isso significar uma repartição equânime de riscos. Ou seja, se houver a efetiva possibilidade de que qualquer um dos contratantes ceda sua posição em razão de haver valor econômico a ela agregado.

Divergimos da posição defendida pelo autor. Ainda que haja autorização da cessão da posição contratual apenas ao proponente, ou que seja apenas a ele efetiva a dupla autorização, entendemos não ser possível – como em alguns dos casos analisados neste capítulo – afirmar existir uma nulidade em absoluto.

Caso não decorra das circunstâncias negociais ou do contrato efetivamente firmado pelas partes a evidência de que a obrigação foi contratada em razão da confiança investida em determinado agente, não haveria sentido em

contratos de adesão, **Revista do Instituto dos Advogados de São Paulo**, São Paulo, ano 3, v. 6, jul./dez. 2000, pp. 71-101.

[376] GOMES, Orlando, **Contratos**, Rio de Janeiro: Forense, 2008, p. 179.

[377] WAISBERG, Ivo, Autorização prévia da cessão de contrato nos contratos de adesão, **Revista do Instituto dos Advogados de São Paulo**, São Paulo, ano 3, v. 6, jul./dez. 2000, pp. 71-101.

defender absoluta proibição, mesmo em contrato de prestação de serviços firmados por adesão.

É importante lembrar que nossa análise se dá no âmbito de contratos civis e empresariais, sem a hipossuficiência ou não profissionalidade característicos das relações de consumo. À evidência de que é mais importante ao aderente a prestação do serviço em si, e não exatamente quem o faz, não faria sentido conferir a ele proteção superior àquela desejada (nos termos da sua efetiva declaração de vontade).

Para além disso, há outros fatores, que não somente o valor da posição contratual, que podem levar à conclusão pela invalidade da cláusula. Um deles, que possui alguma intersecção com a discussão sobre cláusulas de exclusão e limitação de responsabilidade, é a possibilidade de a cessão do contrato resultar em supressão de garantias ao aderente. Ou seja, uma cláusula potencialmente válida que autorize previamente cessão contratual – pois efetivamente bilateral – poderia ser considerada inválida caso resultasse em perda de garantias apenas ao aderente, por exemplo.

2.4.7. Cláusula de eleição de foro e cláusula compromissória

Dentre as cláusulas cuja análise é pertinente a este trabalho, há uma espécie que não diz respeito às obrigações das partes, ou aos elementos do negócio jurídico que, contudo, é objeto de debate quando o contrato no qual está inserida é firmado por adesão, qual seja: a cláusula relacionada à solução de disputas. Referida cláusula pode objetivar apenas alterar a competência territorial que decorreria da lei (cláusula de eleição de foro) bem como retirar a competência do judiciário para dirimir eventual disputa, que ficará sujeita à jurisdição de um tribunal arbitral (cláusula compromissória).

Adiantamos que apesar do contorno contratual que cláusulas de tal natureza possam conter – em especial a cláusula compromissória –, a forma ou local de solução de disputas que decorram do contrato não se encontram entre os elementos do negócio jurídico, por se tratarem de questões de direito processual. De todo modo, a análise de como tais cláusulas são percebidas pela legislação, doutrina e jurisprudência podem auxiliar nosso estudo acerca dos limites da autonomia privada nos contratos por adesão.

Comecemos pela cláusula de eleição de foro.

O Código de Processo Civil (aqui também mencionado como CPC) prevê em seus artigos 41 a 64 as regras gerais de competência, que é regulada em razão do valor, da matéria, do território e da função. Dentre tais regras, há a autorização legal de que as partes modifiquem "*a competência em razão do valor e do território, elegendo foro onde será proposta ação oriunda de direitos e obrigações*" (art. 63 do CPC). Esse mecanismo de modificação da competência é conhecido como cláusula de eleição de foro. Assim, podem as partes inserir no contrato cláusula através da qual afastam as regras gerais e especiais de competência relativas ao território (como do domicílio do réu como regra geral, ou o do local do dano como regra especial).

No regime legal anterior, em razão da reforma promovida ao Código de Processo Civil de 1973 pela lei 11.280/2006, havia previsão de que "*a nulidade da cláusula de eleição de foro, em contrato de adesão, pode ser declarada de ofício pelo juiz*". Em razão disso, discutia-se como deveria ser interpretada, na prática, a possibilidade de declaração de ofício de nulidade considerada relativa. Isso porque a regra geral era de que ainda que a demanda fosse proposta perante juízo territorialmente incompetente – independentemente da existência de cláusula contratual –, este passaria a ser competente caso não houvesse questionamento pelo réu. A resposta dada pela doutrina era de que a declaração de ofício não era da incompetência do magistrado, que afetaria a liberdade de disposição das partes, mas da cláusula contratual em si[378].

Com a reforma processual de 2015, houve alteração da norma: retirou-se a referência exclusiva aos contratos por adesão, e alterou-se a consequência legal para a ineficácia da cláusula de eleição de foro, que pode ser declarada de ofício ou por provocação do réu (§§ 3º e 4º do art. 63 do Código de Processo Civil[379]).

[378] NERY JUNIOR, Nelson; NERY, Rosa Maria de Andrade, **Código de processo civil comentado e legislação extravagante**, São Paulo: Revista dos Tribunais, 1ª ed. em e-book baseada na 13ª ed. impressa, 2013; e MARINONI, Luiz Guilherme; MITIDIERO, Daniel, **Código de processo civil comentado**, São Paulo: Revista dos Tribunais, 4ª ed. em e-book baseada na 4ª ed. impressa, 2018.

[379] Art. 63. As partes podem modificar a competência em razão do valor e do território, elegendo foro onde será proposta ação oriunda de direitos e obrigações.

§ 3º Antes da citação, a cláusula de eleição de foro, se abusiva, pode ser reputada ineficaz de ofício pelo juiz, que determinará a remessa dos autos ao juízo do foro de domicílio do réu.

A alteração da consequência legal de nulidade para ineficácia está em consonância com a consequência imposta ao réu caso deixe de questionar a cláusula de eleição de foro em sua contestação, qual seja: a preclusão. Fosse nulidade a consequência prevista, não se poderia falar em preclusão ou convalidação. Contudo, a justificativa da doutrina para a autorização do controle da cláusula de eleição de foro de ofício pelo magistrado permanece a mesma do regime anterior. Afirma-se que:

> "O magistrado, com efeito, não exerce controle sobre a competência relativa, mas, sim, sobre a cláusula contratual que a estabelece. A consequência de se alterar de ofício o foro competente redunda, assim, do afastamento da cláusula abusiva – e, portanto, nula –, sendo a competência relativa controlada apenas mediatamente, uma vez que o objeto imediato de apreciação do magistrado, insista-se, é a cláusula contratual"[380].

A explicação justifica a apreciação de ofício, mas não a possibilidade de preclusão da análise da matéria, prevista pelo §4º do art. 63 do CPC. Nesse ponto, a explicação parece ser de que como aferição da abusividade da cláusula passa pelas consequências processuais impostas ao aderente, se ele, enquanto réu, não verifica prejuízo à sua atuação processual, deixa de existir requisito para que se repute a cláusula como abusiva[381].

Essa conclusão se justifica, pois as regras de competência, como dito acima, não configuram "*direito resultante da natureza do negócio*", estando fora do escopo de aplicação do art. 424 do CC. Em razão disso, para que se possa falar na ineficácia da cláusula de eleição de foro, é preciso que se verifique, na prática, prejuízo ao direito de defesa ao acesso à justiça do aderente. "*Há de se*

§ 4º Citado, incumbe ao réu alegar a abusividade da cláusula de eleição de foro na contestação, sob pena de preclusão.

380 TEPEDINO, Gustavo; OLIVA, Milena Donato, Controle de Abusividade da Cláusula de Eleição de Foro, **Revista de Direito do Consumidor**, vol. 109, 2017, pp. 187-205.

381 "A preclusão, note-se, não significa convalescimento de nulidade absoluta, mas a anuência à eleição do foro posteriormente ao litígio, o que retira a abusividade própria (do exercício do direito) à fixação prévia do foro competente", TEPEDINO, Gustavo; OLIVA, Milena Donato, Controle de Abusividade da Cláusula de Eleição de Foro, **Revista de Direito do Consumidor**, vol. 109, 2017, pp. 187-205.

verificar se a cláusula de eleição de foro gera desvantagem processual caracterizada pela real dificuldade do exercício dos direitos processuais por uma das partes"[382].

A jurisprudência, há quase trinta anos, vem decidindo pela potencial validade de cláusulas de eleição de foro em contratos por adesão. Quando do julgamento do Recurso Especial 13.451-0/SC, a cláusula de eleição de foro inserida em contrato por adesão foi debatida pelos Ministros que concluíram, por maioria de votos, por sua validade.

A principal justificativa foi de que afastar a cláusula apenas em decorrência da modalidade de contratação seria incompatível com reputar existente e válido o restante do contrato. Ademais, ponderou-se que no caso concreto a cláusula não resultava em dificuldades ao aderente, mas sim relutância deste com propósito de dificultar a propositura da ação.

Desde então, consolidou-se o entendimento de que a cláusula de eleição de foro inserida em contrato por adesão apenas poderá ser reputada ineficaz (nos termos do Código de Processo Civil de 2015) quando demonstrada a hipossuficiência ou dificuldade de acesso da parte ao Poder Judiciário.

Para realizar esta análise, três fatores são considerados: (i) se, no momento da celebração do contrato, o aderente dispunha de intelecção suficiente para compreender o sentido e as consequências da cláusula; (ii) se a cláusula dificulta o acesso ao Poder Judiciário; ou (iii) se o contrato é de adesão obrigatória (envolve produto ou serviço fornecido com exclusividade por determinada empresa – como serviços públicos). Não sendo o contrato de adesão obrigatória, não havendo prejuízo no exercício do direito de defesa, e possuindo a parte discernimento para entender o que contratou, reputa-se eficaz a cláusula de eleição de foro.

Em um cenário de contratos firmados entre partes iguais (civis e empresariais) e de predominância do processo eletrônico (cujos autos podem ser acessados remotamente desde que a parte possua conexão à internet), tendem a ser cada vez mais restritos os casos em que os tribunais reputarão ineficazes cláusulas de eleição de foro em contratos por adesão.

Analisada essa primeira questão, passemos à cláusula compromissória.

382 TEPEDINO, Gustavo; OLIVA, Milena Donato, Controle de Abusividade da Cláusula de Eleição de Foro, **Revista de Direito do Consumidor**, vol. 109, 2017, pp. 187-205.

A cláusula compromissória é definida pela Lei nº 9.307/96 ("Lei de Arbitragem") como "*convenção através da qual as partes de um contrato comprometem-se a submeter à arbitragem os litígios que possam surgir, relativamente a tal contrato*" (art. 4º). É considerada um negócio jurídico processual, e a vontade manifestada pelas partes produz efeitos desde a sua contratação. Os efeitos são ditos negativos com relação ao processo estatal (afastando a competência do Poder Judiciário) e positivos com relação ao processo arbitral (pois atribuiu jurisdição aos árbitros)[383].

No que diz respeito à forma, a Lei de Arbitragem exige que a cláusula seja firmada por escrito (art. 4º, §1º[384]). Nos contratos por adesão, são impostos requisitos adicionais à contratação da cláusula compromissória. Prevê o § 2º do art. 4º que "*nos contratos de adesão, a cláusula compromissória só terá eficácia se o aderente tomar a iniciativa de instituir a arbitragem ou concordar, expressamente, com a sua instituição, desde que por escrito em documento anexo ou em negrito, com a assinatura ou visto especialmente para essa cláusula*".

Diante da redação do artigo, passou-se a questionar se, para que se considere que o aderente concordou expressamente com a instituição da arbitragem, bastaria que a cláusula compromissória estivesse destacada em negrito no contrato e contasse com assinatura/rubrica específica, ou se seria necessária a manifestação de concordância do aderente quando da instauração da arbitragem. O primeiro entendimento é o que prevalece.

A exigência para os contratos por adesão (negrito com assinatura específica) está inserida no artigo que regula a contratação da cláusula compromissória, tanto que seus requisitos formais (documento escrito em negrito ou em anexo) são completamente distintos daqueles necessários à assinatura do compromisso arbitral (artigos 9º a 11 da Lei de Arbitragem[385]).

383 CARMONA, Carlos Alberto, **Arbitragem e processo: um comentário à Lei n. 9.307/96**, São Paulo: Atlas, 2009, p. 102.

384 Art. 4º § 1º A cláusula compromissória deve ser estipulada por escrito, podendo estar inserta no próprio contrato ou em documento apartado que a ele se refira.

385 Art. 9º O compromisso arbitral é a convenção através da qual as partes submetem um litígio à arbitragem de uma ou mais pessoas, podendo ser judicial ou extrajudicial.

§ 1º O compromisso arbitral judicial celebrar-se-á por termo nos autos, perante o juízo ou tribunal, onde tem curso a demanda.

§ 2º O compromisso arbitral extrajudicial será celebrado por escrito particular, assinado por duas testemunhas, ou por instrumento público.

Ademais, a parte final do artigo faz referência à "essa cláusula", ou seja, à cláusula compromissória.

Ademais, entender que seria necessária a manifestação expressa de concordância do aderente quando da instauração da arbitragem seria sujeitar contratos civis e empresariais ao regime do Código de Defesa do Consumidor[386]. Como alerta Cândido DINAMARCO a finalidade da Lei de arbitragem é assegurar que a manifestação de vontade do aderente para contratar a arbitragem seja consciente, enquanto a do Código de Defesa do Consumidor é assegurar que a manifestação do consumidor seja "livre"[387].

Parte da doutrina vai além, e defende que a exigência de forma da Lei de Arbitragem para a contratação da cláusula compromissória em contratos por adesão se restringe às hipóteses em que o aderente seja efetivamente hipossuficiente face ao proponente[388].

Na jurisprudência, além de haver uma tendência de análise da validade/eficácia da cláusula compromissória pelo Judiciário (em detrimento do art. 8º da Lei de Arbitragem[389]), verifica-se que esta análise, em alguns casos, não leva em consideração apenas o preenchimento dos requisitos formais do § 2º do art. 4º da Lei, mas a "*existência ou não de efetiva vulnerabilidade da parte*

[386] No que diz respeito à cláusula compromissória nos contratos de consumo, a vedação à contratação compulsória da arbitragem é lida com a impossibilidade de impor ao consumidor a solução de uma disputa por arbitragem. Contudo, surgida a disputa, e se o consumidor der início à arbitragem, ou concordar com a solução do litígio existente por esse método, entende-se que não houve compulsoriedade, possibilitando o recurso à arbitragem no bojo de um contrato de consumo.

[387] DINAMARCO, Cândido Rangel, **A arbitragem na teoria geral do processo**, São Paulo: Malheiros, 2013, p. 80.

[388] "Desse modo, a doutrina parte de premissa correta (norma especialmente protetiva ou 'hiperproteção do hipossuficiente'), mas presume sempre a hipossuficiência do contratante--aderente, o que conduz, na prática, em muitas ações a uma aplicação 'disfuncional' do preceito normativo contido na LArb art. 4º § 2º", RODOVALHO, Thiago, **Cláusula Arbitral nos Contratos de Adesão: Contratos de Adesão de Consumo–Contratos de Adesão Civis–Contratos de Adesão Empresariais**, São Paulo, Almedina, 2016, p. 22.

[389] Art. 8º A cláusula compromissória é autônoma em relação ao contrato em que estiver inserta, de tal sorte que a nulidade deste não implica, necessariamente, a nulidade da cláusula compromissória.
Parágrafo único. Caberá ao árbitro decidir de ofício, ou por provocação das partes, as questões acerca da existência, validade e eficácia da convenção de arbitragem e do contrato que contenha a cláusula compromissória.

aderente, especialmente nos casos com partes empresárias", afastando tais requisitos nas "*situações em que não existe efetiva hipossuficiência da parte que adere à convenção arbitral*"[390].

Da análise de ambas as cláusulas (eleição de foro e compromissória) é possível perceber que seu controle é exercido com objetivo comum: garantir que o aderente efetivamente (i) compreenda o que contratou e (ii) exerça seu direito de ação e de defesa. Ainda que estejam excluídas do controle com base no art. 424 do CC, as razões para o afastamento de tais cláusulas são bastante semelhantes àquelas utilizadas para declarar nulas cláusulas que afastam direitos do aderente que decorram da natureza do negócio. Com isso em mente, passemos à investigação do fundamento da limitação à autonomia privada prevista no art. 424 do CC.

[390] BERGAMASCHI André Luís; CREPALDI, Livia Maria de Souza; HADDAD Ana Olivia Antunes, et al., Pontos de intersecção entre a arbitragem e o Poder Judiciário: uma análise dos julgados do STJ e das Câmaras de Direito Privado do TJSP do ano de 2016, **Revista Brasileira de Arbitragem**, Volume XIV Issue 54, 2017, p. 52.

3.
Fundamento do Art. 424 do Código Civil

Nos contratos negociados ambas as partes são responsáveis pelo conteúdo do contrato e tratadas como tendo querido as suas consequências vinculativas. Diante disso, a imposição dos efeitos do contrato (*pacta sunt servanda*) "*decorre da possibilidade de autotutela dos interesses pessoais, de afirmação, perante a contraparte, de uma vontade própria a ter em conta na conformação com conteúdo do contrato*"[391]. Isso, contudo, não se verifica nos contratos por adesão.

Como estudado no primeiro capítulo, as características marcantes dos contratos por adesão são a elaboração prévia do conteúdo contratual sem que haja possibilidade de debate ou negociação desse conteúdo pelo aderente, a quem resta apenas a opção de contratar ou não contratar. Precisamente por esse motivo, é comum que o proponente (aqui entendido como aquele que tem controle do conteúdo do contrato) estipule um regramento que, pautado em seu interesse exclusivo, lhe beneficie, o que pode ocorrer em detrimento do aderente[392].

Isso porque sempre que a uma das partes do contrato seja conferida a possibilidade de optar por derrogar (parcialmente ou por completo) os direitos de natureza dispositiva – em especial aqueles que integram a disciplina do tipo –,

[391] RIBEIRO, Joaquim José Coelho de Sousa, **O problema do contrato: as cláusulas contratuais gerais e o princípio da liberdade contratual**, Coimbra: Almedina, 1999, p. 287.

[392] MIRANDA, Custódio da Piedade Ubaldino, **Comentários ao Código Civil: dos contratos em geral (artigos 421 a 480)**, v. 5, São Paulo: Saraiva, 2013, p. 101.

e aqueles socialmente esperados – pois relacionados ao fim do contrato – esta parte poderá conferir a seus interesses tutela e organização distinta daquela pensada pelo legislador ou estabelecida pela praxe. Com isso, poderá o proponente "*atribuir a si próprio lucros e vantagens superiores àquelas que na avaliação do legislador se representariam devidas na hipótese*"[393].

Do outro lado da relação contratual temos a figura do aderente, que, por sua vez, vê-se "*impossibilitado, na prática, de cumprir os ônus de conduta negocial normalmente colocados às partes num contrato*"[394]. Diante disso, o ordenamento confere uma proteção ao aderente que implica a limitação ao exercício da autonomia privada – e que se concretiza através da limitação do conteúdo do contrato. Tal proteção suscita um último questionamento a ser endereçado por este trabalho: qual o fundamento da limitação prevista pelo art. 424 do CC?

Comecemos nossa análise com um olhar "*para fora*" a fim de verificar, em outros ordenamentos, os fundamentos por eles adotados para a limitação da autonomia privada nos contratos por adesão. Na sequência, será necessário verificar se tais fundamentos do direito estrangeiro podem, de alguma forma, auxiliar na busca pelo fundamento da limitação de conteúdo imposta pelo direito brasileiro aos contratos por adesão.

3.1. Direito estrangeiro

O texto do art. 424 do CC data de 1975, quando da redação do projeto que deu origem ao atual Código Civil. Naquele momento, o único diploma que regulava a contratação por adesão era o Código Civil italiano de 1942. O art. 1.341[395] daquele diploma, que tratava das cláusulas contratuais gerais, exigia que determinadas cláusulas do conteúdo contratual estipulado pelo

393 MELO, Diogo Machado de, **Cláusulas contratuais gerais, cláusulas abusivas e o Código Civil de 2002**, Dissertação de Mestrado, Pontifícia Universidade Católica de São Paulo, 2006, p. 197.

394 RIBEIRO, Joaquim José Coelho de Sousa, **O problema do contrato: as cláusulas contratuais gerais e o princípio da liberdade contratual**, Coimbra: Almedina, 1999, p. 288.

395 Art. 1.341 Condições gerais dos contratos.
As condições gerais do contrato estabelecidas por um dos contratantes são efetivas em relação ao outro, se no momento da conclusão do contrato ele as conhecia ou deveria tê-las conhecido por diligência ordinária.

proponente fossem objeto de expressa concordância do aderente. Não se limitava a autonomia privada, impondo-se apenas uma exigência de ciência prévia do aderente.

Ocorre que, desde 1975, o fundamento, no direito estrangeiro, para a limitação da liberdade de contratar nos contratos firmados por adesão passou por constante evolução. Evolução esta que foi contemporânea ao período em que o projeto do atual Código Civil brasileiro permaneceu em trâmite legislativo. Ainda que a redação do art. 424 do CC não tenha sido objeto de modificação ao longo dos quase trinta anos em que o projeto permaneceu no Congresso Nacional, as razões que justificam a proteção do aderente, nesse tipo de contratação, foram objeto de constante desenvolvimento.

Dessa forma, é pertinente voltarmos nosso olhar para o exterior e analisar os fundamentos sobre os quais se pautam alguns dos ordenamentos que regulam, de forma mais detalhada que o brasileiro, a contratação por adesão, para depois, tornando esse olhar ao interior, verificar se a proteção ao aderente prevista no art. 424 do CC conta com semelhante motivação.

Antes de adentramos à análise de tais regramentos, é necessária importante ressalva: alguns dos diplomas legais que serão objeto de estudo mais detalhado na sequência, regulam as cláusulas contratuais gerais, e não simplesmente contratos firmados por adesão. Isso se torna relevante pois apesar de as cláusulas contratuais gerais resultarem em contratos por adesão, a recíproca não é verdadeira: existem contratos firmados por adesão que não são precedidos da elaboração de cláusulas contratuais gerais, limitados a contratações individuais e que não afetam ou têm potencial de afetar uma coletividade. O impacto dessa distinção será abordado ao longo deste tópico.

Por sua vez, os diplomas a regularem a matéria de forma mais detalhada foram a AGBG alemã de 1976 (incorporada ao BGB em 2002, nos §§305-310), e o Decreto-lei 466 português, de 1985. "*Como nota comum e mais saliente, esses diplomas contêm proibições de conteúdo restritivas da liberdade*

Em qualquer caso, são ineficazes, se não forem especificamente aprovadas por escrito, as condições que estabelecem, a favor da pessoa que as preparou, limitações de responsabilidade, a faculdade de se retirar do contrato ou suspender sua execução ou sanção pela perda do outro contratante, limitações ao direito de oposição às exceções, restrições à liberdade contratual nas relações com terceiros, extensão tácita ou renovação do contrato, cláusulas compromissórias ou derrogações à jurisdição da autoridade judicial (tradução livre).

de estipulação do predisponente" [396], evidenciando que *"nem tudo o que pode ser individualmente acordado é admissível como conteúdo de ccg [cláusulas contratuais gerais]"*[397].

Ambos diplomas legais – alemão e português – disciplinam o fenômeno do contrato padrão, partindo – em linha de princípio – das diferenças de poder de barganha das partes, e contêm previsão expressa quanto ao seu campo de aplicação.

Enquanto a AGBG previu que algumas normas da lei se aplicariam a todos os contratos, e outras apenas aos contratos de consumo[398], o Decreto 446/85,

[396] RIBEIRO, Joaquim José Coelho de Sousa, **O problema do contrato: as cláusulas contratuais gerais e o princípio da liberdade contratual**, Coimbra: Almedina, 1999, p. 265.
[397] RIBEIRO, Joaquim José Coelho de Sousa, **O problema do contrato: as cláusulas contratuais gerais e o princípio da liberdade contratual**, Coimbra: Almedina, 1999, p. 265.
[398] § 310 Escopo de aplicação.
(1) A Seção 305 (2) e (3) e as seções 308 e 309 não se aplicam aos termos comerciais padrão usados em contratos com um empresário, uma pessoa coletiva de direito público ou um fundo especial de direito público. A Seção 307 (1) e (2) aplica-se, no entanto, a esses casos na sentença 1, na medida em que isso leva à ineficácia das disposições contratuais estabelecidas nas seções 308 e 309; deve-se levar em consideração as práticas e costumes aplicáveis às transações comerciais. Nos casos abrangidos pela sentença 1, as seções 307 (1) e (2) não se aplicam a contratos nos quais toda a Regras de Adjudicação de Obras, Parte B [Vergabe- und Vertragsordnung für Bauleistungen Teil B – VOB / B] na versão aplicáveis no momento da celebração do contrato são incluídos, sem desvio, quanto ao seu conteúdo, relacionado a uma análise do conteúdo de disposições individuais.
(2) As seções 308 e 309 não se aplicam a contratos de fornecedores de eletricidade, gás, aquecimento urbano ou água para fornecimento de eletricidade, gás, aquecimento urbano ou água da rede de abastecimento a clientes especiais, na medida em que as condições de fornecimento não derrogar, em desvantagem do cliente, pedidos em condições gerais de fornecimento de eletricidade a clientes com tarifa normal, gás, aquecimento urbano e água. A Sentença 1 se aplica às modificações necessárias nos contratos de disposição de esgotos.
(3) No caso de contratos entre um empresário e um consumidor (contratos de consumo), as regras desta divisão se aplicam com as seguintes condições:
1. Os termos comerciais padrão são considerados apresentados pelo empresário, a menos que tenham sido introduzidos no contrato pelo consumidor;
2. O Artigo 305c (2) e os Artigos 306 e 307 a 309 deste Código e o Artigo 46b da Lei Introdutória ao Código Civil [*Einführungsgesetz zum Bürgerlichen Gesetzbuche*] se aplicam aos termos pré-formulados do contrato, mesmo que este último seja destinado apenas a não recorrentes uso em uma ocasião e na medida em que o consumidor, em razão da pré-formulação, não tivesse influência sobre seu conteúdo;
3. Ao julgar uma desvantagem irrazoável nos termos da seção 307 (1) e (2), as outras circunstâncias presentes na celebração do contrato também devem ser levadas em consideração.

ao listar os exemplos de cláusulas absoluta e relativamente proibidas, o fez de forma a conferir tratamento diferenciado às "*relações entre empresários ou entidades equiparadas*" e às "*relações com consumidores finais*"[399].

Superando o regramento tímido do Código Civil italiano acima mencionado, os legisladores alemães e portugueses reputaram insuficiente a tutela do aderente no sentido de impor ao predisponente o ônus de comunicação e esclarecimento do conteúdo das cláusulas contratuais. Assim, ao lado das medidas destinadas a fomentar o conhecimento exato das cláusulas contratuais gerais, foram adotadas específicas proibições de conteúdo, restringindo a autonomia privada nesses contratos. Isso ocorreu pois entendeu-se que apenas o conhecimento pelo aderente do conteúdo do contrato – ainda que obrigatório – não lhe proporcionaria alternativas reais de defesa de seus interesses.

Um motivo usualmente suscitado como tentativa de justificar a tutela diferenciada do aderente era (e ainda é) a existência de uma supremacia econômica do predisponente. Contudo, com a difusão dessa modalidade de contratação, os legisladores e parte da doutrina concluíram que esse motivo passou a ser ineficiente, pois "[*o*] *conceito de poder, quando referido indiferenciadamente a factores de ordem económica, é demasiado inespecífico, tem uma incidência demasiado genérica para se ajustar a essa função*"[400].

(4) Esta divisão não se aplica a contratos no campo do direito sucessório, direito da família e direito das sociedades, nem a acordos coletivos e acordos de trabalho do setor privado ou acordos de estabelecimento do setor público. Quando aplicada a contratos de trabalho, deve-se considerar razoavelmente as características especiais aplicáveis ao direito do trabalho; as seções 305 (2) e (3) não devem ser aplicadas. Acordos coletivos e acordos de trabalho do setor privado ou acordos de estabelecimento do setor público são equivalentes a disposições legais na aceção da seção 307 (3) (tradução livre).

[399] SECÇÃO II – Relações entre empresários ou entidades equiparadas
Artigo 17.º Âmbito das proibições
Nas relações entre empresários ou os que exerçam profissões liberais, singulares ou colectivos, ou entre uns e outros, quando intervenham apenas nessa qualidade e no âmbito da sua actividade específica, aplicam-se as proibições constantes desta secção e da anterior.
SECÇÃO III – Relações com os consumidores finais
Artigo 20.º Âmbito das proibições
Nas relações com os consumidores finais e, genericamente, em todas as não abrangidas pelo artigo 17.º, aplicam-se as proibições das secções anteriores e as constantes desta secção.

[400] RIBEIRO, Joaquim José Coelho de Sousa, **O problema do contrato: as cláusulas contratuais gerais e o princípio da liberdade contratual**, Coimbra: Almedina, 1999, p. 333.

Com a disseminação dos contratos firmados por adesão, em especial aqueles precedidos por cláusulas contratuais gerais, o poder econômico deixou de ser um "*dado singularizante de determinadas situações, em que se revele uma forma qualificada de patologia negocial, mas uma eventualidade 'normal', em si mesma irrelevante, por inteiramente ajustada à fisiologia própria do contrato*"[401].

O fato de que as cláusulas contratuais gerais seriam destinadas à conclusão de uma infinidade de contratos passou a ser, então, utilizado como justificativa para o controle do seu conteúdo, pois essa uniformidade permitiria ao proponente editar uma ordem contratual própria[402], substituindo, com o contrato, a regra concebida por lei como justa e equitativa para os casos normais. O proponente, assim, assumiria "*posição idêntica à do legislador, reivindicando para si competência reguladora de uma ordem contratual que compete com a legal*"[403].

Dessa forma, como as cláusulas contratuais gerais regulam uma coletividade de contratos, RIBEIRO defende que elas podem causar desequilíbrio significativo no sistema global de trocas, tratando-se, assim, não de um assunto privado, mas de interesse coletivo. Isso justificaria a imposição de limitações especiais de conteúdo, e que tais limitações fossem traçadas ponderando os interesses coletivos, de categoria ou de grupo.

Na visão deste autor, que encontra respaldo também na doutrina alemã sobre a AGBG[404], mais do que a tutela do aderente, a regulação das cláusulas

[401] RIBEIRO, Joaquim José Coelho de Sousa, **O problema do contrato: as cláusulas contratuais gerais e o princípio da liberdade contratual**, Coimbra: Almedina, 1999, pp. 336-337.

[402] A doutrina, ao comentar a AGBG, afirma que a legislação parte do pressuposto de que "a liberdade contratual garantia pela lei muitas vezes permite que umas das partes inclua uma inteira rede de estipulações destinadas a substituir a lei ou estatutos normalmente aplicáveis às relações entre aquelas partes, e, com isso, fortalecendo a sua posição contratual ao mesmo tempo que enfraquecendo os direitos e remédios da outra parte" (tradução livre), SANDROCK, Otto, The Standard Terms Act 1976 of West Germany, **American Journal of Comparative Law**, v. 26, 1977, p. 551.

[403] RIBEIRO, Joaquim José Coelho de Sousa, **O problema do contrato: as cláusulas contratuais gerais e o princípio da liberdade contratual**, Coimbra: Almedina, 1999, p. 462.

[404] Para Otto SANDROCK, o objetivo da lei é, assim, limitar a efetiva possibilidade de uma das partes substituir a direito comum ou a lei aplicável pela "quase-legislação" por si criada. The Standard Terms Act 1976 of West Germany, **American Journal of Comparative Law**, v. 26, 1977, p. 552.

contratuais gerais tem como foco disciplinar a conduta do predisponente como regulador de suas relações contratuais – que cria cláusulas que serão usadas de forma semelhante às normas legais, pois unilateralmente impostas. E, por afetar uma coletividade, as cláusulas contratuais gerais podem colocar em xeque o regime legal para uma generalidade de pessoas[405].

Esse fundamento e premissa, contudo, não impediriam, na visão de parte da doutrina portuguesa, a aplicação do regime voltado às cláusulas contratuais gerais aos contratos por adesão que não são por elas precedidos. PINTO MONTEIRO, por exemplo, defende que todos os contratos por adesão, ainda que não tenham sido precedidos de cláusulas contratuais gerais, estariam sujeitos às limitações previstas na legislação portuguesa. Assim, a razão da limitação à liberdade de contratar seria a "*ausência de negociação*", pois

> "[a] falta de participação do aderente na elaboração das cláusulas e a falta de negociações – melhor, o afastamento da possibilidade de participar em qualquer destes momentos – justificam que sejam combatidos os riscos acrescidos de desconhecimento das cláusulas e de seu teor abusivo ou injusto, através das medidas de controlo que a lei previu. Do ponto de vista da tutela do aderente, é irrelevante que tais cláusulas se destinem apenas a si ou a uma generalidade de contratos"[406].

Tendemos a concordar com PINTO MONTEIRO. O controle das cláusulas contratuais gerais, em ambos sistemas, é pautado na boa-fé – como será analisado a seguir – e na impossibilidade de uma das partes negociar os termos do contrato. Não faria sentido, ao nosso ver, afastar a proteção legal do aderente apenas porque sua contratação não foi precedida de cláusulas contratuais gerais. Se o proponente contou com a possibilidade de elaborar o contrato, afastar o regime dispositivo incidente, e incluir normativa mais favorável a si, impondo-o a outro contratante que apenas pode manifestar

[405] RIBEIRO, Joaquim José Coelho de Sousa, **O problema do contrato: as cláusulas contratuais gerais e o princípio da liberdade contratual**, Coimbra: Almedina, 1999, pp. 470-472.

[406] PINTO MONTEIRO, António, Contratos de adesão e cláusulas contratuais gerais: problemas e soluções. **Estudos em homenagem ao Professor Doutor Rogério Soares**, Coimbra Editora, 2002, p. 1127.

sua concordância, deve também ser obrigado a enfrentar as restrições legais impostas a essa autonomia privada.

Ao aplicar a legislação que regula os contratos por adesão precedidos por cláusulas contratuais gerais aos contratos delas não derivados, duas restrições, contudo, deverão ser observadas. A primeira diz respeito à impossibilidade de utilização da tutela inibitória prevista em tais diplomas, que apenas incide quando ocorre efetiva contratação de cláusulas contratuais gerais abstratamente estipuladas. A segunda, à tutela dos interesses do aderente. Isso porque, ao analisar os contratos por adesão deve-se tomar como parâmetro não os interesses típicos do aderente daquele contrato específico, mas sim dos interesses que normalmente um determinado grupo de pessoas com semelhantes características teria em relação a determinado tipo contratual[407].

Assim, entendemos que, seja nos contratos por adesão precedidos por cláusulas contratuais gerais, seja naqueles que não o foram, o objetivo do controle de conteúdo das cláusulas contratuais gerais em Portugal e na Alemanha parece ser, portanto, o de evitar o que RIBEIRO chama de "*abuso institucional da liberdade de contratar*", que se caracteriza pelo "*aproveitamento, em excesso, de uma situação de poder negocial para a fixação unilateral de condições desproporcionadamente desvantajosas para a contraparte*"[408]. Ou seja, o "*aproveitamento de condições de exercício, gerais e relacionais, particularmente favoráveis, para formulação de cláusulas desmedidamente vantajosas, de aplicação generalizada*"[409].

Para combater esse "*abuso institucional*" da liberdade de contratar pelo proponente, e proteger o aderente para além da mera garantia de conhecimento e compreensão do conteúdo global do contrato, tanto a AGBG quanto o Decreto 446/85 se valem de estratégia semelhante: são caracterizados por possuírem listas exemplificativas de cláusulas absoluta e relativamente proibidas

[407] NAUDÉ, Tjakie, KOEP, Charlotte, Factors Relevant to the Assessment of the Unfairness or Unreasonableness of Contract Terms: Some Guidance from the German Law on Standard Contract Terms, **26 Stellenbosch Law Review**, 2015, p. 98.

[408] RIBEIRO, Joaquim José Coelho de Sousa, **O problema do contrato: as cláusulas contratuais gerais e o princípio da liberdade contratual**, Coimbra: Almedina, 1999, pp. 513-520.

[409] RIBEIRO, Joaquim José Coelho de Sousa, **O problema do contrato: as cláusulas contratuais gerais e o princípio da liberdade contratual**, Coimbra: Almedina, 1999, pp. 513-520.

(ou cláusulas proibidas com ou sem a possibilidade de avalição), e uma cláusula geral de vedação às cláusulas contrárias à boa-fé.

A inclusão de uma cláusula geral de boa-fé em ambos regimes deriva, contudo, de motivos diversos.

No direito alemão, a boa-fé já era utilizada, pela jurisprudência alemã, como fundamento para o controle de cláusulas contratuais gerais quando não havia lei que regulasse a matéria. "*Procurou- se então o refúgio numa cláusula geral. Tendo-se hesitado entre a boa-fé e os bons costumes, acabou por se preferir a boa-fé*"[410]. Com a edição da AGBG[411], esse histórico foi tomado em consideração, fixando-se a boa-fé como cláusula geral.

Dessa forma, no ordenamento alemão a boa-fé atua mais "*como fundamento legitimador de actividade judicial de controlo do que de critério material de valoração*" [412]. Quando o ordenamento não justificava essa intervenção e controle, a boa-fé foi a justificativa encontrada para tanto, "[*a*]*dmitindo-se, à luz da boa fé, um especial dever de contenção na busca, pelo predisponente, de benefícios para si*" [413], ao mesmo tempo em que reforçando a legitimidade de um regime legal especial aplicável às cláusulas contratuais gerais.

Para além disso, verifica-se que a aplicação da boa-fé ocorre de forma distinta nos contratos por adesão quando comparada com os contratos negociados: ela regula não o exercício de um direito previsto no contrato, mas a sua própria formulação, impondo limites de validade que devem ser respeitados em razão da tutela de interesses dos aderentes. Esse controle de conteúdo objetiva evitar um "*prejuízo injustificado*", que se verifica "*quando uma cláusula não é compatível com a ratio que inspira o regime legal por ela derrogado, ou quando essa cláusula limita os direitos ou deveres naturais ao tipo de contrato,*

[410] DE OLIVEIRA ASCENSÃO, José, Cláusulas contratuais gerais, cláusulas abusivas e o novo código civil, **Revista da Faculdade de Direito UFPR**, v. 39, 2003, p. 17.

[411] §307 (1) do BGB: "as disposições em cláusulas contratuais gerais (standard business terms) são ineficazes se, contrariamente à boa-fé, prejudicam injustificadamente a contraparte. Uma vantagem injustificada também pode surgir se as disposições não forem claras e compreensíveis" (tradução livre).

[412] RIBEIRO, Joaquim José Coelho de Sousa, **O problema do contrato: as cláusulas contratuais gerais e o princípio da liberdade contratual**, Coimbra: Almedina, 1999, pp. 558-559.

[413] RIBEIRO, Joaquim José Coelho de Sousa, **O problema do contrato: as cláusulas contratuais gerais e o princípio da liberdade contratual**, Coimbra: Almedina, 1999, pp. 558-559.

de modo tal a prejudicar a realização do escopo que o mesmo contrato persegue por sua natureza"[414].

No Decreto Português, por sua vez, são proibidas as cláusulas contrárias à boa-fé, sem especificações sobre o funcionamento do princípio como mecanismo de controle[415], indicando-se as diretrizes de concretização dessa proibição, que se fundam em dois pilares: a proteção da confiança (e do equilíbrio das prestações), bem como da necessidade de acautelar a efetiva realização dos objetivos negociais[416].

Apesar da diferença de percepção do papel da boa-fé pelos ordenamentos alemão e português, é possível perceber que ambos visam *"evitar que do uso unilateral da liberdade de conformação por parte do utilizador este retire, à custa do aderente, vantagens excessivas e desproporcionais"*[417]. Seja porque resultam em prejuízo injustificado ao aderente, seja porque violam sua confiança e impedem que o negócio realize todos os seus objetivos.

Esse objetivo da limitação à autonomia privada nos contratos por adesão – voltado à repartição entre as partes de benefícios e encargos – também é comum em outros ordenamentos, como o Francês e o Argentino, ainda que em nenhum deles seja feita menção expressa à boa-fé.

414 DE NOVA, Giorgio, **Il contratto: dal contratto atipico al contratto alieno**, Milano: CEDAM, p. 381. No mesmo sentido: SANDROCK, Otto, The Standard Terms Act 1976 of West Germany, **American Journal of Comparative Law**, v. 26, 1977, p. 562.

415 Artigos 9º (2) e 15 do Decreto 446/85: "Os referidos contratos são, todavia, nulos quando, não obstante a utilização dos elementos indicados no número anterior, ocorra uma indeterminação insuprível de aspectos essenciais ou um desequilíbrio nas prestações gravemente atentatório da boa fé"; "São proibidas as cláusulas contratuais gerais contrárias à boa fé".

416 "Tentando concretizar o princípio geral de controlo acolhido, a lei fornece algumas orientações. Exige-se uma ponderação dos valores fundamentais do direito relevantes em face da situação considerada, mas dá-se particular destaque aos dois seguintes vectores: em primeiro lugar, à confiança suscitada nas partes pelo sentido global das cláusulas, pelo processo de formação do contrato singular, pelo teor deste e ainda por quaisquer outros elementos atendíveis; em segundo lugar, ao objetivo que as partes visam atingir com o negócio, procurando-se a sua efectivação à luz do tipo de contrato utilizado", SÁ, Almeno de, **Cláusulas Contratuais Gerais e Directiva Sobre Cláusulas Abusivas**, Coimbra: Almedina, 2001, p. 70.

417 RIBEIRO, Joaquim José Coelho de Sousa, **O problema do contrato: as cláusulas contratuais gerais e o princípio da liberdade contratual**, Coimbra: Almedina, 1999, p. 580; NAUDÉ, Tjakie, KOEP, Charlotte, Factors Relevant to the Assessment of the Unfairness or Unreasonableness of Contract Terms: Some Guidance from the German Law on Standard Contract Terms, **26 Stellenbosch Law Review**, 2015, p. 95.

O Código Civil francês, com a reforma de 2016, passou a vedar expressamente, reputando como não escritas, *"cláusulas que criem um desequilíbrio relevante entre os direitos e obrigações das partes"* em contratos por adesão [418]. A definição de desequilíbrio relevante, contudo, varia conforme o campo do direito analisado. No direito do consumidor, onde se originou, o desequilíbrio relevante é utilizado pelos tribunais para verificar se uma cláusula contratual é abusiva[419]. Contudo, como os magistrados estão vinculados às listas cinza e negra, o sistema é bastante rígido. Uma versão menos rígida e diferente do conceito foi transposta para o direito comercial. Nesse campo, os tribunais decidem a abusividade com base no peso das obrigações das partes, e a forma como a cláusula discutida afeta esse equilíbrio – o que confere aos magistrados relevante discricionariedade na tomada de suas decisões (maior, inclusive, que nos casos de consumo)[420].

No campo do direito comercial, os tribunais franceses já se valeram de ao menos três definições para o conceito de desequilíbrio relevante para justificar o controle de conteúdo nos contratos submetidos ao direito comercial. Assim, o desequilíbrio relevante pode equivaler a (i) práticas que não são recíprocas, não sinalagmáticas e claramente injustas ao fornecedor; (ii) imposição de obrigações injustificadas aos fornecedores com efeito negativo aos consumidores e à economia; e (iii) obrigações sem compensação suficiente[421]. Nos contratos por adesão, contudo, o conceito permanece sem definição específica, e é objeto de críticas, pois permite considerável ingerência do poder judiciário

[418] Art. 1171. Em um contrato de adesão, qualquer cláusula que crie um desequilíbrio relevante entre os direitos e obrigações das partes no contrato é considerada não escrita. A avaliação de desequilíbrio relevante não se refere nem ao objeto principal do contrato nem à adequação do preço à prestação (tradução livre).

[419] Nos termos do art. L-212-1 §1 do Código de Defesa do Consumidor francês (que efetiva a transposição da diretiva da União Europeia sobre cláusulas abusivas em contratos de consumo por adesão) considera-se abusiva cláusula que, no contrato entre empresário e consumidor cria um desequilíbrio relevante entre direitos e obrigações em detrimento do consumidor.

[420] RESTREPO AMARILES; David, BASSILANA, Eva Mouial; WINKLER, Matteo, The Impact of the French Doctrine of Significant Imbalance on International Business Transactions, **Journal of Business Law**, Issue 2, 2018, p. 153.

[421] RESTREPO AMARILES; David, BASSILANA, Eva Mouial; WINKLER, Matteo, The Impact of the French Doctrine of Significant Imbalance on International Business Transactions, **Journal of Business Law**, Issue 2, 2018, pp. 154-155.

sobre o conteúdo contratual. A única limitação diz respeito à impossibilidade de revisão das obrigações principais (preço e objeto).

De todo modo, os sentidos conferidos à expressão no direito comercial podem servir de indício de como se comportarão os tribunais franceses. Isso porque a aplicação do conceito naquele campo do direito tinha como requisito, dentre outros, a necessidade de demonstrar desequilíbrio de poder de negociação (poder de barganha) que efetivamente impediu ou dificultou a parte afetada de negociar o contrato. Sendo a impossibilidade de negociar o contrato um pressuposto dos contratos por adesão, lógico presumir que o entendimento a ser adotado para os contratos por adesão após a reforma de 2016 será semelhante àquele vigente para os contratos comerciais em geral.

Ao estudar os instrumentos de combate às cláusulas abusivas no direito francês – na época previstos expressamente apenas no diploma consumerista daquele país, mas cuja redação, como visto anteriormente, foi importada para o *Code Civil* na reforma de 2016 –, STOFFEL-MUNCK afirmava que o objetivo do legislador teria sido de impedir que a parte *protegida* assumisse determinados riscos. Ou seja, limitar o que se reputa como consentimento válido. A consequência desse objetivo, por sua vez, nas palavras do autor, seria a garantia de um equilíbrio mínimo do contrato[422].

Diante disso, pode-se afirmar que o objetivo do artigo 1171 do Código Civil francês, assim como das cláusulas gerais de boa-fé dos regimes alemão e português, é garantir o balanceamento dos interesses contrapostos de proponente e aderente.

Por fim, o Código Civil e Comercial argentino, em seção destinada a regular os contratos por adesão – precedidos ou não de cláusulas contratuais gerais – prevê serem vedadas, pois abusivas, cláusulas que (i) desnaturem as obrigações do predisponente; (ii) impliquem renúncia ou restrição aos direitos do aderente ou ampliem os direitos do predisponente que resultem de normas dispositivas; ou (iii) por seu conteúdo, redação ou apresentação, não são razoavelmente previsíveis[423].

[422] STOFFEL-MUNCK, Philippe, **L'abus dans le contrat, essai d'une théorie**, Paris: LGDJ, 2000, p. 306.

[423] Art. 988. Cláusulas abusivas Nos contratos previstos nesta Seção, os seguintes itens devem ser considerados não escritos: a) as cláusulas que distorcem as obrigações do predisponente; b) aqueles que importam a renúncia ou restrição dos direitos do aderente, ou estendem os

A expressão "desnaturar" é utilizada pelo artigo no sentido de afastar aquilo que é "normal", ou seja, àquilo que é estabelecido pelo direito dispositivo. Assim, se uma cláusula se descola desse modelo, entendido como razoável, sem um motivo justificado, haveria uma desnaturalização, um "*distanciamento injustificado do direito dispositivo*", autorizando o controle do seu conteúdo[424].

LORENZETTI defende que do artigo 988 é possível depreender que considera-se abusiva a cláusula que tem como consequência (i) a obtenção vantagem excessiva de uma parte em detrimento da outra – resultando na afetação da causa obrigacional; e (ii) uma obrigação que em si não é abusiva mas passa a sê-lo ao desequilibrar o contrato, afetando a função ou causa do negócio[425].

Feita essa breve exposição quanto à limitação, no direito estrangeiro, da autonomia privada nos contratos por adesão (precedidos, ou não, de cláusulas contratuais gerais), passemos a verificar se seus fundamentos poderiam explicar a existência de limitação semelhante no direito brasileiro.

3.2. Aplicabilidade dos fundamentos do direito estrangeiro

O primeiro fundamento analisado no capítulo anterior a justificar a limitação da autonomia privada nos contratos por adesão, característico dos diplomas português e alemão, pois regulam as cláusulas contratuais gerais, é a preocupação com um potencial desequilíbrio no sistema global de trocas[426], diante da possibilidade de o proponente editar uma ordem contratual para si, em posição semelhante àquela de um legislador.

O equilíbrio do sistema global de trocas é objeto de preocupação do ordenamento brasileiro, que pode ser verificada nas normas que regulam os contratos de consumo (Capítulos V e VI do CDC), e o direito concorrencial.

direitos do predisponente resultantes de normas dispotivias; c) aqueles que, devido ao seu conteúdo, redação ou apresentação, não sejam razoavelmente previsíveis.

424 Tradução livre, LORENZETTI, Ricardo Luis, **Tratado de los contratos**, Tomo I, Buenos Aires: Rubinzal-Culzoni, 2000, p. 165.

425 LORENZETTI, Ricardo Luis, **Tratado de los contratos**, Tomo I, Buenos Aires: Rubinzal--Culzoni, 2000, pp. 166-170.

426 RIBEIRO, Joaquim José Coelho de Sousa, **O problema do contrato: as cláusulas contratuais gerais e o princípio da liberdade contratual**, Coimbra: Almedina, 1999, p. 470.

Essa preocupação, contudo, não parece encontrar respaldo no art. 424 do CC. Em primeiro lugar, pois voltado a regular os contratos por adesão, sejam eles precedidos ou não por cláusulas contratuais gerais. O enfoque, assim, está na forma de contratação, e não no "normativismo" que pode precedê-la. Em segundo lugar, o artigo não tem a pretensão de garantir o equilíbrio do sistema contratual, como um todo, mas sim de proteger a figura do aderente. Prova disso é o fato de que a caracterização dos "*elementos decorrentes da natureza do negócio*" necessita de uma análise do contrato tanto em abstrato, quanto em concreto.

O segundo fundamento, presente de forma expressa nos ordenamentos alemão e português, a justificar a limitação da autonomia privada nos contratos por adesão, é a boa-fé, seja ela como forma de legitimar o controle da conduta do proponente – que possui um dever de contenção na busca por benefícios através do contrato – seja para controlar o conteúdo do contrato visando a garantir a tutela da confiança e a realização dos objetivos negociais. Isso porque, como esclarece Ana PRATA:

> "[n]ão se prevendo proibitivamente, como no Código Civil brasileiro resulta do respectivo art. 424 – relativo aos contratos de adesão – a renúncia do aderente a 'direito resultante da natureza do negócio', será, na maioria dos casos, a boa-fé a fundamentar a nulidade dessas cláusulas"[427].

Ocorre que, ainda que houvesse semelhante limitação de conteúdo – como aquela prevista pelo art. 424 do CC – nos ordenamentos português e alemão, o enfoque da limitação da autonomia privada, nesses ordenamentos, está na conduta do proponente, como responsável pela criação de um regramento aplicável a si próprio. Nesse sentido, explica Joaquim de Souza RIBEIRO que "*o controlo do conteúdo mais não é, assim, do que a verificação do modo como esse contraente respeitou, na redação das cláusulas, o especial dever, que a boa-fé lhe impõe, de considerar os interesses dos parceiros contratuais*"[428].

[427] PRATA, Ana, **Contratos de adesão e cláusulas contratuais gerais: anotação ao decreto-lei no 446/85, de 25 de Outubro**, Coimbra: Almedina, 2010, p. 329.

[428] RIBEIRO, Joaquim de Souza, A Boa-fé como Norma de Validade. **Direito dos Contratos: estudos. Coimbra: Coimbra Editora**, p. 207-281, 2007, pp. 259-267.

Por outro lado, entendemos que o enfoque da limitação de conteúdo contida no art. 424 do CC está na figura do aderente, visando a garantir que o contrato, como elaborado pelo proponente, não possua conteúdo divergente daquele legitimamente se espera contratar – seja em razão dos elementos categoriais derrogáveis, seja pela finalidade do negócio contratado (elementos particulares).

O terceiro fundamento, que, de certa forma, permeia os ordenamentos Alemão, Português e Francês, é a garantia do equilíbrio contratual, evitando que a elaboração unilateral das cláusulas implique "prejuízo injustificado" (Alemanha), "desequilíbrio nas prestações gravemente atentatório da boa fé" (Portugal) ou "desequilíbrio relevante" (França).

No direito brasileiro, como pode ser verificado no capítulo precedente, quando da análise da validade de cláusulas recorrentes nos contratos de prestação de serviços, é possível a limitação prevista pelo art. 424 do CC possa ter como consequência a preservação do sinalagma contratual. Por sua vez, a apuração dos elementos cuja exclusão é vedada pelo ordenamento, parte do conteúdo esperado do contrato.

Por sua vez, dos quatro regramentos analisados acima, a norma de direito argentino parece ser aquela que mais se assemelha ao art. 424 do CC. Naquele ordenamento, à semelhança do brasileiro, o controle de conteúdo de cláusulas inseridas em contratos por adesão tem como premissa um desvio injustificado daquilo previsto pelo direito dispositivo e normas supletivas, bem como daquilo que seria previsível para determinada modalidade de contratação. Adicionalmente, o direito argentino considera as cláusulas sujeitas ao controle de conteúdo em contratos por adesão como "*abusivas*". Essa caracterização, explica a doutrina argentina, traz consigo a ideia de desequilíbrio injustificado ao aderente ou mesmo vantagem excessiva ao proponente[429].

Feitas estas observações, voltemos nosso olhar "para dentro", tendo em mente os fundamentos verificados em direito estrangeiro que podem, e aqueles que não podem auxiliar na busca pelos fundamentos da limitação à autonomia privada prevista pelo art. 424 do CC.

[429] LORENZETTI, Ricardo Luis, **Tratado de los contratos**, Tomo I, Buenos Aires: Rubinzal--Culzoni, 2000, pp. 166-170.

3.3. Fundamento da limitação prevista pelo art. 424 do Código Civil

Nos contratos de consumo, independentemente da forma de contratação, diante da presunção de que é necessário proteger o consumidor, parte hipossuficiente frente ao fornecedor/prestador, certas cláusulas são consideradas nulas, pois entendidas como abusivas.

Diante disso, o art. 51 do CDC lista uma série de cláusulas vedadas em contratos de consumo, lista essa que inclui proibições concretas (como a vedação às cláusulas de limitação de responsabilidade em contratos com consumidores pessoa física, inciso I), quanto cláusulas gerais (como o inciso IV, que reputa nulas cláusulas que *"estabeleçam obrigações consideradas iníquas, abusivas, que coloquem o consumidor em desvantagem exagerada, ou sejam incompatíveis com a boa-fé ou a equidade"*).

O Código Civil, por sua vez, não contém norma que, expressamente, repute nula determinada cláusula em razão de seu caráter abusivo. Apesar disso, é comum encontrar referências ao art. 424 do CC como instrumento de combate a cláusulas abusivas nos contratos civis e empresariais firmados por adesão[430].

Diante disso, na investigação do fundamento do fundamento do art. 424 do CC, entendemos ser imprescindível verificar se ele seria, de fato, um instrumento de combate a cláusulas abusivas previsto pelo Código Civil para os contratos firmados por adesão, mas não sujeitos ao Código de Defesa do Consumidor.

3.3.1. Definição de cláusula abusiva

O ordenamento brasileiro não conta com uma definição da expressão "*cláusula abusiva*". Como visto no primeiro capítulo, nos contratos de consumo, cláusulas dessa natureza são reputadas "*nulas de pleno direito*". Contudo, apesar de conter um rol de cláusulas proibidas, pois abusivas, o Código de Defesa do Consumidor não trouxe uma definição para o conceito. O Código Civil, por

[430] "Cláusulas abusivas são inválidas, assim o declarando a Lei brasileira, seja o art. 424 do Código Civil, seja o Código de Defesa do Consumidor, no art. 51, ambos declarando a nulidade de cláusulas contratuais caracterizadoras de abusividade contratual", MARTINS-COSTA, Judith, **A boa-fé no direito privado: critérios para sua aplicação**, 2. ed. São Paulo: Saraiva, 2018, p. 638.

sua vez, não contém norma que, expressamente, disponha sobre a proteção contratual em face de cláusulas abusiva nos contratos a ele submetidos.

Diante da omissão do Código Civil, passou-se a discutir a possibilidade de existirem cláusulas abusivas em contratos civis e empresariais.

Fernando NORONHA defendeu, em sua tese de doutorado que precedeu o atual Código Civil, que as cláusulas abusivas apenas poderiam se verificar e ser objeto de controle em contratos de consumo, pois nos contratos civis e empresariais o contrato gozaria de presunção da realização da justiça substancial a partir da situação de justiça formal "*estabelecida pelas próprias partes*"[431]. Por outro lado, há quem defenda – em trabalhos tanto anteriores quanto posteriores ao Código Civil de 2002 – que é possível a existência de cláusulas abusivas em contratos de qualquer natureza (civil, empresarial ou consumerista)[432].

Para encontrar uma resposta quanto à possibilidade (ou não) de existirem cláusulas abusivas fora do Direito do Consumidor, necessário investigar, antes de tudo, o que se entende por cláusula abusiva.

A definição de cláusula abusiva deve, contudo, ser antecedida de importante esclarecimento conceitual: dentro do conceito "*cláusula abusiva*" entendemos estar compreendidas apenas as cláusulas que são abusivas desde a sua origem, excluindo, assim, cláusulas "*potencialmente abusivas*", pois o exercício de um direito contratual de forma abusiva não altera o conteúdo da cláusula ao ponto de torná-lo abusivo. O que ocorre, nesse caso, é um desvio da conduta da parte, coibido pela doutrina do abuso de direito (positivada pelo art. 187 do CC[433]).

431 NORONHA, Fernando, **Princípios dos contratos (autonomia privada, boa-fé, justiça contratual) e cláusulas abusivas**, Tese de Doutorado, Faculdade de Direito da Universidade de São Paulo, 1990, p. 284.

432 BITTAR, Carlos Alberto; GARCIA JÚNIOR, Ary Barbosa; FERNANDES NETO, Guilherme, **Os contratos de adesão e o controle de cláusulas abusivas**, São Paulo: Saraiva, 1991, p. 78; FAVA, Marina Dubois, **Aplicação das normas do CDC aos contratos interempresariais: a disciplina das cláusulas abusivas**, Dissertação de Mestrado, Faculdade de Direito da Universidade de São Paulo, 2010, p. 135. Entendimento corroborado pela doutrina estrangeira, por exemplo: STOFFEL-MUNCK, Philippe, **L'abus dans le contrat, essai d'une théorie**, Paris: LGDJ, 2000, pp. 295-296.

433 Art. 187. Também comete ato ilícito o titular de um direito que, ao exercê-lo, excede manifestamente os limites impostos pelo seu fim econômico ou social, pela boa-fé ou pelos bons costumes.

A doutrina, contudo, não é unânime a esse respeito, havendo vasta gama de doutrinadores que equiparam as cláusulas originariamente e potencialmente abusivas à figura do abuso de direito. Analisemos seus argumentos para que possamos refutá-los.

O abuso de direito pode ser definido como o uso anormal de uma ou mais posições jurídicas subjetivas ativas, pois "*o exercício de um direito encontra (...) certos limites de lealdade* [correttezza, no original] *e de boa-fé que são inseparáveis exigências de uma convivência civilmente ordenada e cuja infração origina o fenômeno abusivo*"[434].

Em outras palavras, configura-se abuso de direito "*o exercício de um direito que, muito embora inicialmente amparado pelo ordenamento jurídico, excede manifestamente os limites estabelecidos pelas regras de convivência em sociedade, transgredindo seus fins econômicos ou sociais, ou mesmo consagrados pela boa-fé e pelos bons costumes*"[435]. Ou seja, a teoria do abuso de direito foi concebida para limitar a ação do titular de um direito aos "*limites textuais desse direito*", pois "*há uma presunção de que esse titular tenha o poder de exercer discricionariamente esse direito dentro desses limites*". Diante disso, como o titular de um direito se beneficia de uma aparência de legalidade, "*é para combater essa aparência que se faz uso da teoria do abuso de direito*"[436].

Passemos à relação feita entre a figura do abuso de direito e as cláusulas abusivas.

Doutrinadores nacionais, como Carlos Alberto BITTAR, por exemplo, defendem que "*a cláusula abusiva é a manifestação por excelência do abuso do direito no contrato, pois abusa-se do seu direito quando, apesar de permanecer dentro dos seus limites, se visa um fim diferente daquele que o legislador objetivara*"[437]. A nível internacional, podemos citar Abbas KARIMI, que partilha do mesmo entendimento.

[434] Traducão livre, LUMIA, Giuseppe, Teoria da Relação Jurídica, **Lineamenti di teoria e ideologia del diritto**, 3ª ed, Milano: Giuffrè, 1981, pp. 102-23, trad. Alcides Tomasetti Jr.

[435] DANTAS, Paulo Roberto de Figueiredo, **A Proteção Contra Cláusulas Abusivas no Código Civil**, São Paulo: Atlas, 2007, p. 174.

[436] Tradução livre, KARIMI, Abbas, **Les clauses abusives et la théorie de l'abus de droit**, Paris: LGDJ, 2001, p. 49.

[437] BITTAR, Carlos Alberto; GARCIA JÚNIOR, Ary Barbosa; FERNANDES NETO, Guilherme, **Os contratos de adesão e o controle de cláusulas abusivas**, São Paulo: Saraiva, 1991, p. 77. No mesmo sentido: DANTAS, Paulo Roberto de Figueiredo, **A Proteção Contra Cláusulas Abusivas no Código Civil**, São Paulo: Atlas, 2007, LEOPOLDINO DA FONSECA, João Bosco, **Cláusulas abusivas nos contratos**, Rio de Janeiro: Forense, 1998.

Nas palavras do autor: "*aquele que não utiliza esse direito [de contratar] visando a finalidade prevista e que, desviando de sua própria finalidade, obtém vantagem excessiva e injusta da convenção, abusa seu direito de contratar*"[438].

Dessa forma, o "*direito de contratar*" é entendido como o direito de praticar um ato jurídico, e não como mera liberdade[439]: "[*q*]*uando se exercita irregularmente o 'direito de praticar um ato jurídico' este ato é ilícito e ordinariamente nulo.* (...). *Quando se exercita irregularmente o 'direito de contratar', pratica-se ato ilícito; portanto o contrato é nulo*"[440]. Assim, a equiparação entre as figuras das cláusulas abusivas e do abuso de direito ocorre pois "*ambos os institutos nos remetem à ofensa à boa-fé e aos bons costumes, bem como à extrapolação dos fins econômicos e sociais no exercício dos direitos, e que são combatidos pelo ordenamento jurídico em vigor, inclusive pelo novo Código Civil*"[441].

Como já adiantado, este trabalho se alinha com posicionamento doutrinário em sentido contrário, qual seja: de que a cláusula abusiva e o abuso de direito são figuras distintas.

Em primeiro lugar, não há que se falar "*propriamente, de um direito subjetivo de clausular unilateralmente, de que se pudesse abusar*" [442]. Em segundo lugar, as figuras possuem objeto e consequências distintas. No abuso de direito, a análise recai sobre o modo (e o momento) de um exercício jurídico, que se mostra "*desmedido, disfuncional, desviado dos fins a que foi cometida a permissão configurada num direito subjetivo, latu sensu compreendido*"[443]. A abusividade

[438] Tradução Livre, KARIMI, Abbas, **Les clauses abusives et la théorie de l'abus de droit**, Paris: LGDJ, 2001, p. 102.

[439] KARIMI, Abbas, **Les clauses abusives et la théorie de l'abus de droit**, Paris: LGDJ, 2001, p. 63.

[440] TOMASETTI JUNIOR, Alcides, Abuso de poder econômico e abuso de poder contratual regime jurídico particularizado. Denunciabilidade restrita da relação contratual a tempo indeterminado. Contrato de fornecimento interempresarial. Monopólio estatal de sociedade fornecedora. Aumento arbitrário de lucros. Ilícitos constitucionais e de direito comum. Providências processuais corretivas, **Doutrinas Essenciais Obrigações e Contratos**, vol. 4, São Paulo: Revista dos Tribunais, 2011, pp. 315-350.

[441] DANTAS, Paulo Roberto de Figueiredo, **A Proteção Contra Cláusulas Abusivas no Código Civil**, São Paulo: Atlas, 2007, p. 188.

[442] GODOY, Claudio Luiz Bueno de, **Função social do contrato: os novos princípios contratuais**, São Paulo: Saraiva, 2004, p. 52.

[443] MARTINS-COSTA, Judith, **A boa-fé no direito privado: critérios para sua aplicação**, 2. ed. São Paulo: Saraiva, 2018, p. 637.

contratual diz respeito ao conteúdo do contrato, "[*a*]*busiva é a cláusula em si mesma porque ultrapassa aquilo que constitui, segundo a Ordem jurídica, o padrão mínimo do equilíbrio entre as posições contratuais*"[444]. Quanto às consequências: a correção do abuso de direito se dá no plano da eficácia (gerando, normalmente, dever de indenizar), a das cláusulas abusivas, no plano da validade (que resulta na exclusão da cláusula de determinado contrato).

O alvo das cláusulas abusivas, portanto, "*é o conteúdo do acordado e não o processo formativo que o pôs em vigor ou a conduta das partes no desenrolar da relação jurídica contratual*"[445]. Diante disso, irretocável a conclusão de Cláudio Bueno de GODOY no sentido de que "*o sistema das cláusulas abusivas não visa reprimir o abuso de direito, mas sim a injustificada e exagerada desvantagem de uma parte contratante diante da outra*"[446].

Podemos concluir, assim, que as figuras do abuso de direito e das cláusulas abusivas, ainda que possam se assemelhar em determinados aspectos, não se equiparam. Dessa forma, cláusulas abusivas são aquelas assim caracterizadas desde sua origem, independentemente do exercício empregado pelas partes ao longo de relação contratual.

Feito esse esclarecimento sobre a distinção entre abuso de direito e cláusulas abusivas, passemos à definição das cláusulas abusivas.

O primeiro ordenamento a consagrar a expressão *cláusula abusiva* foi o francês, por meio da Lei 78-23 de 1978, que visava a proteção dos consumidores contra cláusulas abusivas. Entendia-se abusiva uma cláusula que, resultando do abuso do poder econômico[447], conferisse uma vantagem excessiva ao proponente/fornecedor, em detrimento do aderente/consumidor.

[444] MARTINS-COSTA, Judith, **A boa-fé no direito privado: critérios para sua aplicação**, 2. ed. São Paulo: Saraiva, 2018, p. 637.

[445] MARTINS-COSTA, Judith, **A boa-fé no direito privado: critérios para sua aplicação**, 2. ed. São Paulo: Saraiva, 2018, p. 638.

[446] GODOY, Claudio Luiz Bueno de, **Função social do contrato: os novos princípios contratuais**, São Paulo: Saraiva, 2004, p. 52.

[447] Com a transposição, em 1993, da Diretiva 93/13/CEE sobre cláusulas abusivas em contratos de consumo, a expressão "abuso de poder econômico" foi retirada e o texto do artigo foi alterado: exclui-se a previsão de que as cláusulas abusivas resultariam de abuso de poder econômico, e a expressão "*vantagem excessiva*" foi substituída por "*desequilíbrio relevante*". Em 2016, com a reforma do direito das obrigações, o mesmo conceito foi replicado no *Code Civil*, no art. 1171, que, ao regular os contratos por adesão, reputa como não escritas cláusulas que resultem em um "*desequilíbrio relevante*". Ainda que no regime civil não classifique as

A nível continental, a Diretiva 93/13/CEE do Conselho da União Europeia, de 5 de abril de 1993, tem como objetivo expresso criar um regramento de proteção aos consumidores contra cláusulas abusivas nos contratos por adesão. Essa diretiva, inspirada na legislação alemã sobre cláusulas contratuais gerais, define cláusula abusiva como aquela que "*a despeito da exigência de boa fé, der origem a um desequilíbrio significativo em detrimento do consumidor, entre os direitos e obrigações das partes decorrentes do contrato*".

A definição de cláusula abusiva pautada seja na violação à boa-fé objetiva; seja na criação de uma situação de desequilíbrio em detrimento de uma das partes do contrato, encontra considerável eco na doutrina. Fernando NORONHA, no trabalho supracitado, define cláusulas abusivas como aquelas em que

> "uma parte se aproveita de sua posição de superioridade para impor em seu benefício vantagens excessivas, ou que defraudam os deveres de lealdade e colaboração pressupostos pela boa-fé, ou sobretudo, destroem a relação de equivalência objetiva pressuposta pelo princípio da justiça contratual. O resultado será sempre uma situação de grave desequilíbrio entre os direitos e as obrigações de uma ou outra parte"[448].

Para Judith MARTINS-COSTA, abusiva é a cláusula que

> "ultrapassa aquilo que constitui, segundo a Ordem jurídica, o padrão mínimo do equilíbrio entre as posições contratuais. Manifesta-se a abusividade nos contratos entre desiguais. O repúdio à abusividade, por via da nulidade, consiste, portanto, em medida compensatória de uma insanável falta de autodeterminação de um dos contraentes"[449].

cláusulas que resultem em "*desequilíbrio relevante*" como abusivas, a semelhança na redação autoriza a conclusão de que podem ser assim consideradas.

448 NORONHA, Fernando, **Princípios dos contratos (autonomia privada, boa-fé, justiça contratual) e cláusulas abusivas**, Tese de Doutorado, Faculdade de Direito da Universidade de São Paulo, 1990, pp. 283-284.

449 MARTINS-COSTA, Judith, **A boa-fé no direito privado: critérios para sua aplicação,** 2. ed. São Paulo: Saraiva, 2018, p. 637.

Claudio Luiz Bueno de GODOY, por sua vez, define cláusula abusiva como aquela que "vem *marcada pela unilateralidade que é resultado da posição de força, de superioridade de uma das partes contratantes, impondo um desequilíbrio contratual, de vantagens e riscos, que a ordem jurídica corrige ou, antes, impede*"[450].

No âmbito da definição de cláusula abusiva, discute-se se o fundamento para seu repúdio decorreria, assim como no abuso de direito, da boa-fé objetiva[451]. Contudo, nos alinhamos àqueles que defendem que o princípio do equilíbrio contratual é o fundamento mais adequado para justificar o combate às cláusulas abusivas, pois "*a qualificação de uma cláusula abusiva é essencialmente objetivo: o foco da análise está na cláusula do contrato e não nas partes do contrato*"[452] ou em seu comportamento. Isso porque, as "*cláusulas abusivas ofendem o princípio da justiça (ou do equilíbrio) contratual, devido ao desequilíbrio grave gerado pela destruição da relação de equivalência entre direitos e obrigações das partes, que é pressuposta nos contratos comutativos*"[453].

Da leitura das definições colacionadas acima é possível extrair dois aspectos que caracterizam as cláusulas abusivas: (i) se fazem presentes nos contratos em que uma das partes possui uma posição de predominância com relação à outra; e (ii) a abusividade tem como resultado a criação de um desequilíbrio entre direitos e obrigações previstos no contrato que sobeja aquele admitido pelo ordenamento[454].

[450] GODOY, Claudio Luiz Bueno de, **Função social do contrato: os novos princípios contratuais**, São Paulo: Saraiva, 2004, p. 49.

[451] SILVA, Luiz Renato Ferreira da, **Revisão dos contratos: do Código Civil ao Código do Consumidor**, Rio de Janeiro: Forense, 2001. p. 24; DANTAS, Paulo Roberto de Figueiredo, **A Proteção Contra Cláusulas Abusivas no Código Civil**, São Paulo: Atlas, 2007, pp. 132-133.

[452] Tradução livre, STOFFEL-MUNCK, Philippe, **L'abus dans le contrat, essai d'une théorie**, Paris: LGDJ, 2000, p. 317.

[453] JUSEFOVICZ, Eliseu, **Proteção contra cláusulas abusivas nos contratos civis e empresariais**, Dissertação de Mestrado, Universidade Federal de Santa Caratina, 2004, p. 118. No mesmo sentido: NORONHA, Fernando, **Princípios dos contratos (autonomia privada, boa-fé, justiça contratual) e cláusulas abusivas**, Tese de Doutorado, Faculdade de Direito da Universidade de São Paulo, 1990, p. 298; GODOY, Claudio Luiz Bueno de, **Função social do contrato: os novos princípios contratuais**, São Paulo: Saraiva, 2004, p. 42.

[454] "Sem dúvidas, uma cláusula abusiva confere a um dos contratantes uma vantagem excessiva, e, consequentemente, um desequilíbrio significativo entre os direitos e obrigações decorrentes do contrato. Mas esse desequilíbrio contratual existe em numerosos contratos sem que implique a existência de uma cláusula abusiva. É o exemplo dos contratos gratuitos (...). Nos contratos a título oneroso, devem ser excluídos da análise os contratos aleatórios

Partindo desses dois elementos para a verificação de uma "cláusula abusiva", podemos traçar as seguintes conclusões.

Nos contratos negociados (e que não sejam de consumo) não há que se falar na existência de cláusulas abusivas. Tendo em vista que uma das partes não terá a prerrogativa de impor à outra o conteúdo do contrato, ambas contam com a possibilidade – e também o ônus – de negociar os termos do contrato da forma que lhe sejam mais favoráveis.

Nos contratos por adesão, por sua vez, ainda que discordemos da caracterização do proponente, em um contrato de natureza civil ou empresarial, como a parte "mais forte" ou "superior" em relação ao aderente, é inegável que aquele possui uma posição mais vantajosa por ser o responsável pela elaboração de um contrato que não poderá ser objeto de modificação pela parte contrária, cuja autonomia privada se limita à escolha de contratar ou deixar de contratar.

A verificação desse requisito, poderia levar à conclusão de que o fundamento do art. 424 do CC seria, assim, o combate de cláusulas abusivas nos contratos firmados por adesão. Passemos a verificar se essa solução se sustenta.

3.3.2.O art. 424 do Código Civil e as cláusulas abusivas

Como definido nos capítulos anteriores, o objetivo do art. 424 do CC é a tutela dos interesses que o aderente não pode defender. Assim, reputam-se nulas as cláusulas que afastem direitos decorrentes da natureza do negócio celebrado. Estes entendidos tanto como os elementos categoriais derrogáveis (naturais) do negócio jurídico, quanto aqueles particulares que decorrem do fim do negócio, pois compõem conteúdo que legitimamente se espera contratar.

A aplicação do art. 424 do CC, como também restou demonstrado, prescinde da verificação de deveres oriundos da boa-fé objetiva e ligados à justiça contratual, bem como da verificação de um desequilíbrio superior àquele esperado e admitido pelo ordenamento no contrato firmado.

(...), bem como desequilíbrios resultantes de lesão ou estado de necessidade" (tradução livre), KARIMI, Abbas, **Les clauses abusives et la théorie de l'abus de droit**, Paris: LGDJ, 2001, p. 12.

Para que uma cláusula seja reputada nula, basta que resulte na derrogação dos "*direitos decorrentes da natureza do negócio*" (como definidos no segundo capítulo). Em outras palavras:

> "no que respeita às cláusulas contratuais gerais/contratos de adesão, a lei só admite essa forma de vinculação porque pressupõe que o predisponente estabelece o regime que está dentro da normalidade daquela relação. Essa é a contrapartida jurídica ao reconhecimento dum poder unilateral de regulação. Se as cláusulas saem da normalidade e o predisponente aproveita a sua maior força para sacrificar os destinatários, já as cláusulas predispostas não podem valer, porque deixam de satisfazer a *ratio* da norma que as admite"[455].

O enfoque da proteção outorgada pelo art. 424 do CC está, portanto, na garantia de que o contrato, como elaborado pelo proponente, não possua conteúdo divergente daquele legitimamente se espera contratar. Nas palavras de Cristiano ZANETTI "[*m*]*ais do que impor o respeito aos limites da licitude, dos bons costumes, da ordem pública, da boa-fé e da função social, o art. 424 exige que seja sempre preservada a natureza do contrato concreto*"[456].

O controle de conteúdo nos contratos por adesão imposto pelo art. 424 do CC, portanto, visa funcionar como um contrapeso à falta de liberdade do proponente, cujo consentimento à contratação apenas ocorre se for dado à integralidade do negócio, bem como ao poder do proponente de ditar o regramento contratual, a um ou múltiplos contratantes.

O art. 424 do CC, assim, tem dupla função: limitar em que medida o contrato redigido pelo proponente poderá se desviar do conteúdo que dele, legitimamente, se pode esperar (tendo em vista as normas dispositivas que o regulam, bem como aquelas que decorrem do fim do negócio); e, ao mesmo tempo, reduzir o que se pode considerar como consentimento válido do aderente a esse conteúdo.

455 DE OLIVEIRA ASCENSÃO, José, Cláusulas contratuais gerais, cláusulas abusivas e o novo código civil, **Revista da Faculdade de Direito UFPR**, v. 39, 2003, p. 12.

456 ZANETTI, Cristiano de Souza, **Direito contratual contemporâneo – A liberdade contratual a sua fragmentação**, Rio de Janeiro: Forense, 2008, p. 266.

Ao garantir a preservação de um padrão mínimo de tutela, que se assemelha àquele garantido na ausência de qualquer previsão pelas partes, em conjunto com àquele considerado aceitável tendo em vista a finalidade do negócio jurídico concretamente firmado pelas partes, o art. 424 do CC preserva o equilíbrio do contrato cujo conteúdo é imposto pelo proponente. Da mesma forma como ocorre no art. 988 do Código Civil e Comercial argentino[457], ainda que a norma de controle de conteúdo dos contratos por adesão não faça referência ao equilíbrio contratual, ou exija sua demonstração para que possa ser aplicada, ela tem sua garantia como consequência.

Como constatado no item precedente, o princípio do equilíbrio contratual é o fundamento para o combate às cláusulas abusivas, que se caracterizam por (i) se fazem presentes nos contratos em que uma das partes possui uma posição de predominância com relação à outra; (ii) terem como resultado a criação de um desequilíbrio contratual que sobeja aquele admitido pelo ordenamento.

O art. 424 do CC evita que o aderente se vincule a cláusulas redigidas pelo proponente e que não podem ser objeto de discussão ou modificação, e que se afastam de um padrão mínimo de tutela. Evita, deste modo, que o aderente se vincule a uma cláusula que pode ser considerada como abusiva.

Adicionalmente, entendemos acertada a escolha do legislador de não fazer uso de expressões como "*desequilíbrio significativo/relevante*"[458] ou mesmo "*cláusula abusiva*" ao traçar os limites à autonomia privada impostos pelo art. 424 do CC, pois, ao não o fazer, tornou a análise de validade de tais cláusulas mais objetiva.

[457] Art. 988. Cláusulas abusivas Nos contratos previstos nesta Seção, os seguintes itens devem ser considerados não escritos: a) as cláusulas que distorcem as obrigações do predisponente; b) aqueles que importam a renúncia ou restrição dos direitos do aderente, ou estendem os direitos do predisponente resultantes de normas dispositivas; c) aqueles que, devido ao seu conteúdo, redação ou apresentação, não sejam razoavelmente previsíveis (tradução livre).

[458] STOFFEL-MUNCK afirma que o conceito de desequilíbrio relevante ou mesmo de equilíbrio contratual é de difícil definição. Isso porque, além de determinar o que será objeto de comparação e como essa comparação deverá ser feita, é necessário escolher entre uma concepção moral e uma econômica de equilíbrio para realizar essa análise, STOFFEL-MUNCK, Philippe, **L'abus dans le contrat, essai d'une théorie**, Paris: LGDJ, 2000, pp. 330-342.

Com efeito, para que seja declarada a nulidade de uma cláusula em contrato por adesão em razão da aplicação do art. 424 do CC, não é necessário que o aderente demonstre (ou mesmo alegue) desequilíbrio contratual. Faz-se a comparação do conteúdo do contrato com a tutela mínima garantida ao aderente, sem a necessidade de discutir ou demonstrar abusividade ou desequilíbrio, conceitos abertos e que, além de difícil demonstração, podem dar suporte a um maior dirigismo contratual que, se analisados outros dispositivos de lei[459], se parece querer evitar.

Portanto, podemos concluir que os fundamentos últimos do art. 424 do CC são a garantia de um conteúdo mínimo que não pode ser afastado pelas partes e o combate às cláusulas abusivas nos contratos civis e empresariais firmados por adesão.

[459] Tomemos como exemplo os novos arts. 421 e 421-A do Código Civil, inserido pela Lei da Liberdade Econômica:
Art. 421. A liberdade contratual será exercida nos limites da função social do contrato.
Parágrafo único. Nas relações contratuais privadas, prevalecerão o princípio da intervenção mínima e a excepcionalidade da revisão contratual.
Art. 421-A. Os contratos civis e empresariais presumem-se paritários e simétricos até a presença de elementos concretos que justifiquem o afastamento dessa presunção, ressalvados os regimes jurídicos previstos em leis especiais, garantido também que: I – as partes negociantes poderão estabelecer parâmetros objetivos para a interpretação das cláusulas negociais e de seus pressupostos de revisão ou de resolução; II – a alocação de riscos definida pelas partes deve ser respeitada e observada; e III – a revisão contratual somente ocorrerá de maneira excepcional e limitada.

CONCLUSÕES

No decorrer deste trabalhou procurou-se demonstrar que o fenômeno dos contratos por adesão, ainda que tenha encontrado campo fértil de desenvolvimento nos contratos de consumo, não está adstrito ao direito consumerista. Podemos citar como exemplo contratos entre empresas e seus fornecedores ou mesmo prestadores de serviços (que, em razão da recente reforma trabalhista, tendem a se proliferar ante o crescimento das terceirizações), contratos de distribuição, franquia ou faturização, ou mesmo contratos de compra e venda ou locação com cláusulas padronizadas. Em síntese, contratos firmados entre partes que não podem ser consideradas consumidoras na visão da teoria finalista mitigada, e que, consequentemente, não serão regulados pelo Código de Defesa do Consumidor.

Diante disso, objetivou-se evidenciar que também o controle de conteúdo nos contratos por adesão existe fora das relações de consumo, por força de disposição expressa do Código Civil. Ainda que em redação considerada por alguns mais "*tímida*" do que aquela contida no Código de Defesa do Consumidor[460], ou em normas com mesmo escopo no direito estrangeiro, o art. 424 do CC é uma ferramenta para a proteção do aderente nos contratos civis e empresariais.

[460] FAVA, Marina Dubois, **Aplicação das normas do CDC aos contratos interempresariais: a disciplina das cláusulas abusivas**, Dissertação de Mestrado, Faculdade de Direito da Universidade de São Paulo, 2010.

O art. 424 do CC, assim, se aplica aos contratos civis e empresariais, não incidindo nas hipóteses de contratos de consumo, tendo em vista a ausência de lacuna no sistema consumerista a justificar sua aplicação. Nos contratos civis e empresariais, apesar da distinção que parte da doutrina tenta traçar entre as duas categorias, entendemos que esta não seria suficiente para justificar diferente incidência normativa sobre tais contratos. Assim, independentemente da natureza civil ou empresarial do contrato por adesão, o art. 424 do CC deve ser aplicado indistintamente. A única diferença será o suporte fático a ser considerado, algo que não dependente de referida distinção.

Para facilitar as conclusões a serem sintetizadas a seguir, retomemos o texto do art. 424 do CC, segundo o qual: "*nos contratos de adesão, são nulas as cláusulas que estipulem a renúncia antecipada do aderente a direito resultante da natureza do negócio*".

Da análise traçada neste trabalho podemos afirmar que o controle de conteúdo previsto pelo art. 424 do CC se efetiva pela imposição da nulidade como consequência a cláusulas, contidas em contratos por adesão, que afastem *direitos decorrentes da natureza do negócio* celebrado. A expressão "renúncia" apesar de empregada pelo artigo de forma atécnica, indica exclusão de uma posição jurídica subjetiva que seria favorável ao aderente. A expressão "*direitos decorrentes da natureza do negócio*", por sua vez, abarca tanto os elementos categoriais derrogáveis (naturais) do negócio jurídico, quanto aqueles particulares que decorrem do fim do negócio, pois compõem o conteúdo que legitimamente se espera contratar.

Nos contratos de prestação de serviços, esta limitação de conteúdo se observa, por exemplo, na impossibilidade (i) de afastar a multa prevista pelo art. 603 do CC[461], sendo a quantia prevista por lei um patamar mínimo caso o aderente seja prestador, e máximo caso seja o tomador de serviços; (ii) de impedir que o aderente se valha da exceção do contrato não cumprido (por meio de cláusula *solve et repete*); ou (iii) de prever cláusula de renovação automática que não seja devidamente informada ao aderente e que não configure uma verdadeira faculdade conferida a ambas as partes.

[461] Art. 603 Se o prestador de serviço for despedido sem justa causa, a outra parte será obrigada a pagar-lhe por inteiro a retribuição vencida, e por metade a que lhe tocaria de então ao termo legal do contrato.

De todo modo, como a definição dos "*direitos decorrentes da natureza do negócio*" depende dos elementos particulares que decorrem do fim do negócio, a verificação de cláusulas que poder ser reputadas nulas por força do art. 424 do CC depende de uma análise do contrato concretamente firmado entre as partes.

Por fim, este trabalho objetivou investigar o fundamento da limitação à autonomia privada prevista pelo art. 424 do CC. Após uma análise de regramentos de direito estrangeiro sobre o tema, e estudo sobre o conceito de cláusulas abusivas, foi possível concluir que referido artigo é um mecanismo de proteção do aderente contra cláusulas abusivas nos contratos civis e empresariais. Sua aplicação, por outro lado, parte de elementos objetivos, quais sejam, conteúdo mínimo garantido ao aderente e por ele legitimamente esperado, prescindindo da análise de comportamento do proponente ou da necessidade de arguir ou demonstrar, de outra forma, abusividade ou desequilíbrio contratual.

REFERÊNCIAS

AGOSTINHO, Alvim, **Da inexecução das obrigações e suas consequências**, São Paulo: Saraiva, 1972.

AGUIAR DIAS, José de, **Cláusula de não indenizar**, Rio de Janeiro: Forense, 1980.

AGUIAR JÚNIOR, Ruy Rosado de, Extinção dos contratos, in FERNANDES, Wanderley (Coord.), **Contratos empresariais: fundamentos e princípios dos contratos empresariais**, São Paulo: Saraiva, 2012, pp. 475-518.

AGUILA-REAL, Jesus Alfaro, **Las condiciones generales de la contratacíon**, Madrid: Civitas S/A, 1991.

ALMEIDA COSTA, Mário Júlio de; MENEZES CORDEIRO, António Manuel da Rocha e, **Cláusulas contratuais gerais. Anotação ao Decreto-Lei 446/1985, de 25 de outubro**, Coimbra: Almedina, 1991.

ALTERINI, Atilio Aníbal, **Contratos: civiles-comerciales-de consumo: teoría general**, Abeledo-Perrot,1998.

ARAÚJO, Paulo Dóron Rehder de, **Prorrogação Compulsória de Contratos a Prazo**, Tese de Doutorado, Faculdade de Direito da Universidade de São Paulo, 2011.

ASCARELLI, Tullio, O desenvolvimento histórico do direito comercial e o significado da unificação do direito privado, **Revista de direito mercantil, industrial, econômico e financeiro**, v. 114, n. abr-jun/1999, p. 237–252.

AVELAR, Letícia Marquez, **A cláusula de não indenizar: uma releitura do instituto à luz do atual código civil brasileiro**, Dissertação de mestrado, Universidade de São Paulo, 2011.

BANDEIRA, Luiz Octávio Villela de Viana, **As cláusulas de não indenizar no direito brasileiro**, São Paulo: Almedina, 2016.

BARBERO, Domenico, **Il contratto-tipo nel diritto italiano**, Milano, 1935.

BAYEUX NETO, Jose Luiz, **A validade da cláusula de limitação de responsabilidade no direito privado e, em especial, no contrato de transporte de carga**, Dissertação de mestrado, Universidade de São Paulo, 2014.

BENJAMIN, Antônio Herman de Vasconcellos e; DENARI, Zelmo; FILOMENO, José Geraldo de Brito; GRINOVER, Ada Pellegrini; NERY JUNIOR, Nelson; FINK, Daniel

Roberto, **Código de Defesa do Consumidor comentado pelos autores do anteprojeto**, vol. I, 10 Ed, Rio de Janeiro: Forense, 2011.

BERGAMASCHI André Luís; CREPALDI, Livia Maria de Souza; HADDAD Ana Olivia Antunes, et al., Pontos de intersecção entre a arbitragem e o Poder Judiciário: uma análise dos julgados do STJ e das Câmaras de Direito Privado do TJSP do ano de 2016, **Revista Brasileira de Arbitragem**, Volume XIV Issue 54, 2017, pp. 28-53.

BERLIOZ, Georges, **Le contrat d'adhesion**, Paris: Libreirie Generale de Droit et de Jurisprudence, 1976.

BETTI, Emilio, **Teoria Geral do Negócio Jurídico**, Campinas: Servanda, 2008.

BEVILAQUA, Clóvis, **Código Civil dos Estados Unidos do Brasil Comentado,** Rio de Janeiro: Francisco Alves, 1955, vol. IV.

BIANCA, C. Massimo, **Diritto Civile: Il Contratto**, Milano: Giuffrè Editore, 2000.

BIAZI, João Pedro de Oliveira, **Exceção do contrato não cumprido no direito privado brasileiro**, Rio de Janeiro: GZ Editora, 2019.

BITTAR, Carlos Alberto; GARCIA JÚNIOR, Ary Barbosa; FERNANDES NETO, Guilherme, **Os contratos de adesão e o controle de cláusulas abusivas**, São Paulo: Saraiva, 1991.

BITTAR, Carlos Alberto, **Contratos Comerciais**, 4. ed. Rio de Janeiro: Forense Universitária, 2005.

BOLINA, Rosaní Rodrigues, **Contrato de prestação de serviços**, Dissertação de mestrado, Universidade de São Paulo, 2002.

BULGARELLI, Waldirio, **Contratos Mercantis**, 9. ed., São Paulo: Atlas, 1997.

BUSCHINELLI, Gabriel Saad Kik, **Compra e venda de participações societárias de controle**, São Paulo: Quartier Latin, 2018.

CALASSO, Francesco, **Medio evo del diritto, I. Le fonti**, Milano: Giuffrè Editore, 1954.

CARMONA, Carlos Alberto, **Arbitragem e processo: um comentário à Lei n. 9.307/96**, São Paulo: Atlas, 2009.

CARVALHO, Patrícia Miyuki Hayakawa de, **Contratos existenciais e de lucro: uma nova tipologia**, Dissertação de mestrado, Faculdade de Direito da Universidade de São Paulo, São Paulo, 2018.

CARVALHO DE MENDONÇA, J. X., **Tratado de Direito Comercial Brasileiro**, vol. 1, 1. ed. Campinas: Bookseller, 2000.

CARVALHO DE MENDONÇA, J. X., **Tratado de Direito Comercial Brasileiro**, vol. 4, t. 1, 1. ed. Campinas: Russell, 2003.

CAVALCANTI, José Paulo, **Da renúncia no direito civil**, Rio de Janeiro: Forense, 1958.

CAVALIERI FILHO, Sergio, **Programa de responsabilidade civil**, São Paulo: Atlas, 2014.

COELHO, Fábio Ulhoa, As obrigações empresariais, **Tratado de direito comercial**, v. 5, São Paulo: Saraiva, 2015.

COSTA, Philomeno J. da, **Autonomia do direito comercial**, São Paulo: Revista dos Tribunais, 1956.

COUTO E SILVA, Clóvis V. do, **Obrigação Como Processo**, FGV Editora, 2006.

COUTO E SILVA, Clóvis V. do, Teoria da causa no direito privado, **O direito privado brasileiro na visão de Clóvis do Couto e Silva**, Porto Alegre: Livraria do Advogado, 2014, pp. 57-69.

COURA, Kalleo, **Novo código comercial: necessário ou inefetivo?** Disponível em: <https://www.jota.info/justica/novo-codigo-comercial-necessario-ou-inefetivo-10102016>. Acesso em: 26 de fevereiro de 2019.

DANTAS, Paulo Roberto de Figueiredo, **A Proteção Contra Cláusulas Abusivas no Código Civil**, São Paulo: Atlas, 2007.

DE LUCCA, Newton, **Direito do consumidor: teoria geral da relação jurídica de consumo**, 2. ed., São Paulo: Quartier Latin, 2008.

DE NOVA, Giorgio, **Il contratto: dal contratto atipico al contratto alieno**, Milano: CEDAM, 2011.

DE OLIVEIRA ASCENSÃO, José, Cláusulas contratuais gerais, cláusulas abusivas e o novo código civil, **Revista da Faculdade de Direito UFPR**, v. 39, 2003, pp. 5-22.

DÍEZ-PICAZO, Luis, Frustracíon del fin, Prefácio in **Estudos em homenagem ao Professor Doutor Rogério Soares**, Coimbra Editora, 2002.

DINAMARCO, Cândido Rangel, **A arbitragem na teoria geral do processo**, São Paulo: Malheiros, 2013.

DINIZ, Maria Helena, **Tratado teórico e prático dos contratos**, São Paulo: Saraiva, 2003.

EFING, Antônio Carlos, **Contratos e Procedimentos bancários à luz do Código de Defesa do Consumidor**, São Paulo: Revista dos Tribunais, 2000.

ENNECCERUS, Ludwig, **Derecho civil: Parte General**, vol. 2, t. I, Tradução do alemão por Blas Pérez González e José Alguer, Barcelona: Bosch, 1935.

FACHIN, Luiz Edson, Codificação e consumo: dos elementos aos fundamentos, Breves apontamentos, **O Direito das Obrigações na Contemporaneidade: Estudos em Homenagem ao Ministro Ruy Rosado de Aguiar Júnior**, coord. MELGARÉ, Plínio, Livraria do Advogado Editora, 2018, pp. 315-330.

FAVA, Marina Dubois, **Aplicação das normas do CDC aos contratos interempresariais: a disciplina das cláusulas abusivas**, Dissertação de Mestrado, Faculdade de Direito da Universidade de São Paulo, 2010.

FECOMERCIO, **O novo Código Comercial, por Ives Gandra Martins e Fábio Ulhoa Coelho**. Disponível em: < http://www.fecomercio.com.br/noticia/o-novo-codigo--comercial-por-ives-gandra-martins-e-fabio-ulhoa-coelho>. Acesso em: 26 de fevereiro de 2019.

FERNANDES, Wanderley, **Cláusulas de exoneração e limitação de responsabilidade**, Tese de Doutorado, Universidade de São Paulo, 2011.

FERRAZ JR., Tércio Sampaio, **Introdução ao estudo do direito**, 10. ed., São Paulo, Atlas, 2018.

FERREIRA, Valle, Subsídios para o estudo das nulidades, **Revista da Faculdade de Direito da Universidade Federal de Minas Gerais**. Disponível em: <https://www.direito.ufmg.br/revista/index.php/revista/article/view/681>. Acesso em: 19 de março de 2019.

FLUME, Werner, **El Negocio Juridico**: Parte general del Derecho civil, t. II, 4ª ed., Madrid: Fundación Cultural del Notariado, 1998.

FONTOURA, Rodrigo Brandão, **Contratos de prestação de serviços e mitigação de riscos**, São Paulo: Atlas, 2015.

FORGIONI, Paula Andrea, A interpretação dos negócios empresariais, **Tratado de direito comercial: obrigações e contratos empresariais**, São Paulo: Saraiva, 2015, v. 5, p. 71–118.

FORGIONI, Paula Andrea, **Contratos empresariais: teoria geral e aplicação**, 2. ed. São Paulo: Revista dos Tribunais, 2016.

FORGIONI, Paula Andrea, **A evolução do direito comercial brasileiro: da mercancia ao mercado**, 3ª ed., São Paulo: Revista dos Tribunais, 2016.

FORGIONI, Paula Andrea, **Entrevista Paula Forgioni – Posicionamento a respeito do Projeto do Código Comercial.** Disponível em: <https://www.youtube.com/watch?v=wCt_PTMbOwQ&feature=youtu.be>. Acesso em: 26 de fevereiro de 2019.

FRANÇA, Erasmo Valladão Azevedo, **"Antiprojeto" de lei do novo Código Comercial.** Disponível em: <https://www.conjur.com.br/2016-set-02/erasmo-valladao-antiprojeto-lei-codigo-comercial>. Acesso em: 26 de fevereiro de 2019.

GALDINO, Valéria Silva, **Cláusulas abusivas no direito brasileiro**, São Paulo: Saraiva, 2001.

GALGANO, Francesco, **Trattato di diritto civile**, vol. I, 2ª ed., Milano: CEDAM, 2010.

GARCIA-AMIGO, Manuel, **Condiciones generales de los contratos**, Madrid: Revista de Derecho Privado, 1969.

GENOVESE, Anteo, **Le condizioni generali di contrato**, Padova, 1954.

GODOY, Claudio Luiz Bueno de, **Função social do contrato: os novos princípios contratuais**, São Paulo: Saraiva, 2004.

GODOY, Cláudio Luiz Bueno de, Código Civil e Código de Defesa do Consumidor: convergência de princípios e distinção de sua modulação. Um paralelo entre os deveres que criam, **O Direito das Obrigações na Contemporaneidade: Estudos em Homenagem ao Ministro Ruy Rosado de Aguiar Júnior**, coord. MELGARÉ, Plínio, Livraria do Advogado Editora, 2018, pp. 109-134.

GOMES, Orlando, **Contratos de adesão: condições gerais dos contratos**, São Paulo: Revista dos Tribunais, 1972.

GOMES, Orlando, **Contratos**, Rio de Janeiro: Forense, 2008.

GOMES, Orlando, **Obrigações**, Rio de Janeiro: Forense, 2008.

GONÇALVES, Carlos Roberto, **Responsabilidade Civil**, São Paulo: Saraiva, 2009.

HONDIUS, Ewoud, La directive sur les clauses abusives et les États membres de l'Union Européenne (aperçu de droit communautaire), **La protection de la partie faible dans les rapports contractuels: comparaisons franco-belges**, Paris: LGDJ, 1996.

JUNQUEIRA DE AZEVEDO, Antônio, **Negócio Jurídico e Declaração Negocial: noções gerais e formação de declaração negocial**, Tese para o concurso de professor titular de Direito Civil da Faculdade de Direito da Universidade de São Paulo, São Paulo, (s.c.p.), 1986.

JUNQUEIRA DE AZEVEDO, Antônio, **Negócio Jurídico: Existência, Validade e Eficácia**, São Paulo: Saraiva, 2000.

JUSEFOVICZ, Eliseu, **Proteção contra cláusulas abusivas nos contratos civis e empresariais**, Dissertação de Mestrado, Universidade Federal de Santa Caratina, 2004.

LOBO, Paulo Luiz Neto, **Condições gerais dos contratos e cláusulas abusivas**, São Paulo: Saraiva, 1991.

JUNQUEIRA DE AZEVEDO, Antônio, Diálogos com a doutrina: entrevista com Antônio Junqueira de Azevedo, **Revista Trimestral de Direito Civil**, v. 9, n. 34, abril/jun. 2008, pp. 304-305.

JUNQUEIRA DE AZEVEDO, Antonio, **Novos estudos e pareceres de direito privado**, São Paulo: Saraiva, 2009.

KARIMI, Abbas, **Les clauses abusives et la théorie de l'abus de droit**, Paris: LGDJ, 2001.

LEONARDO, Rodrigo Xavier; RODRIGUES JR., Otavio Luiz (coord), **Comentários à Lei da Liberdade Econômica,** São Paulo: Revista dos Tribunais, 2019.

LEOPOLDINO DA FONSECA, João Bosco, **Cláusulas abusivas nos contratos**, Rio de Janeiro: Forense, 1998.

LOPES, Teresa Ancona, **Comentários ao Código Civil: parte especial: das várias espécies de contratos–Arts. 565 a 652**, São Paulo: Saraiva, v. 7, 2003.

LÓPEZ, Javier Pagador, **Condiciones generales y cláusulas contractuales predispuestas**, Madri: Marcial Pons, 1999.

LORENZETTI, Ricardo Luis, **Tratado de los contratos**, Tomo I, Buenos Aires: Rubinzal--Culzoni, 2000.

LUMIA, Giuseppe, Teoria da Relação Jurídica, **Lineamenti di teoria e ideologia del diritto**, 3ª ed, Milano: Giuffrè, 1981, pp. 102-23, trad. Alcides Tomasetti Jr.

MACHADO, Antônio Cláudio da Costa; CHINELLATO, Silmara Juny de Abreu, **Código Civil Interpretado: artigo por artigo, parágrafo por parágrafo**, Barueri: Manole, 2010.

MAGALHÃES, Descartes Drummond, **Curso de Direito Commercial**, São Paulo: Zenith, 1922.

MANNRICH, Nelson, Distinções entre relação de emprego e contratos de prestação de serviços. Contratos atípicos no Direito Brasileiro e no Direito Comparado, in ANAN JUNIOR, Pedro, PEIXOTO, Marcelo Magalhães (coord), **Prestação de serviços intelectuais por pessoas jurídicas: aspectos legais, econômicos, tributários**, São Paulo: MP Ed, 2008, pp. 163-183.

MARINO, Francisco Paulo De Crescenzo, **Contratos coligados no direito brasileiro**, São Paulo: Saraiva, 2009.

MARINO, Francisco Paulo De Crescenzo, **Interpretação do Negócio Jurídico**, São Paulo: Saraiva, 2011.

MARINONI, Luiz Guilherme; MITIDIERO, Daniel, **Código de processo civil comentado**, São Paulo: Revista dos Tribunais, 4ª ed. em e-book baseada na 4ª ed. impressa, 2018.

MARQUES, Cláudia Lima, **Contratos no Código de Defesa do Consumidor**, 3. ed., São Paulo: Revista dos Tribunais, 1998.

MARQUES, Cláudia Lima, BENJAMIN, Antonio Herman V., MIRAGEM, Bruno, **Comentários ao Código de Defesa do Consumidor**, São Paulo: Revista dos Tribunais, 3ª ed. em e-book baseada na 6ª ed. impressa, 2019.

MARQUES, Cláudia Lima, Diálogo entre o Código de Defesa do Consumidor e o novo Código Civil: do "diálogo das fontes" no combate às cláusulas abusivas, **Revista de Direito do Consumidor**, v. 45, 2003, pp. 71-99.

MARTÍNEZ DE VELASCO, J. Ignacio Cano, **La renuncia a los derechos**, Barcelona: Bosch, 1986.

MARTINS, Fran, **Contratos e obrigações comerciais**, 16. ed., Rio de Janeiro: Forense, 2010.

MARTINS-COSTA, Judith, **A boa-fé no direito privado: critérios para sua aplicação**, 2. ed. São Paulo: Saraiva, 2018.

MELLO, Marcos Bernardes de, **Teoria do Fato Jurídico: Plano da Validade**,14ª ed. São Paulo: Saraiva, 2015.

MELO, Diogo Machado de, **Cláusulas contratuais gerais, cláusulas abusivas e o Código Civil de 2002**, Dissertação de Mestrado, Pontifícia Universidade Católica de São Paulo, 2006.

MENEZES CORDEIRO, António Manuel da Rocha e, **Manual de Direito Comercial**, Coimbra: Almedina, 2003.

MIRANDA, Custodio da Piedade Ubaldino, **Contratos de adesão**, São Paulo: Atlas, 2002.

MIRANDA, Custódio da Piedade Ubaldino, **Comentários ao Código Civil: dos contratos em geral (artigos 421 a 480)**, v. 5, São Paulo: Saraiva, 2013.

MOREIRA ALVES, José Carlos, **Direito romano**, 18ª edição, Rio de Janeiro: Forense, 2018.

NAUDE, Tjakie, LUBBE, Gerhard, Exemption Clauses – A Rethink Occasioned by Afrox Healthcare BPK v Strydom, **122 South African Law Journal**, pp. 441-463, 2005.

NAUDÉ, Tjakie, KOEP, Charlotte, Factors Relevant to the Assessment of the Unfairness or Unreasonableness of Contract Terms: Some Guidance from the German Law on Standard Contract Terms, **26 Stellenbosch Law Review**, pp. 85-109, 2015.

NERY JUNIOR, Nelson; NERY, Rosa Maria de Andrade, **Código de processo civil comentado e legislação extravagante**, São Paulo: Revista dos Tribunais, 1ª ed. em e-book baseada na 13ª ed. impressa, 2013.

NITSCHKE, Guilherme Carneiro Monteiro, **Lacunas Contratuais e Interpretação**, São Paulo: Quartier Latin, 2019.

NORONHA, Fernando, **Princípios dos contratos (autonomia privada, boa-fé, justiça contratual) e cláusulas abusivas**, Tese de Doutorado, Faculdade de Direito da Universidade de São Paulo, 1990.

PENTEADO, Luciano de Camargo, **Doação com encargo e causa contratual: uma nova teoria do contrato**, 2ª ed., São Paulo: Revista dos Tribunais, 2013.

PEREIRA, Caio Mário da Silva, **Instituições de direito civil**, vol. I, Rio de Janeiro: Forense, 2010.

PEREIRA, Caio Mário da Silva, **Instituições de direito civil**, vol. III, Rio de Janeiro: Forense, 2003.

PINTO MONTEIRO, António, Contratos de adesão e cláusulas contratuais gerais: problemas e soluções, in **Estudos em homenagem ao Professor Doutor Rogério Soares**, Coimbra Editora, 2002, pp. 1103-1131.

PONTES DE MIRANDA, Francisco Cavalcanti, **Tratado de direito civil**, tomo III, São Paulo: Revista dos Tribunais, 2012.

PONTES DE MIRANDA, Francisco Cavalcanti, **Tratado de direito civil**, tomo IV, São Paulo: Revista dos Tribunais, 2012.

PONTES DE MIRANDA, Francisco Cavalcanti, **Tratado de direito civil**, tomo V, São Paulo: Revista dos Tribunais, 2013.

PONTES DE MIRANDA, Francisco Cavalcanti, **Tratado de direito civil**, tomo XXV, São Paulo: Revista dos Tribunais, 2012.

PONTES DE MIRANDA, Francisco Cavalcanti, **Tratado de direito civil**, tomo LX, São Paulo: Revista dos Tribunais, 2012.

PONTES DE MIRANDA, Francisco Cavalcanti, **Tratado de direito civil**, tomo XLVII, São Paulo: Revista dos Tribunais, 2012.

PONTES DE MIRANDA, Francisco Cavalcanti, Renúncia à herança: existência, validade e eficácia, **Doutrinas Essenciais Família e Sucessões**, vol. 6, agosto/2011, pp. 135-142.

PRATA, Ana, **Contratos de adesão e cláusulas contratuais gerais: anotação ao decreto-lei no 446/85, de 25 de Outubro**, Coimbra: Almedina, 2010.

REALE, Miguel, **História do Novo Código Civil**, São Paulo: Revista dos Tribunais, 2005.

REQUIÃO, Rubens, **Curso de Direito Comercial**, vol. 1, 32. ed. São Paulo: Saraiva, 2013.

RESTREPO AMARILES, David; BASSILANA, Eva Mouial; WINKLER, Matteo, The Impact of the French Doctrine of Significant Imbalance on International Business Transactions, **Journal of Business Law**, Issue 2, 2018, pp. 148-168.

RIBEIRO, Joaquim José Coelho de Sousa, **O problema do contrato: as cláusulas contratuais gerais e o princípio da liberdade contratual**, Coimbra: Almedina, 1999.

RIPERT, Georges, **Regra moral nas obrigações civis**, São Paulo: Saraiva, 1937.

RODOVALHO, Thiago, **Cláusula Arbitral nos Contratos de Adesão: Contratos de Adesão de Consumo–Contratos de Adesão Civis–Contratos de Adesão Empresariais**, São Paulo, Almedina, 2016.

ROPPO, Enzo, **Contratti standard: autonomia e controlli nella disciplina delle attività negoziali di impresa**, Milano: Giuffrè Editore, 1989.

ROPPO, Vincenzo, **Il Contratto**, Milano: Giuffrè Editore, 2011.

ROSENVALD, Nelson, Arts. 482 a 652 – Contratos (em espécie), **Código Civil Comentado – Doutrina e Jurisprudência**, 4ª ed., Barueri, Manole, 2010.

SÁ, Almeno de, **Cláusulas Contratuais Gerais e Directiva Sobre Cláusulas Abusivas**, Coimbra: Almedina, 2001.

SALEILLES, Raymond, **De la déclaration de volonté**, Paris, 1929.

SANDROCK, Otto, The Standard Terms Act 1976 of West Germany, **American Journal of Comparative Law**, v. 26, 1977, pp. 551-572.

SCAFF, Fernando Campos, As novas figuras contratuais e a autonomia da vontade, **Revista da Faculdade de Direito**, Universidade de São Paulo, v. 91, 1996, p. 141-159.

SILVA, **Luiz Renato Ferreira da. Revisão dos contratos: do Código Civil ao Código do Consumidor**. Rio de Janeiro: Forense, 2001.

STOFFEL-MUNCK, Philippe, **L'abus dans le contrat, essai d'une théorie**, Paris: LGDJ, 2000.

TEPEDINO, Gustavo; OLIVA, Milena Donato, Controle de Abusividade da Cláusula de Eleição de Foro, **Revista de Direito do Consumidor**, vol. 109, 2017, pp. 187-205.

TIMM, Luciano Benetti, **A prestação de serviços: do Código Civil ao Código de Defesa do Consumidor**, Rio de Janeiro: Forense, 2006.

TOMASETTI JUNIOR, Alcides, Abuso de poder econômico e abuso de poder contratual regime jurídico particularizado. Denunciabilidade restrita da relação contratual a tempo indeterminado. Contrato de fornecimento interempresarial. Monopólio estatal de sociedade fornecedora. Aumento arbitrário de lucros. Ilícitos constitucionais e de direito comum. Providências processuais corretivas, **Doutrinas Essenciais Obrigações e Contratos**, vol. 4, São Paulo: Revista dos Tribunais, 2011, pp. 315-350.

TUHR, Andreas Von, **Derecho Civil: Teoría General del Derecho Civil Aleman**, vol. II, Tradução do alemão por Tito Ravà, Buenos Aires: Depalma, 1947.

TUCCI, Rogério Lauria Marçal, **Prorrogação compulsória dos contratos de longa duração**, Dissertação de mestrado, Faculdade de Direito da Universidade de São Paulo, 2015.

VALIM, Thalles Ricardo Alciati, A doutrina da causa no direito francês pós-reforma, **Revista Jurídica Luso-Brasileira**, ano 5, nº 3, 2019, pp. 1723-1749.

VELOSO, Zeno, **Invalidade do negócio jurídico: nulidade e anulabilidade**, 2ª ed. Belo Horizonte: Del Rey, 2005.

VENOSA, Sílvio de Salvo, **Direito civil: contratos em espécie**, v. 3, São Paulo: Atlas, 2012.

VENOSA, Sílvio de Salvo, **Direito civil: responsabilidade civil**, São Paulo: Atlas, 2007.

VERÇOSA, Haroldo Malheiros Duclerc, **Curso de Direito Comercial**, vol. 1, 2. ed. São Paulo: Malheiros, 2008.

VIVANTE, Cesare, Introdução ao Trattato di Diritto Commerciale, trad. de VERÇOSA, Haroldo Malheiros Duclerc, **Revista de Direito Mercantil**, v. 102, 1996, pp. 134-138.

WAISBERG, Ivo, Autorização prévia da cessão de contrato nos contratos de adesão, **Revista do Instituto dos Advogados de São Paulo**, São Paulo, ano 3, v. 6, jul./dez. 2000, pp. 71-101.

ZANCHIM, Kleber Luiz, **Contratos empresariais: categoria – interface com contratos de consumo e paritários – revisão judicial**, São Paulo: Quartier Latin, 2012.

ZANETTI, Cristiano de Souza, **Direito contratual contemporâneo – A liberdade contratual a sua fragmentação**, Rio de Janeiro: Forense, 2008.

ZANETTI, Cristiano de Souza, Contratos civis por adesão no direito latino-americano, in **Obligaciones: contratos, responsabilidade; Grupo para la armonización del derecho privado latino americano**, Bogotá: Universidade Externado de Colombia, 2011, pp. 479-526.

Julgados

Superior Tribunal de Justiça

Agravo Regimental no Agravo em Recurso Especial nº 450.285/SP, Quarta Turma, Relatora Ministra Maria Isabel Gallotti, julgado em 02/03/2018.

Recurso Especial nº 13.451-0/SC, Terceira Turma, Relator Ministro Nilson Naves, Relator para o acórdão Ministro Eduardo Ribeiro, julgado em 23/06/1992.

Recurso Especial nº 47081/SP, Quarta Turma, Relator Ministro Sálvio de Figueiredo Teixeira, julgado em 17/05/1994.

Recurso Especial nº 379.949/PR, Quarta Turma, Relator Ministro Sálvio de Figueiredo Teixeira, julgado em 26/02/2002.

Recurso Especial nº 711.972/RJ, Quarta Turma, Relator Ministro Luis Felipe Salomão, Relator para o acórdão Ministro Raul Araújo, julgado em 5/10/2010.

Recurso Especial nº 567.192/SP 2003/0126611-7, Quarta Turma, Relator Ministro Raul Araújo, julgado em 05/09/2013.

Recurso Especial no 1.076.465, Quarta Turma, Relator Ministro Marco Buzzi, julgado em 25/11/2013.

Recurso Especial nº 1.387.667/SP, Quarta Turma, Relator Ministro Raul Araújo, julgado em 10/02/2015.

Recurso Especial nº 1.555.202/SP, Quarta Turma, Relator Ministro Luis Felipe Salomão, julgado em 13/12/2016.

Recurso Especial nº 1.614.721/DF, Segunda Seção, Relator Ministro Luis Felipe Salomão, julgado em 22/05/2019.

Tribunal de Justiça do Estado do Rio Grande do Sul

Apelação nº 0060998-81.2014.8.21.0001, 18ª Câmara Cível, Des. Rel. Pedro Celso Dal Pra, julgado em 19/05/2016.

Tribunal de Justiça do Estado do Rio de Janeiro

Apelação nº 0102220-98.2005.8.19.0001, 5ª Câmara Cível, Des. Rel. Mauro Dickstein, julgado em 06/03/2007.

Tribunal de Justiça do Estado de São Paulo

Agravo de Instrumento nº 0013333-39.2011.8.26.0000, 34ª Câmara de Direito Privado, Des. Rel. Nestor Duarte, julgado em 8/08/2011.

Apelação nº 9233676-21.2008.8.26.0000, 28ª Câmara de Direito Privado, Des. Rel. Cesar Lacerda, julgado em 14/11/2012.

Apelação nº 0075649- 93.2008.8.26.0000, 30ª Câmara de Direito Privado, Des. Rel. Andrade Neto, julgado em 16/01/2013.

Apelação no 0055201-38.2010.8.26.0224, 20ª Câmara de Direito Privado, Des. Rel. Maria Lucia Pizzotti, julgado em 30/06/2014.

Apelação nº 1000989-58.2015.8.26.0003, 36ª Câmara de Direito Privado, Des. Rel. Milton Carvalho, julgado em 25/08/2016.

Apelação no 1013340-29.2016.8.26.0100, 38ª Câmara de Direito Privado, Des. Rel. Spencer Almeida Ferreira, julgado em 20/07/2017.

Apelação nº 0147087-73.2008.8.26.0100, 23ª Câmara de Direito Privado, Des. Rel. J. B. Franco de Godoi, julgada em 26.04.2017, e Embargos de Declaração, julgados em 28/08/2017.

Apelação no 0044357-37.2015.8.26.0100, 36ª Câmara de Direito Privado, Des. Rel. Milton Carvalho, julgado em 11/12/2017.

Apelação no 1043230-47.2015.8.26.0100, 37ª Câmara Extraordinária de Direito Privado, Des. Rel. Felipe Ferreira, julgado em 19/02/2018.
Apelação nº 1060020-46.2014.8.26.0002, 29ª Câmara de Direito Privado, Des. Rel. Maria Cristina de Almeida Bacarim, julgado em 12/05/2018.